Collection créée par Henri Mitterand

Série « littérature »

Nadine Toursel
Agrégée de lettres modernes

Jacques Vassevière
Agrégé de lettres modernes

Littérature :
textes théoriques et critiques

110 textes d'écrivains et de critiques
classés et commentés

D0666930

NATHAN

© Éditions Nathan 1994 - ISBN 209 190 220-9

Avertissement

Ce recueil de textes n'entend pas présenter un panorama complet des diverses approches et méthodes de la critique contemporaine : des ouvrages de ce genre existent déjà, quelques-uns sont signalés dans le complément bibliographique concernant la troisième partie. De façon plus modeste et sans doute plus originale, nous voudrions fournir aux étudiants des éléments d'analyse, des pistes de réflexion pour aborder la lecture des textes et l'argumentation sur des problèmes littéraires. Ce livre se veut une propédeutique, une incitation à lire les ouvrages savants dont il présente des extraits.

« La lecture présuppose la poétique : elle y trouve ses concepts, ses instruments » (Todorov, *Poétique de la prose*, p. 244). Il importe donc de maîtriser l'armature conceptuelle moyenne qui structure aujourd'hui les études littéraires et permet d'analyser les différents genres et types d'énoncés. Un tel savoir est par ailleurs indispensable à l'élaboration d'une problématique littéraire, même lorsqu'elle porte sur des questions d'esthétique générale ou de réception. C'est pourquoi nous avons sélectionné dans les œuvres d'écrivains et de critiques contemporains mais aussi dans les textes théoriques d'auteurs français du XVIe au XIXe siècle **110 textes** qui sont classés, présentés et confrontés dans la perspective d'un examen aussi complet que possible de ces notions : une fois caractérisée l'œuvre littéraire, nous abordons les problèmes de sa création, de sa réception et de ses structures, nous envisageons ensuite les questions spécifiques du roman, de la poésie et du théâtre, et nous concluons par l'étude des fonctions de la littérature. Ces **huit parties** sont divisées en **vingt-huit chapitres**, les uns et les autres étant pourvus d'une introduction qui présente les problèmes abordés.

Ce livre a été conçu pour permettre différents modes d'utilisation.

Tout d'abord, les introductions aux parties et aux chapitres fournissent un panorama des grandes questions littéraires. Les citations qu'elles comportent donnent un premier aperçu des notions et des problèmes mis en jeu.

La lecture des textes dans l'ordre où ils sont donnés, de leurs introductions spécifiques (qui définissent les problèmes, présentent, confrontent et commentent les analyses, résolvent les difficultés de compréhension), des explications données en notes ou dans le **lexique** (où figurent les mots suivis d'un **astérisque**), livre le détail des réflexions des auteurs et des critiques. Chaque texte, ainsi mis à la portée du lecteur, est suivi d'un **résumé** de deux ou trois lignes, de la liste des **notions clés** qu'il met en œuvre et éventuellement d'une **citation** prolongeant la réflexion et pouvant servir de piste de lecture.

Le lecteur simplement à la recherche d'idées sur un sujet donné peut consulter l'**index des notions et des problèmes littéraires** qui le renvoie à des textes figurant dans les différentes parties du livre. La lecture des résumés et des introductions lui permet d'affiner son choix avant de lire le(s) texte(s) correspondant le mieux à sa recherche. L'**index des auteurs cités** facilite les confrontations.

Nota bene
• Sauf indication particulière, toutes les citations données dans les introductions sont extraites de l'œuvre présentée.
• Les notes des auteurs sont données entre guillemets et suivies de l'abréviation [N.d.A]. Les notes purement scientifiques n'ont généralement pas été conservées.

Première partie

Qu'est-ce qu'une
œuvre littéraire ?

Toute réflexion sur la littérature doit d'abord s'interroger sur son objet, ce qui conduit immédiatement à poser deux questions : qu'est-ce qu'un texte littéraire ? et, plus particulièrement, qu'est-ce qu'un chef-d'œuvre ? Pour y répondre, le sens commun mais aussi nombre d'écrivains invoquent deux types de déterminations et font référence d'une part à la personne de l'auteur, d'autre part au monde qui l'entoure. Nous n'aborderons ici que la deuxième relation, la première étant examinée dans la partie suivante (voir le chapitre 6).

La spécificité du texte littéraire peut être cherchée du côté de sa valeur artistique. On ne doit pas l'apprécier en termes de vérité ou de morale, comme un énoncé ordinaire, mais au nom de critères esthétiques puisque « la condition génératrice des œuvres d'art », selon Baudelaire, c'est « l'amour exclusif du Beau [1] ». Une réponse aussi générale a le mérite d'affirmer l'autonomie du champ littéraire, elle ne prend pas en compte la littérarité* de l'œuvre. Aussi les linguistes et les critiques du XXe siècle ont-ils défini l'œuvre littéraire par ce qui lui est réellement spécifique, le travail sur le langage d'abord, la relation avec le lecteur ensuite (chapitre 1).

C'est aussi du côté de la réception que l'on a cherché **les critères de qualité**. La grande œuvre se distingue par ses innovations formelles qui contraignent le lecteur contemporain à remettre en cause les conventions esthétiques auxquelles son époque l'a habitué ; c'est parce que l'œuvre de qualité n'est pas étroitement adressée à un public prédéfini qu'elle supporte une multiplicité de lectures de la part des générations suivantes (chapitre 2).

Dans cette perspective, la question des **rapports entre l'œuvre et le réel** pourrait paraître secondaire : l'œuvre littéraire n'est-elle pas d'abord construction verbale, l'art n'est-il pas toujours technique et expression de la personnalité de l'artiste ? À la conception naïve de l'œuvre comme reproduction du réel [2], les analyses modernes opposent celle d'une saisie indirecte du réel à travers la médiation du langage. En outre, elles considèrent que le texte littéraire renvoie aussi et surtout aux autres textes (chapitre 3).

---

1. Baudelaire, *Théophile Gautier*, éd. Gallimard, « La Pléiade » II, p. 111.

2. Le *réalisme* lui-même ne s'est jamais défini ainsi (voir le ch. 15.).

Spécificité du texte littéraire

Comment définir le texte littéraire ? Cette question, redoutable dans sa banalité, appelle des réponses différentes selon que le texte est considéré comme une œuvre d'art, une communication linguistique ou une structure qui ne prend sens que dans la réception.

Dans la lignée des grands écrivains du XIXᵉ siècle, romanciers et poètes, également voués au culte de l'*idéal* et du *beau*, on a longtemps invoqué les qualités formelles, condition de la survie de l'œuvre littéraire : appartenant au domaine esthétique, celle-ci ne se laisse définir que comme une « forme parfaite », produit d'un « travail artistique ». À ce titre elle est opposée aux écrits qui visent une fin utilitaire, et notamment la connaissance scientifique (**1. Lanson**).

Le développement des sciences du langage a permis de dépasser cette définition quelque peu générale en prenant en compte la nature particulière de la communication littéraire : « l'accent mis sur le message pour son propre compte est ce qui caractérise la fonction poétique du langage » (**2. Jakobson**). Dans cette perspective, la spécificité linguistique de la littérature par rapport aux autres arts est de constituer un système signifiant second, « elle est faite avec du langage, c'est-à-dire avec une matière qui est *déjà* signifiante au moment où la littérature s'en empare » (**3. Barthes**). « Œuvre seconde », le discours littéraire peut ainsi dénoncer les représentations idéologiques que véhicule le langage ordinaire (**4. Macherey**).

Mettant l'accent sur « l'interaction fondamentale pour toute œuvre littéraire entre sa structure et son destinataire », la théorie de la réception* présente une nouvelle conception de l'œuvre, qui ne se réduit pas à un texte : le rôle du lecteur est déterminant, l'« œuvre est ainsi la constitution du texte dans la conscience du lecteur » (**5. Iser**). Celui-ci, confronté à l'*unicité* caractéristique de toute œuvre, est contraint de « faire l'expérience d'un dépaysement » : le texte est conçu comme « un code limitatif et prescriptif » du fait de la spécificité de la communication littéraire qui, contrairement à la communication ordinaire, ne comporte que deux éléments concrets, « le message et le lecteur » (**6. Riffaterre**).

1. Gustave Lanson
« La littérature et la science » (1895)

Auteur d'études sur Bossuet, Boileau, Corneille, Voltaire, Lamartine et d'une célèbre *Histoire de la littérature française*, Gustave Lanson a fortement contribué à la conquête de l'université par **l'histoire littéraire positiviste** autour de 1900. Exposé de son vivant à de violentes attaques, dont celles de Charles Péguy qui accusait « la méthode moderne » de « ne point saisir le texte » et de se perdre dans d'interminables considérations historiques, biographiques, philologiques (*Zangwill*, 1904), il a ensuite été victime du discrédit qu'a jeté sur l'histoire littéraire le mouvement de retour au texte avec le développement de la linguistique et de la nouvelle critique dans les années 60 (voir 29. Barthes).

Une « forme parfaite »

Dans un article de 1895 intitulé « La littérature et la science », Gustave Lanson affirme **la spécificité de la littérature** *et récuse les prétentions scientifiques de Zola. Paradoxalement, c'est parce qu'il poursuit un but purement artistique que l'écrivain peut saisir et transmettre la vérité de son époque.*

Comme Flaubert et Valéry, Lanson déclare que **la forme et le fond sont indissociables** *et qu'une œuvre qui se réduit à un message est sans valeur. Tel n'est pas le cas des* Rougon-Macquart, *que la critique actuelle ne réduit nullement à des témoignages laborieux. Les écrits théoriques de Zola font d'ailleurs une large place à la personnalité et au projet esthétique de l'artiste (voir les textes 58c et 59).*

Toute idée de roman ou de poème qui n'est pas réalisée en sa forme parfaite n'est qu'un projet ou une ébauche d'idée, enfin une intention sans valeur.

Rien n'est plus funeste à la littérature que cette sorte de matérialisme qui fait subsister l'idée indépendamment de la forme, et qui fait abstraction du travail artistique pour regarder l'objet dans sa réalité physique, extérieure et antérieure à l'art. Et rien n'est plus fréquent. Il ne faudrait pas presser beaucoup d'honnêtes gens de ce temps-ci, et des gens instruits, voire des académiciens, pour leur faire avouer que la forme dégrade l'idée, que la littérature est chose puérile et déshonnête, et qu'enfin l'idéal est réalisé quand un brave homme dit bonnement ce qu'il pense. La vogue des *Voyages*, des *Mémoires* et des *Journaux* prouve précisément combien nos contemporains aiment dans la littérature ce qui proprement n'est pas littéraire. En sorte qu'on devrait donner Buffon pour Bougainville, et Marivaux pour Marmontel.

C'est logique, au reste : car, à ce point de vue, une œuvre littéraire ne peut valoir que d'une seule façon, non pas encore comme observation scientifique, mais comme document historique. Tragédies et comédies classiques, drames et romans contemporains, ne sont que des témoignages. Ils nous renseignent sur les mœurs, les croyances de l'humanité, sur les moments divers de la civilisation, tout juste comme un contrat par-devant notaire ou un livre de comptes. La forme littéraire, évidemment, n'est de rien ici. Mais aussi l'autorité de ces dispositions n'est nullement celle des lois formulées par la science : le plus grand écrivain n'est qu'un témoin, exposé donc à être contredit, démenti, et dont la parole ne vaut jamais qu'après enquête et discussion. Même pour que nos fabricateurs de « document » humain ne s'en fassent pas trop accroire, rappelons-leur que, selon la bonne méthode historique, les témoignages indirects sont les plus précieux et les plus valables, et que, par leur prétention de faire l'analyse de l'état moral de notre société, ils doivent inspirer plus de défiance que l'artiste naïf dont le seul but est de nous procurer la douceur d'une émotion esthétique.

Gustave LANSON, « La littérature et la science », 1895, in *Hommes et livres*, © Slatkine Reprints, 1979, pp. 346-347.

Notions clés : *Chef-d'œuvre — Forme — Réel — Science — Naturalisme.*

• Une œuvre littéraire n'est pas un document, elle vaut par sa forme achevée qui transmet « une émotion esthétique ».
• L'écrivain n'atteint à la vérité historique qu'indirectement, s'il a d'abord satisfait à cette exigence artistique.

➤ Paul VALÉRY, *Variété* : « LITTÉRATURE. Ce qui est la "forme" pour quiconque est le "fond" pour moi ».

2. Roman Jakobson
Essais de linguistique générale (1963)

Traduits en français en 1963, les *Essais de linguistique générale* de Roman Jakobson ont fait connaître les recherches des « formalistes russes » qui ont appliqué à la littérature les méthodes d'analyse structurale empruntées à la linguistique*.

Reprenant les travaux du linguiste genevois Saussure qui analyse la langue comme un système de signes dont chacun se définit négativement par opposition aux autres, Jakobson distingue « deux modes fondamentaux d'arrangement dans le comportement verbal : la *sélection et la combinaison* ». Ils constituent respectivement l'axe *paradigmatique** et l'axe *syntagmatique**, que présente le dernier paragraphe de notre extrait. La **linguistique structurale***, sur ce modèle et en réaction contre les approches historiques, esthétiques ou impressionnistes de la littérature, étudie l'œuvre comme une structure verbale relativement autonome dans laquelle les différents éléments prennent sens.

Cette analyse formelle du texte prend pour objet la **littérarité**, « c'est-à-dire ce qui fait d'une œuvre donnée une œuvre littéraire ». L'article cité entend « esquisser une vue d'ensemble des relations entre la poétique et la linguistique ». Jakobson y rappelle d'abord les six « facteurs constitutifs de tout procès linguistique », auxquels correspondent six fonctions du langage : le DESTINATEUR (fonction expressive) envoie au DESTINATAIRE (fonction conative) un MESSAGE (fonction poétique) qui fait référence à un CONTEXTE (fonction référentielle) commun aux deux interlocuteurs ; un CODE (fonction métalinguistique) et un CONTACT (fonction phatique) sont aussi indispensables à la communication [1]. La fonction poétique du langage peut alors être définie d'une façon purement linguistique, indépendamment de tout jugement de valeur subjectif.

La fonction poétique du langage

« *L'accent mis sur le message pour son propre compte, est ce qui caractérise la fonction poétique du langage.* » *Celle-ci déborde donc du strict domaine de la poésie, comme le montre l'analyse des trois énoncés choisis par Jakobson. Quand la fonction poétique domine, le principe de la sélection intervient non seulement dans le choix de chaque mot mais dans leur succession dans la séquence verbale, qui se trouve donc soumise à **un réglage plus contraignant**. Ainsi, dans l'énoncé* l'affreux Alfred, *la place du mot* affreux *avant le nom propre* Alfred *est justifiée à la fois au plan syntagmatique (*affreux *est bien en position d'adjectif épithète, il est compatible sémantiquement avec un nom de personne) et au plan paradigmatique (*affreux *et* Alfred *commencent par deux séries de phonèmes voisins :* [afr] *et* [alfr], *ce qui établit entre eux une relation d'équivalence :* Alfred = affreux*).*

La visée (*Einstellung*) du message en tant que tel, l'accent mis sur le message pour son propre compte, est ce qui caractérise la fonction poétique du langage. Cette fonction ne peut être étudiée avec profit si on perd de vue les problèmes généraux du langage, et, d'un autre côté, une analyse minutieuse du langage exige que l'on prenne sérieusement en considération la fonction poétique. Toute tentative de réduire la sphère de la fonction poétique à la poésie, ou de confiner la poésie à la fonction poétique, n'aboutirait qu'à une simplification excessive et trompeuse. La fonction

---

1. Le schéma de Jakobson a été critiqué par Catherine Kerbrat-Orecchioni qui propose une autre analyse de la communication linguistique (voir *L'Énonciation. De la subjectivité dans le langage,* Paris, A. Colin, 1980, pp. 11 à 28).

poétique n'est pas la seule fonction de l'art du langage, elle en est seulement la fonction dominante, déterminante, cependant que dans les autres activités verbales elle ne joue qu'un rôle subsidiaire, accessoire. Cette fonction, qui met en évidence le côté palpable des signes, approfondit par là même la dichotomie fondamentale des signes et des objets. Aussi, traitant de la fonction poétique, la linguistique ne peut se limiter au domaine de la poésie.

« Pourquoi dites-vous toujours *Jeanne et Marguerite*, et jamais *Marguerite et Jeanne* ! Préférez-vous Jeanne à sa sœur jumelle ? » « Pas du tout, mais ça sonne mieux ainsi. » Dans une suite de deux mots coordonnés, et dans la mesure où aucun problème de hiérarchie n'interfère, le locuteur voit, dans la préséance donnée au nom le plus court, et sans qu'il se l'explique, la meilleure configuration possible du message.

Une jeune fille parlait toujours de « l'affreux Alfred. » « Pourquoi affreux ? » « Parce que je le déteste. » « Mais pourquoi pas *terrible, horrible, insupportable, dégoûtant* ? » « Je ne sais pas pourquoi, mais *affreux* lui va mieux. » Sans s'en douter, elle appliquait le procédé poétique de la paronomase*.

Analysons brièvement le slogan politique *I like Ike* : il consiste en trois monosyllabes et compte trois diphtongues /ay/, dont chacune est suivie symétriquement par un phonème consonantique, /..l..k..k/. L'arrangement des trois mots présente une variation : aucun phonème consonantique dans le premier mot, deux autour de la diphtongue dans le second, et une consonne finale dans le troisième. [...]

Les deux colons de la formule *I like / Ike* riment entre eux, et le second des deux mots à la rime est complètement inclus dans le premier (rime en écho), /layk/ - /ayk/, image paronomastique d'un sentiment qui enveloppe totalement son objet. Les deux colons forment une allitération vocalique, et le premier des deux mots en allitération est inclus dans le second : /ay/ - /ayk/, image paronomastique du sujet aimant enveloppé par l'objet aimé. Le rôle secondaire de la fonction poétique renforce le poids et l'efficacité de cette formule électorale.

Selon quel critère linguistique reconnaît-on empiriquement la fonction poétique ? En particulier, quel est l'élément dont la présence est indispensable dans toute œuvre poétique ? Pour répondre à cette question, il nous faut rappeler les deux modes fondamentaux d'arrangement utilisés dans le comportement verbal : la *sélection* et la *combinaison*[1]. Soit

---

1. Jakobson renvoie ici à un autre chapitre des *Essais de linguistique générale*. On peut y lire notamment : « Le destinataire perçoit que l'énoncé donné (message) est une combinaison de parties constituantes (phrases, mots, phonèmes, etc.) sélectionnés dans le répertoire de toutes les parties constituantes possibles (code). Les constituants d'un contexte ont un statut de contiguïté, tandis que dans un groupe de substitution les signes sont liés entre eux par différents degrés de similarité, qui oscillent de l'équivalence des synonymes au noyau commun des antonymes » (p. 48).

« enfant » le thème d'un message : le locuteur* fait un choix parmi une série de noms existants plus ou moins semblables, tels que enfant, gosse, mioche, gamin, tous plus ou moins équivalents d'un certain point de vue ; ensuite, pour commenter ce thème, il fait choix d'un des verbes sémantiquement apparentés — dort, sommeille, repose, somnole. Les deux mots choisis se combinent dans la chaîne parlée. La sélection est produite sur la base de l'équivalence, de la similarité et de la dissimilarité, de la synonymie et de l'antonymie, tandis que la combinaison, la construction de la séquence, repose sur la contiguïté. *La fonction poétique projette le principe d'équivalence de l'axe de la sélection sur l'axe de la combinaison.* L'équivalence est promue au rang de procédé constitutif de la séquence.

Roman JAKOBSON, « Linguistique et poétique », 1960,
in *Essais de linguistique générale,* © éd. de Minuit, 1963 ;
coll. « Points », éd. du Seuil, pp. 218-219 et 220.

Notions clés : *Communication linguistique — Fonction poétique.*

• L'art du langage a recours à la fonction poétique qui prend en compte les caractéristiques formelles des signes linguistiques : la syntaxe, la sémantique mais aussi la forme des mots président à leur arrangement.

3. Roland Barthes
Essais critiques (1964)

Roland Barthes a été, dans les années 60-70, le champion de la *nouvelle critique, du structuralisme*, contre la critique universitaire de l'époque (*Sur Racine*, 1963 ; *Critique et Vérité*, 1966). Son œuvre, inspirée par le marxisme, la linguistique, l'anthropologie, la psychanalyse, est celle d'un sémioticien (la sémiotique — ou sémiologie* — se définissant comme la science des signes) qui a pris pour objets la langue (*Le Degré zéro de l'écriture,* 1953), les usages sociaux (*Mythologies,* 1957 ; *Le Système de la mode,* 1967 ; *L'Empire des signes*, 1970), le récit (« Introduction à l'analyse structurale des récits », 1966 ; *S/Z*, 1970, consacré à une nouvelle de Balzac), la photographie (*La Chambre claire*, 1980). Pour Barthes, **tout est langage, le texte et le lecteur** ; aussi, plus qu'une critique, définit-il une science du discours qui tente d'analyser dans l'œuvre littéraire, foncièrement polysémique, des structures, des figures, le lecteur devenant « un producteur du texte » : dans « l'activité struturaliste [...] on recompose l'objet *pour* faire apparaître des fonctions, et c'est, si l'on peut dire, le chemin qui fait l'œuvre ».

Réflexion sur le théâtre et la littérature, analyses d'auteurs aussi différents que Voltaire ou Robbe-Grillet, les *Essais critiques* reflètent le cheminement de la pensée barthésienne pendant une dizaine d'années, de 1954 à 1964, tout au long d'une série d'articles et d'entretiens que Barthes dans sa préface de 1971 définit comme les « éclats d'un travail progressif ». Il situe ses analyses dans la période de « montée de la sémio-logie » en précisant néanmoins que ces textes sont « polysémiques » et ne doivent donc pas être réduits à l'illustration d'une méthode critique historiquement datée.

« La littérature, objet parasite du langage »

La nature langagière de la littérature apparaît pleinement dans cet extrait : elle communique en utilisant un matériau, le langage, qui a déjà pour fonc-tion de communiquer. Définie comme un système second et parasite du lan-gage, elle ne peut renvoyer qu'au langage et non au réel.

Barthes montre ainsi la spécificité de la littérature par rapport aux autres arts : le signe* linguistique étant « digital » et non « analogique » (l'associa-tion du signifiant* et du signifié* y est arbitraire, conventionnelle), la littéra-ture n'imite pas le réel, contrairement à la peinture figurative. Mais, inversement, alors qu'un tableau apparaît au premier abord comme art et arti-fice (c'est de la peinture sur une toile), la littérature ne se distingue pas tou-jours de l'usage courant du langage : « si vous isolez une phrase d'un dialogue romanesque, rien ne peut a priori la distinguer d'une portion du langage ordi-naire ». C'est bien pourquoi certains écrivains ont dénié au roman toute valeur artistique (voir à ce sujet les réflexions de Valéry, Breton et Gracq, texte 53).

Il y a un statut particulier de la littérature qui tient à ceci, qu'elle est faite avec du langage, c'est-à-dire avec une matière qui est *déjà* signifiante au moment où la littérature s'en empare : il faut que la littérature *se glisse* dans un système qui ne lui appartient pas mais qui fonctionne malgré tout aux mêmes fins qu'elle, à savoir : communiquer. Il s'ensuit que les démê-lés du langage et de la littérature forment en quelque sorte l'être même de la littérature : structuralement, la littérature n'est qu'un objet parasite du langage ; lorsque vous lisez un roman, vous ne consommez pas *d'abord* le signifié* « roman » ; l'idée de littérature (ou d'autres thèmes qui en dépendent) n'est pas le message que vous recevez ; c'est un signifié que vous accueillez *en plus*, marginalement ; vous le sentez vaguement flotter dans une zone paroptique [1] ; ce que vous consommez, ce sont les unités, les rapports, bref les mots et la syntaxe du premier système (qui est la lan-gue française) ; et cependant l'être de ce discours que vous lisez (son « réel »), c'est bien la littérature, et ce n'est pas l'anecdote qu'il vous trans-met ; en somme, ici, c'est le système parasite qui est principal, car il détient la dernière intelligibilité de l'ensemble : autrement dit, c'est lui qui est le « réel ». Cette sorte d'inversion retorse des fonctions explique les ambi-guïtés bien connues du discours littéraire : c'est un discours auquel on croit

---

1. En dehors de la vue ou, ici, de la conscience claire.

sans y croire, car l'acte de lecture est fondé sur un tourniquet incessant entre les deux systèmes : voyez mes mots, je suis langage, voyez mon sens, je suis littérature.

Les autres « arts » ne connaissent pas cette ambiguïté constitutive. Certes, un tableau figuratif transmet (par son « style », ses références culturelles) bien d'autres messages que la « scène » elle-même qu'il représente, à commencer par l'idée même de tableau ; mais sa « substance » (pour parler comme les linguistes) est constituée par des lignes, des couleurs, des rapports qui ne sont pas signifiants en soi (à l'inverse de la substance linguistique qui ne sert jamais qu'à signifier) ; si vous isolez une phrase d'un dialogue romanesque, *rien* ne peut *a priori* la distinguer d'une portion du langage ordinaire, c'est-à-dire du réel qui lui sert en principe de modèle ; mais vous aurez beau choisir dans le plus réaliste des tableaux, le plus vériste des détails, vous n'obtiendrez jamais qu'une surface plane et enduite, et non la matière de l'objet représenté : une distance *substantielle* demeure entre le modèle et sa copie. Il s'ensuit un curieux chassé-croisé ; dans la peinture (figurative), il y a analogie entre les éléments du signe* (signifiant et signifié) et disparité entre la substance de l'objet et celle de sa copie ; dans la littérature, au contraire, il y a coïncidence des deux substances (c'est toujours du langage), mais dissemblance entre le réel et sa version littéraire, puisque la liaison se fait ici, non à travers des formes analogiques, mais à travers un code digital (binaire au niveau des phonèmes), celui du langage. On est ainsi ramené au statut fatalement irréaliste de la littérature, qui ne peut « évoquer » le réel qu'à travers un relais, le langage, ce relais étant lui-même avec le réel dans un rapport institutionnel, et non pas naturel. L'art (pictural), quels que soient les détours et les droits de la culture, peut toujours rêver à la nature (et il le fait, même dans ses formes dites abstraites) ; la littérature, elle, n'a pour rêve et pour nature immédiate que le langage.

Roland BARTHES, *Essais critiques,*
© éd. du Seuil, 1964, pp. 262-264.

Notions clés : *Langage — Réel — Roman*

- *La littérature fait entièrement corps avec son matériau, le langage.*
- *De ce fait, elle ne renvoie pas directement au réel.*

4. Pierre Macherey
Pour une théorie de la production littéraire (1966)

Au moment où la critique structuraliste affirme l'autonomie radicale de l'œuvre littéraire, Pierre Macherey, dans une perspective marxiste, s'interroge sur les conditions de sa production. Bien qu'autonome (et irréductible à un message), l'œuvre n'est pas pour lui indépendante puisqu'elle utilise le langage et s'inscrit dans l'histoire de la production littéraire. Elle se caractérise par **son pouvoir d'illusion**, qu'elle tire de sa logique propre : « Le Paris de Balzac [...] est le résultat d'une activité de fabrication, conforme aux exigences non de la réalité mais de l'œuvre. » Le discours littéraire développe là une propriété fondamentale de tout langage qui, loin d'exprimer directement la réalité des choses, ne parle jamais que de lui-même et transmet toute une série de représentations plus ou moins inconscientes : « le langage quotidien [...] est le langage de l'idéologie [1] », il n'est pas connaissance mais illusion.

Élaborée à partir du langage, matériau déjà signifiant (voir 3. Barthes), la littérature constitue « une œuvre seconde » qui reproduit, confronte et par là même conteste ces représentations idéologiques : l'imitation de la réalité, ici nécessairement **parodique**, a valeur de dénonciation [2].

Littérature, fiction et idéologie

Macherey distingue alors l'illusion, caractéristique du langage ordinaire (« informe »), et la fiction, « représentation déterminée » que l'œuvre littéraire donne de cette illusion. Même si elle est trompeuse, la fiction est libératrice par cela seul qu'elle met en scène la « feinte plus radicale » que constitue l'illusion. Par sa forme achevée, elle tient toujours à distance ce qu'elle représente : c'est pourquoi l'œuvre ne saurait se réduire à un message.

La fiction, c'est l'illusion déterminée : l'essence du texte littéraire est dans l'institution d'une telle détermination. Ainsi le *pouvoir* du langage, installé dans les limites plus ou moins arrêtées de l'œuvre, est-il déplacé. Pour savoir ce que c'est qu'un texte littéraire, il faudra donc se demander à partir de quel centre nouveau se fait le travail de la fiction. Il ne s'agit pas d'un

---

1. « Une idéologie est un système (possédant sa logique et sa rigueur propres) de représentations (images, mythes, idées ou concepts selon les cas) doué d'une existence et d'un rôle historique au sein d'une société donnée. [...] Ces représentations n'ont la plupart du temps rien à voir avec la « conscience ». [...] C'est avant tout comme *structures* qu'elles s'imposent à l'immense majorité des hommes, sans passer par leur « conscience ». Elles sont des objets culturels perçus-acceptés-subis, et agissent fonctionnellement sur les hommes par un processus qui leur échappe » (Louis Althusser, *Pour Marx*, Paris, Maspero, 1965, pp. 238-240).

2. On peut considérer que cette analyse vaut surtout pour le roman, dont Bakhtine a montré le caractère fondamentalement *polyphonique* (voir le texte 57).

centre réel : au décentrement idéologique de l'illusion, le livre ne substitue pas un centre d'organisation autour duquel le système du langage pourrait être une fois pour toutes ordonné ; le livre ne donne pas à ce système un sujet. La fiction n'est pas plus *vraie* que l'illusion ; on dira encore : elle ne peut tenir lieu d'une connaissance. Pourtant, installée dans l'inadéquat, elle trouve le moyen d'y commencer un mouvement, de transformer le rapport à l'idéologie : non de transformer l'idéologie elle-même ce qui est impossible (l'idéologie qui, par nature, se trouve toujours *ailleurs* n'occupe aucun lieu véritable : elle ne peut donc être effectivement réduite). La fiction, dans la mesure où elle est feinte, nous abuse : mais cette tromperie n'est pas initiale, puisqu'elle porte elle-même sur une feinte plus radicale, qu'elle montre et qu'elle trahit, contribuant ainsi à nous en délivrer.

Là où s'achève, dans son informité, la « vie », commence l'œuvre : distincts donc et formant contraste l'un par rapport à l'autre ; mais inséparables aussi, non parce qu'ils habilleraient de formes diverses un même contenu, mais par la nécessité qui leur est faite de renouveler sans cesse leur opposition.

C'est parce que l'œuvre contient une telle fiction qu'est parfaitement illusoire toute entreprise critique qui chercherait à *réduire* cette fiction à un autre usage du langage : parole intérieure, parole idéologique ou parole collective. Aussi la nature fictive et non illusoire de l'œuvre empêche-t-elle qu'on *l'interprète*, c'est-à-dire qu'on la ramène à des formes d'expression non littéraire : comme on le verra, connaître, ce n'est pas interpréter mais expliquer.

Il importe donc de distinguer les trois formes que donnent au langage trois usages différents : illusion, fiction, théorie. Les mêmes mots, à peu de choses près, composent ces trois discours : mais entre ces mots s'établissent des rapports incomparables, tellement séparés qu'il est impossible de passer sans rupture de l'un à l'autre.

Pierre MACHEREY, *Pour une théorie de la production littéraire*,
© éd. Maspero, 1966, pp. 80-81.

Notions clés : *Fonction de la littérature — Forme — Idéologie — Illusion référentielle — Langage — Polyphonie.*

• Par sa forme achevée, la fiction littéraire se distingue de l'illusion dont est porteur le langage ordinaire.
• Elle peut ainsi transmettre et dénoncer à la fois les représentations idéologiques qu'il véhicule.

5. Wolfgang Iser
L'Acte de lecture (1976)

Pour Wolfgang Iser et les critiques de **l'école de Constance**, à laquelle appartient également Hans Robert Jauss (voir le texte 8), l'analyse littéraire a restreint, jusqu'alors, son champ d'application à l'œuvre et à l'auteur, négligeant ainsi la part fondamentale du lecteur, destinataire du message littéraire et sans la participation duquel l'œuvre n'aurait pas de sens. Le lecteur, actualisateur de l'œuvre, voit donc son rôle pris en compte au travers d'une description analytique et précise de « l'acte de lecture » et de « la réception* ».

L'ouvrage de Wolfgang Iser se veut une « phénoménologie* de la lecture ». Il montre que le rôle du lecteur est essentiel dans la production de « l'effet esthétique » : l'œuvre n'est pas le texte seul, elle se constitue par un processus dynamique, un rapport d'**interaction entre lecteur et texte.** Cette interaction est rendue nécessaire par la nature même du texte littéraire : d'une part, il se caractérise par ses manques, son incomplétude qui appellent les représentations différentes des lecteurs ; d'autre part, il comporte des « ensembles complexes de directives » qui s'imposent aux lecteurs et contrôlent leur action. Par ses structures, chaque œuvre définit ainsi son « **lecteur implicite** [1] » et « offre un certain rôle à ses lecteurs possibles », que ceux-ci interprètent à leur manière. Cela explique à la fois la survie de l'œuvre et la pluralité de ses réceptions.

L'interaction entre lecteur et texte

*Ainsi, l'œuvre littéraire peut-elle être définie par sa bipolarité, qui met en relation le texte (« le pôle artistique ») et le lecteur (« le pôle esthétique ») selon une dynamique qui n'est pas entièrement régie par le texte : « cet hiatus fonde la **créativité de la réception** ». La citation de Sterne (romancier anglais dont Diderot s'est inspiré dans* Jacques le Fataliste et son maître*) montre que certains écrivains avaient bien conscience que cette collaboration du lecteur à l'élaboration de l'œuvre fonde le **plaisir de la lecture**.*

C'est au cours de la lecture que se produit l'interaction, fondamentale pour toute œuvre littéraire, entre sa structure et son destinataire. C'est pourquoi la phénoménologie de l'art a attiré l'attention sur le fait que l'étude de l'œuvre littéraire doit viser la compréhension du texte au-delà de sa forme. [...] On peut dire que l'œuvre littéraire a deux pôles : le pôle artistique et le pôle esthétique. Le pôle artistique se réfère au texte produit par l'auteur tandis que le pôle esthétique se rapporte à la concrétisation réalisée par le lecteur. Cette polarité explique que l'œuvre littéraire ne se réduise

---

1. Umberto Eco parle de « lecteur modèle » (voir le texte 30).

ni au texte ni à sa concrétisation qui, à son tour, dépend des conditions dans lesquelles le lecteur l'actualise, quand bien même elles seraient partie intégrante du texte. Le lieu de l'œuvre littéraire est donc celui où se rencontrent le texte et le lecteur. Il a nécessairement un caractère virtuel, étant donné qu'il ne peut être réduit ni à la réalité du texte ni aux dispositions subjectives du lecteur.

De cette virtualité de l'œuvre jaillit sa dynamique qui constitue la condition de l'effet produit par elle. De ce fait, le texte n'existe que par l'acte de constitution d'une conscience qui la reçoit, et ce n'est qu'au cours de la lecture que l'œuvre acquiert son caractère particulier de processus. Désormais on ne devrait plus parler d'œuvre que lorsqu'il y a, de manière interne au texte, processus de constitution de la part du lecteur. L'œuvre est ainsi la constitution du texte dans la conscience du lecteur. [...]

Mais la lecture est interaction dynamique entre le texte et le lecteur. Car les signes linguistiques du texte et ses combinaisons ne peuvent assumer leur fonction que s'ils déclenchent des actes qui mènent à la transposition du texte dans la conscience de son lecteur. Ceci veut dire que des actes provoqués par le texte échappent à un contrôle interne du texte. Cet hiatus fonde la créativité de la réception.

Cette conception est attestée par des productions littéraires relativement anciennes. Laurence Sterne déclarait déjà dans *Tristram Shandy* (II, 11) : « [...] aucun auteur, averti des limites que la décadence et le bon goût lui imposent, ne s'avisera de tout penser. La plus sincère et la plus respectueuse reconnaissance de l'intelligence d'autrui commande ici de couper la poire en deux et de laisser le lecteur imaginer quelque chose après vous ». L'auteur et le lecteur prennent donc une part égale au jeu de l'imagination, lequel de toute façon n'aurait pas lieu si le texte prétendait être plus qu'une règle de jeu. La lecture ne devient un plaisir que si la créativité entre en jeu, que si le texte nous offre une chance de mettre nos aptitudes à l'épreuve. Il est certain qu'il y a des limites à cette productivité, et celles-ci sont transgressées si tout nous est dit trop clairement ou pas assez précisément. L'ennui et la fatigue désignent les points limites psychologiques qui nous mettent hors-jeu.

Wolfgang ISER, *L'Acte de lecture*, 1976,
trad. fr. © éd. Mardaga, 1985, pp. 48-49 et 198-199.

Notions clés : *Lecteur — Plaisir — Réception.*

• L'œuvre ne se réduit pas au texte littéraire, elle comprend aussi l'effet qu'il produit sur le lecteur.
• Cet effet est provoqué mais non entièrement contrôlé par le texte.
• Le plaisir de la lecture réside ainsi dans la part de créativité que le texte laisse au lecteur.

6. Michael Riffaterre
La Production du texte (1979)

Michael Riffaterre postule **l'unicité du texte littéraire** : « le style, c'est le texte même », écrit-il en corrigeant Buffon (« Le style est l'homme même »). Cette définition de la littérarité* est vérifiée selon lui par le fait que pour le lecteur **l'expérience littéraire est « un dépaysement »**.

Il analyse d'autre part le « phénomène littéraire », défini comme « le texte, mais aussi son lecteur et l'ensemble des réactions possibles du lecteur au texte » et signale les lacunes de la narratologie*, qui ne rend pas compte de « **la production du texte** » **dans l'esprit du lecteur**. Étudiant une nouvelle de Balzac, *La Paix du ménage*, il montre qu'elle tire son unité des variations métonymiques et métaphoriques qui associent les personnages féminins, un diamant et un candélabre, représentant dans le texte l'amour et sa duperie, en référence à une phrase matricielle qui s'impose à la pensée du lecteur : *Tout ce qui brille n'est pas or*. Le récit est donc « expansion textuelle d'un sens, variation mélodique, ou exercice musical sur une donnée sémantique ».

Un code limitatif et prescriptif

*Désireux d'expliquer **l'engendrement du sens chez le lecteur**, Riffaterre définit ici « l'acte de communication littéraire ». Des six facteurs de la communication linguistique analysés par Jakobson (voir le texte 2), il montre que deux seulement, le message et le lecteur, sont réellement présents.*

*Comme Barthes, Riffaterre affirme **la condition verbale du texte littéraire** : « la réalité et l'auteur sont des succédanés du texte ». Celui-ci constitue un « sous-code » linguistique caractérisé par « des unités lexicales et sémantiques différentes » qui lui confèrent une cohérence et une nécessité dont est dépourvu le discours ordinaire et qui assure sa survie. Il est ainsi comparé à une partition.*

***La réception du texte** s'apparente donc à un jeu (« joué selon les règles du langage » qui peuvent être respectées ou transgressées). Elle suppose l'activité du lecteur, dont la liberté est toutefois limitée : il effectue en effet une expérience unique dans la mesure où l'unicité du style permet au texte littéraire de « contrôler son propre décodage ». Riffaterre note cependant la tendance du lecteur à ramener le texte littéraire au discours ordinaire en lui attribuant une fonction référentielle, mimétique* : l'auteur et la réalité sont alors reconstruits comme des entités naturelles extérieures au texte.*

Considérons les caractéristiques de l'acte de communication littéraire : alors que l'acte de communication normal met en présence cinq éléments (pour simplifier, je ne compte pas l'élément *contact*, que je considère présupposé par la simultanéité des cinq autres), la communication littéraire n'en a que deux qui soient physiquement présents comme choses, le message et le lecteur. Les trois autres n'existent que comme représentations. Le code linguistique est, en effet, représenté sous la forme et dans les limites de sa réalisation dans le texte (laquelle peut être conforme ou transgressive). Quant à la réalité et à l'auteur, ils sont soit verbalement présents (il y a alors mimésis*, c'est-à-dire décodage simple), soit déduits de l'énoncé, reconstitués par le lecteur (il y a alors rationalisation, c'est-à-dire décodage, plus extrapolation à partir du décodage en fonction de modèles — d'idéologies, par exemple — que le lecteur a en lui). Le contact est assuré, non par une réception passive comme dans la communication normale, mais par l'exécution (dans le sens musical du mot), l'exécution active de la partition que représente le texte.

Ces particularités de la communication littéraire ont trois conséquences :

— premièrement, la communication est un jeu, ou plutôt une gymnastique puisque c'est un jeu guidé, programmé par le texte. L'explication devra montrer comment ce contrôle est assuré par les mots ;

— deuxièmement, le jeu étant joué selon les règles du langage (conformément ou transgressivement), le lecteur perçoit le texte en fonction de son comportement habituel dans la communication ordinaire : un texte non figuratif sera reconstitué, rationalisé comme figuratif. Parler de la vérité ou de la non-vérité d'un tel texte n'a donc aucune pertinence : nous ne pouvons l'expliquer qu'en évaluant son degré de conformité au système verbal, en nous demandant s'il obéit aux conventions du code ou s'il les transgresse ;

— troisièmement, la réalité et l'auteur sont des succédanés du texte. [...] *Le texte est un code limitatif et prescriptif.* L'énonciation du texte, étant l'exécution d'une partition, n'est pas libre, ou plutôt liberté et non-liberté d'interprétation sont également encodées l'une et l'autre dans l'énoncé. Dans la communication non littéraire, le décodage laisse une latitude considérable au récepteur du message, en raison même des probabilités grammaticales que chaque segment de l'énoncé permet d'évaluer (puisque la séquence verbale est une série stochastique [1]). Si la situation était la même en communication littéraire, le texte ne serait pas un monument, car il ne serait plus capable de permanence. Il ne pourrait pas non plus jouer son rôle de programme ou de partition. Il ne pourrait pas forcer le lecteur à faire l'expérience d'un dépaysement, d'une étrangeté.

---

1. Liée au hasard.

Nous devons donc supposer que le texte littéraire est construit de manière à contrôler son propre décodage, c'est-à-dire que ses composantes n'ont pas le même système de probabilité d'occurrence que dans la communication ordinaire. Pour les décrire, il faut avoir recours à une segmentation de la séquence verbale autre que celle qu'utilise la linguistique. Aussi est-on justifié à considérer le style d'un texte comme un dialecte ou sous-code. Comme tout dialecte, le style du texte emprunte à la langue, au code, sa syntaxe et même sa phonologie. Mais il emploie d'autres « mots », c'est-à-dire des unités lexicales et sémantiques différentes : elles ne correspondent pas aux mots du dictionnaire.

Michael RIFFATERRE, *La Production du texte*,
© éd. du Seuil, 1979, pp. 9 à 11.

Notions clés : *Lecteur — Mimésis — Réception — Style — Survie de l'œuvre.*

• La communication littéraire est réglée, programmée par le texte, que caractérise un style (« un dialecte ») particulier.
• Du fait de cette cohérence du texte (qui assure sa survie), l'expérience littéraire est pour le lecteur un dépaysement.

Les critères de qualité

« On sait à peu près pourquoi une œuvre est mauvaise. Mais bien moins pourquoi elle est bonne. » Cette observation du poète Pierre Reverdy (*Self defence*, 1919) pourrait conduire à écarter la question traditionnelle : qu'est-ce qu'un chef-d'œuvre ? Le jugement esthétique n'est-il pas en effet affaire de goût, d'impression, d'intuition ? Pourtant, dans la mesure où écrivains et critiques ont voulu dépasser cette simple référence à la subjectivité, il nous paraît légitime de chercher à définir des critères de qualité en littérature.

Le problème peut d'abord être posé du point de vue du public pour lequel un grand écrivain crée une forme nouvelle de beauté que le lecteur contemporain perçoit comme unique et énigmatique (**7. Proust**). Elle lui demande un effort d'adaptation puisqu'elle se caractérise par « l'écart esthétique » qui la sépare des habitudes de lecture de son époque (**8. Jauss**).

Du point de vue de l'auteur, la relation avec le public est à la fois déterminante et indéterminée : contrairement aux « faiseurs de livres », l'écrivain authentique ne vise pas un public particulier, l'œuvre de qualité est pour le lecteur — mais aussi pour l'auteur — l'occasion de se connaître (**9. Butor**). « Cette enivrante indétermination » est bien un critère de qualité dans la mesure où la capacité d'une grande œuvre à supporter de multiples lectures peut être considérée comme la garantie de sa survie et de sa richesse : « On n'en finirait plus avec Stendhal. Je ne vois pas de plus grande louange », disait Valéry (*Variété*, « La Pléiade » I, p. 582).

7. Marcel Proust
La Prisonnière (posthume, 1923)

À la recherche du temps perdu (1913-1927) constitue **l'autobiographie fictive d'un écrivain** (qui n'est jamais identifié à Proust). Les sept romans qui composent ce cycle intéressent d'abord par le récit des aventures du narrateur (histoire de son admission dans la société du Faubourg Saint-Germain, histoire de ses relations amoureuses avec Albertine et Gilberte) et d'autres personnages (histoires d'amour de Swann et d'une demi-mondaine, de Charlus et des « hommes-femmes »). Ces récits font aussi une large place aux analyses psychologiques (sur l'amour et la jalousie, notamment) et sociologiques (peinture des mœurs de la grande bourgeoisie et de l'aristocratie).

Mais l'originalité de la *Recherche* est surtout de présenter **une réflexion sur la littérature**, en rapport avec « la vocation invisible dont cet ouvrage est l'histoire ». Le narrateur expose dans le dernier volume, *Le Temps retrouvé*, comment sa vocation d'écrivain lui a été tardivement révélée par trois expériences de mémoire involontaire (annoncées, dès le premier volume, par le célèbre épisode de la madeleine). Elle le conduit à entreprendre le « déchiffrage » du « livre intérieur de signes inconnus » composé d'« impressions obscures » et de « réminiscences » que la vie passée a déposées en lui et qui constituent les « matériaux de l'œuvre littéraire ». Le but de l'art, inaccessible à l'intelligence, et qui fait de l'écrivain « un traducteur », est en effet d'interpréter tous ces souvenirs, de nous révéler « notre vraie vie, la réalité telle que nous l'avons sentie » : « l'œuvre d'art [est] le seul moyen de retrouver le Temps perdu ». Construite à partir de matériaux personnels, elle se distingue donc par sa singularité.

Une vision du monde

*« Le Beau est toujours étonnant », disait Baudelaire (*Salon de 1859*). Pour Proust aussi l'originalité constitue la marque du génie : celui-ci offre à ses contemporains une « nouvelle et unique beauté, énigme à son époque où rien ne lui ressemble ni ne l'explique » ; cette nouveauté concerne la forme et non le contenu de l'œuvre, ce qui explique d'ailleurs la difficulté du public à recevoir et à assimiler une œuvre nouvelle (voir le chapitre 8). Mais, une fois cette accoutumance réalisée, le lecteur averti est sensible à l'unicité de l'œuvre, au retour des mêmes motifs* qui s'ordonnent dans « un même monde », dans **une vision du monde nouvelle** accordée à un style nouveau. L'œuvre d'un grand écrivain se caractérise ainsi par sa « monotonie ».*

Pour montrer à son amie Albertine — et à ses lecteurs — la valeur générale de cette loi, le narrateur proustien choisit ses exemples dans différents arts : littérature (Barbey d'Aurevilly et Stendhal), peinture (Ver Meer) et musique (Vinteuil). Contrairement aux trois autres artistes, le musicien n'est qu'un personnage imaginaire de la Recherche *(une de ses « phrases types » joue le rôle d'emblème de l'amour que Swann porte à Odette de Crécy dans* Un amour de Swann*).*

Cette qualité inconnue d'un monde unique et qu'aucun autre musicien ne nous avait jamais fait voir, peut-être était-ce en cela, disais-je à Albertine, qu'est la preuve la plus authentique du génie, bien plus que le contenu de l'œuvre elle-même. « Même en littérature ? me demandait Albertine. — Même en littérature. » Et repensant à la monotonie des œuvres de Vinteuil, j'expliquais à Albertine que les grands littérateurs n'ont jamais fait qu'une seule œuvre, ou plutôt réfracté à travers des milieux divers une même beauté qu'ils apportent au monde. « S'il n'était pas si tard, ma petite, lui disais-je, je vous montrerais cela chez tous les écrivains que vous lisez pendant que je dors, je vous montrerais la même identité que chez Vinteuil. Ces phrases types, que vous commencez à reconnaître comme moi, ma petite Albertine, les mêmes dans la sonate, dans le septuor, dans les autres œuvres, ce serait, par exemple, si vous voulez, chez Barbey d'Aurevilly, une réalité cachée, révélée par une trace matérielle, la rougeur physiologique de l'Ensorcelée, d'Aimée de Spens, de la Clotte, la main du *Rideau cramoisi*, les vieux usages, les vieilles coutumes, les vieux mots, les métiers anciens et singuliers derrière lesquels il y a le Passé, l'histoire orale faite par les pâtres du terroir, les nobles cités normandes parfumées d'Angleterre et jolies comme un village d'Écosse, la cause de malédictions contre lesquelles on ne peut rien, la Vellini, le Berger, une même sensation d'anxiété dans un passage, que ce soit la femme cherchant son mari dans une *Vieille Maîtresse*, ou le mari, dans *L'Ensorcelée*, parcourant la lande, et l'Ensorcelée elle-même au sortir de la messe. [...]

Je ne peux pas vous parler comme cela en une minute des plus grands, mais vous verriez dans Stendhal un certain sentiment de l'altitude se liant à la vie spirituelle : le lieu élevé où Julien Sorel est prisonnier, la tour au haut de laquelle est enfermé Fabrice, le clocher où l'abbé Blanès s'occupe d'astrologie et d'où Fabrice jette un si beau coup d'œil. Vous m'avez dit que vous aviez vu certains tableaux de Ver Meer, vous vous rendez bien compte que ce sont les fragments d'un même monde, que c'est toujours, quelque génie avec lequel elle soit recréée, la même table, le même tapis, la même femme, la même nouvelle et unique beauté, énigme à cette époque où rien ne lui ressemble ni ne l'explique, si on ne cherche pas à l'apparenter par les sujets, mais à dégager l'impression particulière que la couleur produit.

Marcel PROUST, *La Prisonnière*, 1923, éd. Gallimard, « La Pléiade », pp. 375-377.

Notions clés : *Chef-d'œuvre — Forme — Lecteur — Style — Vision du monde.*

• Plus que par son contenu, l'œuvre d'un grand artiste se distingue par la nouveauté des formes qu'elle impose au public.
• La récurrence de ces mêmes motifs originaux constitue un critère de qualité.

➤ Marcel PROUST, *Contre Sainte-Beuve* : « Par l'usage entièrement nouveau et personnel qu'il a fait du passé défini, du passé indéfini, du participe présent, de certains pronoms et de certaines propositions, [Flaubert] a renouvelé presque autant notre vision des choses que Kant, avec ses Catégories, les théories de la Connaissance et de la Réalité du monde extérieur. »

8. Hans Robert Jauss
Pour une esthétique de la réception (1972-1975)

Les deux ouvrages de Hans Robert Jauss, professeur de littérature à l'Université de Constance, *Pour une esthétique de la réception* et *Pour une herméneutique littéraire*, publiés en France respectivement en 1978 et en 1988, ont renouvelé l'approche des textes et de l'histoire littéraires en la centrant sur la notion de *réception** et en définissant les concepts d'« horizon d'attente » et d'« écart esthétique ».

Jauss constate d'abord qu'une œuvre s'insère dans le système de références fourni par les lectures antérieures : c'est « **l'horizon d'attente du lecteur** » (présenté en détail dans le texte 26).

Cette notion débouche sur celle d'« écart esthétique », défini comme « l'écart entre l'horizon d'attente préexistant et l'œuvre nouvelle » et comme la **condition du caractère artistique de l'œuvre**. Jauss l'illustre en montrant comment, dans *Jacques le Fataliste,* Diderot joue sur l'horizon d'attente des lecteurs — le schéma romanesque, alors à la mode, du récit de voyage, pour opposer, à des fins de provocation, une vérité de l'histoire qui démente et « démonte » les mensonges inhérents à la fiction.

L'écart esthétique

*La notion d'écart esthétique fournit ainsi à Jauss un critère de qualité : **une grande œuvre rompt avec les formes préétablies,** bouleverse les habitudes de lecture et les attentes du public (cette réaction peut aller jusqu'à l'incompréhension ou au refus, comme le montre l'exemple de* Madame Bovary *; voir le texte 32). L'œuvre commerciale, au contraire, flatte le goût dominant et coïncide exactement avec l'horizon d'attente des lecteurs : cet « art culinaire », cette littérature de « consommation » ne les oblige pas à remettre en question leurs cadres esthétiques et à faire une expérience nouvelle.*

*L'écart esthétique, ressenti d'abord comme étonnement puis comme plaisir littéraire, va s'effacer pour les lecteurs ultérieurs qui, assimilant la nouveauté, intégreront l'œuvre à leur horizon d'attente d'œuvres à venir. Cette intégration définit le « **classicisme** » des « chefs-d'œuvre ». (Sur ce point, voir le chapitre 9).*

La façon dont une œuvre littéraire, au moment où elle apparaît, répond à l'attente de son premier public, la dépasse, la déçoit ou la contredit, fournit évidemment un critère pour le jugement de sa valeur esthétique. L'écart entre l'horizon d'attente et l'œuvre, entre ce que l'expérience esthétique antérieure offre de familier et le « changement d'horizon » (*Horizontwandel*) requis par l'accueil de la nouvelle œuvre, détermine, pour l'esthétique de la réception, le caractère proprement artistique d'une œuvre littéraire : lorsque cette distance diminue et que la conscience réceptrice n'est plus contrainte à se réorienter vers l'horizon d'une expérience encore inconnue, l'œuvre se rapproche du domaine de l'art « culinaire », du simple divertissement. Celui-ci se définit, selon l'esthétique de la réception, précisément par le fait qu'il n'exige aucun changement d'horizon, mais comble au contraire parfaitement l'attente suscitée par les orientations du goût régnant : il satisfait le désir de voir le beau reproduit sous des formes familières, confirme la sensibilité dans ses habitudes, sanctionne les vœux du public, lui sert du « sensationnel » sous la forme d'expériences étrangères à la vie quotidienne, convenablement apprêtées, ou encore soulève des problèmes moraux — mais seulement pour les « résoudre » dans le sens le plus édifiant, comme autant de questions dont la réponse est connue d'avance. Si, au contraire, le caractère proprement artistique d'une œuvre se mesure à l'écart esthétique qui la sépare, à son apparition, de l'attente de son premier public, il s'ensuit de là que cet écart, qui, impliquant une nouvelle manière de voir, est approuvé d'abord comme source de plaisir ou d'étonnement et de perplexité, peut s'effacer pour les lecteurs ultérieurs à mesure que la négativité originelle de l'œuvre s'est changée en évidence et, devenue objet familier de l'attente, s'est intégrée à son tour à l'horizon de l'expérience esthétique à venir. C'est de ce deuxième changement d'horizon que relève notamment le classicisme de ce qu'on appelle les chefs-d'œuvre ; leur beauté formelle désormais consacrée et évidente et leur « signification éternelle » qui semble ne plus poser de problèmes les rapprochent dangereusement, pour une esthétique de la réception, de l'art « culinaire », immédiatement assimilable et convaincant, de sorte qu'il faut faire l'effort tout particulier de les lire à rebours de nos habitudes pour ressaisir leur caractère proprement artistique.

Hans Robert JAUSS, *Pour une esthétique de la réception*, 1972-1975, trad. fr., de C. Maillard, © éd. Gallimard, 1978, pp. 53-54.

Notions clés : *Classique — Écart esthétique — Forme — Horizon d'attente — Lecteur — Plaisir — Réception — Survie de l'œuvre.*

• Une œuvre vaut d'abord par sa rupture avec les conventions du moment.
• Une fois intégrée dans le champ de l'expérience esthétique, elle devient classique.

9. Michel Butor
Répertoire II (1964)

Avant d'élargir sa recherche à la poésie et à d'autres formes d'expression, Michel Butor a participé, avec Claude Simon et Nathalie Sarraute, au grand renouvellement des formes romanesques dont Robbe-Grillet fut le théoricien (voir le texte 42). « Nouveaux romans », *L'Emploi du temps* (1956) et *La Modification* (1957) modifient les rapports habituels entre écrivain et lecteur, obligeant ce dernier à un décryptage, à une reconstruction du récit privé de ses structures narratives conventionnelles (histoire, personnages, temps, espace). De nombreux essais, réunis dans différents *Répertoires*, développent par ailleurs une riche réflexion sur la littérature.

L'un d'eux, intitulé « Le critique et son public », analyse précisément la **relation entre le destinateur et le destinataire de l'œuvre** : « On écrit toujours "en vue" d'être lu […] Dans l'acte même d'écrire il y a un public impliqué. » Or la nature de cette relation, c'est-à-dire le choix d'un public par l'écrivain, détermine la valeur de l'œuvre.

L'œuvre de qualité dépasse son public

*Une œuvre « commerciale » est étroitement adaptée au public visé. Cette attitude s'oppose à celle de l'écrivain authentique qui s'adresse à un lecteur pour une large part indéterminé. De ce point de vue, l'œuvre de qualité est celle qui dépasse son projet et son public ; dans une telle œuvre, le destinataire mais aussi le destinateur se révèlent dans l'écriture, qui constitue pour les deux interlocuteurs **une véritable recherche**.*

Le romancier Michel Tournier (voir le texte 110), dont les œuvres recourent pourtant à des modes de narration plus traditionnels, présente une analyse très voisine. Le critère de la supériorité d'une œuvre « se trouve selon [lui] dans la quantité et la qualité de la co-créativité que le créateur attend et exige du "receveur". J'appelle mineur un art qui ne demande que réceptivité passive et docilité amorphe à ceux auxquels il s'adresse, mineure une œuvre où presque tout est donné, où presque rien n'est à construire » (Le Vent Paraclet, *1977, « Folio », p. 173).*

L'auteur d'un manuel scolaire écrit pour la classe de seconde, ou pour l'École polytechnique, conformément à des programmes ; lorsque ceux-ci auront changé, il adaptera ses ouvrages.

C'est ce qui se passe pour toute littérature « commerciale ».

Il arrive que des faiseurs de livres préparent selon certaines recettes éprouvées une marchandise destinée à un milieu auquel ils n'appartiennent nullement, n'ont pas envie d'appartenir, méprisent au contraire. Ce sont les grands défenseurs de l'exclusion, car ils n'aiment pas tellement voir traîner leurs ouvrages sous les yeux de ceux qu'ils estiment. Désirant marquer leurs distances, ils vont souvent tenter d'écrire, à côté de leurs livres « commerciaux » des livres « sérieux », c'est-à-dire destinés à ceux qu'ils fréquentent, ou qu'ils rêvent de fréquenter ; mais cette tentative sombre en général dans le ridicule, et ne fait que les lier plus encore à cela même qu'ils méprisaient, c'est-à-dire non point à leur public, mais à ce qui était méprisable dans ce public et qu'ils exploitaient, plus encore car, incapables de concevoir d'une façon dynamique ce public autre, incapables sinon ils détruiraient leurs propres œuvres, écraseraient leur ancien moi vil, n'en finiraient plus de l'écraser, ils abordent ceux dont ils se croient les « pairs » par un ensemble de recettes et de conventions tout aussi pré-établies, et donc, cherchant à montrer ce qu'ils croient être « en réalité », démontrent qu'ils ne le sont point. Il apparaît enfin que, contrairement à leur illusion, ce n'est pas eux qui ont choisi, mais qu'ils se sont laissé choisir par ce méprisable à quoi désormais ils appartiennent.

C'est que, dans la mesure où cette « adresse », cette visée, cette destination ne comporte point de mensonge ou tricherie, où l'auteur s'efforce bien de parler « en réalité », il faut bien se rendre à cette évidence que le destinataire ne peut jamais être entièrement connu par avance, que c'est le texte lui-même qui va le révéler. On pourrait dire : l'auteur d'un manuel scolaire pour la classe de seconde ne peut considérer celui-ci comme une œuvre au plein sens du terme que dans la mesure où il n'est pas seulement destiné aux élèves de seconde, où il a l'impression d'apporter « quelque chose » qui peut intéresser quelqu'un d'autre.

Kafka sait bien dans son *Journal* que c'est à lui-même qu'il s'adresse, mais qui ne voit à quel point ce lui-même futur est au jour de la rédaction un inconnu ? Il écrit pour savoir ce que cela pourra lui dire ; s'il le savait déjà, justement parce qu'il ne se suppose point d'autre public, quel besoin aurait-il d'écrire ?

Il demande à ce frère lointain : « Qui suis-je ? », c'est-à-dire : « Qui es-tu ? », si incroyablement lointain dont il ne peut presque rien dire si ce n'est qu'il sera vraisemblablement perdu comme lui, et que cette trace laissée sur le papier pourra peut-être l'aider à se reconnaître, à s'« y » reconnaître.

Michel BUTOR, *Répertoire II*,
© Éditions de Minuit, 1964, pp. 128-129.

Notions clés : *Fonction de la littérature — Public — Récit.*

• Une grande œuvre n'est pas étroitement adaptée à un public ; elle doit constituer, pour l'auteur et pour le lecteur, une véritable recherche.

➤ Paul VALÉRY, *Rhumbs* : « Une œuvre est solide quand elle résiste aux substitutions qu'un lecteur *actif* et rebelle tente toujours de faire subir à ses parties. »

Chapitre 3

L'œuvre et le réel

La réduction de l'œuvre au réel (comme celle de l'œuvre à l'auteur : voir sur ce point le chapitre 6) correspond à une attitude de lecture spontanée, encouragée par les déclarations des classiques, pour qui l'imitation de la nature était un impératif, ou des romanciers réalistes, qui ont souvent défini leur œuvre comme le miroir du réel (voir le chapitre 15). L'art est-il donc un reflet de la nature ? À cette question, les écrivains fournissent trois réponses différentes qui affirment la spécificité de la littérature.

La première, fréquente au XIXᵉ siècle, consiste à opérer une distinction radicale, la reproduction intégrale de la nature étant présentée comme la négation même de l'art. Toutefois, elle ne nie pas qu'il existe une relation entre ces deux termes : l'art doit être « un miroir de concentration » qui permet de donner une image de la nature plus expressive, plus intense (**10. Hugo**). Plus radicalement encore, c'est la notion même de *réalité* que met en cause Maupassant dans l'étude publiée en préface à *Pierre et Jean* : « Quel enfantillage, d'ailleurs, de croire à la réalité puisque nous portons chacun la nôtre dans nos pensées et dans nos organes » (*Le Roman*, 1887). Ainsi le romancier ne peut que « reproduire fidèlement [son] illusion » du monde et l'imposer à l'humanité — ce qui est une autre définition du grand artiste. Poussant cette logique jusqu'à son terme, le narrateur de la *Recherche* affirme que « la seule réalité pour chacun [est] le domaine de sa propre sensibilité » que l'artiste doit s'efforcer d'exprimer (**11. Proust**).

Les critiques contemporains mettent plutôt l'accent sur « la condition verbale de la littérature », selon l'expression de Valéry. « La littérature, c'est l'irréel même ; ou plus exactement, bien loin d'être une copie analogique du réel, *la littérature est au contraire la conscience même de l'irréel du langage* » (Barthes). Soucieuse de ne pas réduire l'œuvre à un document, un nouveau type de lecture sociologique montre que la littérature aborde le réel sur le mode de la « dénégation* » et de la « sublimation » et permet ainsi « l'émergence du réel le plus profond » (**12. Bourdieu**). Enfin est apparue la conscience que les œuvres renvoient moins au réel qu'à d'autres œuvres (**13. Malraux**), ce qu'un domaine de la critique moderne analyse maintenant en termes d'intertextualité* (**14. Jenny**).

10. Victor Hugo
Préface de *Cromwell* (1827)

Poète, romancier, dramaturge, Hugo a cherché à étendre le domaine de la littérature, à l'ouvrir à tous les aspects de la vie. C'est au nom de cette **exigence de liberté** que, chef d'école, il a prôné dans la préface de *Cromwell*, qui a valeur de manifeste romantique, un renouvellement du genre théâtral. « Le caractère du drame est le réel ; [...] tout ce qui est dans la nature est dans l'art » : l'homme étant conçu, dans une perspective chrétienne, comme un être fondamentalement double (à la fois âme et corps), le théâtre doit unir le sublime et le grotesque et répudier la vieille unité de ton. Autres conventions du théâtre classique, les unités de temps et de lieu sont aussi refusées. Défini comme « un point d'optique », le drame romantique ne connaît d'autre modèle que **la nature**. Se pose alors la question de la spécificité de l'art.

L'art ne reproduit pas la nature

*Désireux de montrer que le romantisme n'est pas simplement un mouvement négateur, Hugo réaffirme ici la suprématie de l'art par rapport au réel. Il avait auparavant montré la nécessité de **l'élaboration esthétique**, de « l'unité d'ensemble » : le* romantisme *n'est pas confondu avec ce que l'on n'appelle pas encore le* réalisme. *Le dramaturge établit, en une sorte de démonstration par l'absurde, que la nature n'entre pas directement sur la scène, qui ne connaît que l'imitation. L'œuvre elle-même n'existe pas en dehors de cette mise en forme artificielle qui recourt à divers « instruments », dont « la grammaire et la prosodie », symbolisées ici par deux écrivains classiques, Vaugelas (*Remarques sur la langue française, 1657) et Richelet (auteur d'un célèbre Dictionnaire de la langue française, *1680, et d'un traité sur la* Versification française). *La métaphore du miroir ne réduit donc nullement l'œuvre à un reflet fidèle et plat de la réalité puisque le drame est défini comme « **un miroir de concentration** ».*

*À titre de prolongement, rappelons que, dans son compte rendu du Salon de 1859, **Baudelaire** critique « la doctrine, ennemie de l'art », qui se donne pour idéal la représentation de la nature et aboutit à « l'invasion de la photographie » : « De jour en jour l'art diminue le respect de lui-même, se prosterne devant la réalité extérieure, et le peintre devient de plus en plus enclin à peindre, non pas ce qu'il rêve, mais ce qu'il voit. » Il exalte, au contraire « la reine des facultés » : « L'imagination est la reine du vrai, et le possible est une des provinces du vrai. Elle est positivement apparentée avec l'infini. » (*Œuvres complètes, « La Pléiade », t. II, pp. 619 et 621.)

Afin de montrer que, loin de démolir l'art, les idées nouvelles ne veulent que le reconstruire plus solide et mieux fondé, essayons d'indiquer quelle est la limite infranchissable qui, à notre avis, sépare la réalité selon l'art de la réalité selon la nature. Il y a étourderie à les confondre, comme le font quelques partisans peu avancés du *romantisme*. La vérité de l'art ne saurait jamais être, ainsi que l'ont dit plusieurs, la réalité *absolue*. L'art ne peut donner la chose même. Supposons en effet un de ces promoteurs irréfléchis de la nature absolue, de la nature vue hors de l'art, à la représentation d'une pièce romantique, du *Cid*, par exemple. — Qu'est cela ? dira-t-il au premier mot. Le Cid parle en vers ! Il n'est pas *naturel* de parler en vers. — Comment voulez-vous donc qu'il parle ? — En prose. — Soit. — Un instant après : — Quoi, reprendra-t-il s'il est conséquent, le Cid parle français ! — Eh bien ? — La *nature* veut qu'il parle sa langue, il ne peut parler qu'espagnol. — Nous n'y comprendrons rien ; mais soit encore. — Vous croyez que c'est tout ? Non pas ; avant la dixième phrase castillane, il doit se lever et demander si ce Cid qui parle est le véritable Cid, en chair et en os ? De quel droit cet acteur, qui s'appelle Pierre ou Jacques, prend-il le nom de Cid ? Cela est *faux*. — Il n'y a aucune raison pour qu'il n'exige pas ensuite qu'on substitue le soleil à cette rampe, des arbres *réels*, des maisons *réelles* à ces menteuses coulisses. Car, une fois dans cette voie, la logique nous tient au collet, on ne peut plus s'arrêter.

On doit donc reconnaître, sous peine de l'absurde, que le domaine de l'art et celui de la nature sont parfaitement distincts. La nature et l'art sont deux choses, sans quoi l'une ou l'autre n'existerait pas. L'art, outre sa partie idéale, a une partie terrestre et positive. Quoi qu'il fasse, il est encadré entre la grammaire et la prosodie, entre Vaugelas et Richelet. Il a, pour ses créations les plus capricieuses, des formes, des moyens d'exécution, tout un matériel à remuer. Pour le génie, ce sont des instruments ; pour la médiocrité, des outils.

D'autres, ce nous semble, l'ont déjà dit : le drame est un miroir où se réfléchit la nature. Mais si ce miroir est un miroir ordinaire, une surface plane et unie, il ne renverra des objets qu'une image terne et sans relief, fidèle, mais décolorée ; on sait ce que la couleur et la lumière perdent à la réflexion simple. Il faut donc que le drame soit un miroir de concentration qui, loin de les affaiblir, ramasse et condense les rayons colorants, qui fasse d'une lueur une lumière, d'une lumière, une flamme. Alors seulement le drame est avoué de l'art.

Victor Hugo, Préface de *Cromwell*, 1827.

Notions clés : *Art — Réalisme — Réel.*

• La réalité absolue n'est jamais transcrite directement par l'art.
• Celui-ci atteint la vérité en usant d'artifices (langue, versification, composition) qui lui donnent un pouvoir de révélation dont serait dépourvue une reproduction intégrale.

➤ Alfred de VIGNY, Préface à *Cinq-Mars* : « Ce que l'on veut des œuvres qui font se mouvoir des fantômes d'homme, c'est [...] le spectacle philosophique de l'homme travaillé par les passions de son caractère et de son temps ; c'est donc la VÉRITÉ de cet homme et de ce TEMPS, mais tous deux élevés à une puissance supérieure et idéale qui en concentre toutes les forces. »

11. Marcel Proust
Le Temps retrouvé (posthume, 1927)

Selon Proust, le grand écrivain, « traducteur » du « livre intérieur » d'impressions et de souvenirs que la vie a composé en lui, est d'abord à la recherche de son moi véritable (voir la présentation du texte 7). Des rapports nouveaux s'établissent alors entre l'art et la réalité.

L'art doit dégager l'essence de la réalité

*Proust procède à **une redéfinition de « la réalité »**. Pour lui, nous avons une perception fondamentalement subjective du réel : nos impressions du moment sont mêlées aux choses, et les souvenirs qui nous en restent conservent l'essence de notre moi, qui seule intéresse l'artiste. La réalité brute, immédiate, que l'on pourrait décrire simplement ou fixer sur la pellicule, n'a donc aucune valeur. L'écrivain ne peut faire l'économie d'un travail d'interprétation et d'écriture : « un beau style », une métaphore sont porteurs de cette vérité unique que lui seul pouvait exprimer (voir le texte 107).*

*Une telle conception de l'art et de la réalité implique donc une totale **condamnation du réalisme**. La littérature dite réaliste manque la réalité puisqu'elle se contente de saisir l'apparence des choses. Quelques pages plus haut, Proust écrit aussi que « rien ne s'éloigne plus de ce que nous avons perçu en réalité qu'une telle vue cinématographique », qui ne révèle jamais « la vraie vie » (sur le réalisme, voir le chapitre 15).*

Les choses — un livre sous sa couverture rouge comme les autres —, sitôt qu'elles sont perçues par nous, deviennent en nous quelque chose d'imma-tériel, de même nature que toutes nos préoccupations ou nos sensations de ce temps-là, et se mêlent indissolublement à elles. Tel nom lu dans un livre autrefois, contient entre ses syllabes le vent rapide et le soleil brillant qu'il faisait quand nous le lisions. De sorte que la littérature qui se contente de « décrire les choses », d'en donner seulement un misérable relevé de lignes et de surfaces, est celle qui, tout en s'appelant réaliste, est la plus éloignée de la réalité, celle qui nous appauvrit et nous attriste le plus, car elle coupe brusquement toute communication de notre moi présent avec le passé, dont les choses gardaient l'essence, et l'avenir, où elles nous incitent à la goûter de nouveau. C'est elle que l'art digne de ce nom doit exprimer, et, s'il y échoue, on peut encore tirer de son impuissance un enseignement (tandis qu'on n'en tire aucun des réussites du réalisme), à savoir que cette essence est en partie subjective et incommunicable. [...]

Une heure n'est pas qu'une heure, c'est un vase rempli de parfums, de sons, de projets et de climats. Ce que nous appelons la réalité est un certain rapport entre ces sensations et ces souvenirs qui nous entourent simultanément — rapport que supprime une simple vision cinématographique, laquelle s'éloigne par là d'autant plus du vrai qu'elle prétend se borner à lui — rapport unique que l'écrivain doit retrouver pour en enchaîner à jamais dans sa phrase les deux termes différents. On peut faire se succéder indéfiniment dans une description les objets qui figuraient dans le lieu décrit, la vérité ne commencera qu'au moment où l'écrivain prendra deux objets différents, posera leur rapport, analogue dans le monde de l'art à celui qu'est le rapport unique de la loi causale dans le monde de la science, et les enfermera dans les anneaux nécessaires d'un beau style ; même, ainsi que la vie, quand, en rapprochant une qualité commune à deux sensations, il dégagera leur essence commune en les réunissant l'une et l'autre pour les soustraire aux contingences du temps, dans une métaphore.

Marcel PROUST, *Le Temps retrouvé*, 1927,
éd. Gallimard, « La Pléiade », pp. 885 et 889.

Notions clés : *Art — Réalisme — Réel — Style.*

• La réalité n'est pas une donnée brute de l'expérience mais le produit d'une élaboration esthétique qui révèle l'essence du moi.

12. Pierre Bourdieu
Les Règles de l'art.
Genèse et structure du champ littéraire (1992)

Le sociologue Pierre Bourdieu, à qui l'on doit notamment *La Reproduction* (1970), *La Distinction* (1979), *Ce que parler veut dire* (1982), poursuit ici un double dessein.

Il montre d'abord comment s'est constituée **l'autonomie de la littérature** dans la société du XIXe siècle (« son expression exemplaire » apparaissant ensuite dans le *Contre Sainte-Beuve* ; voir 24 Proust).

Dénonçant à la fois ceux qui affirment le caractère ineffable de l'expérience littéraire et ceux qui réduisent l'œuvre à un document sociologique, il entend aussi « proposer une analyse scientifique des **conditions sociales de la production et de la réception de l'œuvre d'art** ». Dans cette perspective, l'artiste n'est plus conçu comme un génie transcendant mais comme un créateur qui affirme son originalité dans un champ de déterminations sociales et mentales. « Le problème du "réalisme" et du "référent" du discours littéraire » est donc posé en des termes nouveaux, notamment dans le « Prologue » consacré à *L'Éducation sentimentale*.

L'émergence du réel le plus profond

Pierre Bourdieu analyse les rapports entre la littérature et le réel en termes freudiens : l'œuvre littéraire voile et révèle à la fois (comme dans la dénégation* ou le refoulement) « la structure du monde social dans laquelle elle a été produite ».

D'une part, l'œuvre ne reproduit pas directement le réel, elle le nie par sa « mise en forme » même, comparée à « un euphémisme généralisé ». Mais cette « réalité littéraire déréalisée » produit chez le lecteur « un effet de croyance » (Barthes parle de « l'effet de réel »[1]) et fonde la complicité de l'auteur et du lecteur.

D'autre part, la fiction constitue la sublimation d'une vérité refoulée. Cette « vérité qui, dite autrement, serait insupportable » doit être mise au jour par l'analyse sociologique de l'œuvre, seule capable de mener jusqu'à son terme le « retour du refoulé » contrôlé (donc limité) par l'écrivain.

Ainsi, si « mettre en forme, c'est aussi mettre des formes », c'est-à-dire voiler, la fiction romanesque « permet de savoir tout en refusant de savoir ce qu'il en est vraiment » et assure « l'émergence du réel le plus profond ». L'Éducation sentimentale *est donc analysée comme « une entreprise d'objectivation de soi, d'autoanalyse, de socioanalyse » (p. 50).*

---

1. Roland Barthes, « L'effet de réel », *Communications*, n° 11, 1968 ; repris dans *Littérature et Réalité*, Paris, Seuil, coll. « Points », 1982.

L'Éducation sentimentale restitue d'une manière extraordinairement exacte la structure du monde social dans laquelle elle a été produite et même les structures mentales qui, façonnées par ces structures sociales, sont le principe générateur de l'œuvre dans laquelle ces structures se révèlent. Mais elle le fait avec les moyens qui lui sont propres, c'est-à-dire en donnant à *voir* et à *sentir*, dans des *exemplifications* ou, mieux, des *évocations*, au sens fort d'incantations capables de produire des effets, notamment *sur les corps*, par la « magie évocatoire » de mots aptes à « parler à la sensibilité » et à obtenir une croyance et une participation imaginaire *analogues* à celles que nous accordons d'ordinaire au monde réel [1].

La traduction sensible dissimule la structure, dans la forme même dans laquelle elle la présente et grâce à laquelle elle réussit à produire un *effet de croyance* (plutôt que de réel). Et c'est sans doute ce qui fait que l'œuvre littéraire peut parfois dire plus, même sur le monde social, que nombre d'écrits à prétention scientifique (surtout lorsque, comme ici, les difficultés qu'il s'agit de vaincre pour accéder à la connaissance sont moins des obstacles intellectuels que des résistances de la volonté) ; mais elle ne le dit que sur un mode tel qu'elle ne le dit pas vraiment. Le dévoilement trouve sa limite dans le fait que l'écrivain garde en quelque sorte le contrôle du retour du refoulé. La mise en forme qu'il opère fonctionne comme un euphémisme généralisé et la réalité littérairement déréalisée et neutralisée qu'il propose lui permet de satisfaire une volonté de savoir prête à se contenter de la sublimation que lui offre l'alchimie littéraire.

Pour dévoiler complètement la structure que le texte littéraire ne dévoilait qu'en la voilant, l'analyse doit réduire le récit d'une aventure au protocole d'une sorte de montage expérimental. On comprend qu'elle ait quelque chose de profondément désenchanteur. Mais la réaction d'hostilité qu'elle suscite contraint à poser en toute clarté la question de la spécificité de l'expression littéraire : mettre en forme, c'est aussi mettre des formes, et la dénégation qu'opère l'expression littéraire est ce qui permet la manifestation limitée d'une vérité qui, dite autrement, serait insupportable. L'« effet de réel » est cette forme très particulière de croyance que la fiction littéraire produit à travers une référence déniée au réel désigné qui permet de savoir tout en refusant de savoir ce qu'il en est vraiment. La lecture sociologique rompt le charme. Mettant en suspens la complicité qui unit l'auteur et le lecteur dans le même rapport de dénégation de la réalité exprimée par le texte, elle révèle la vérité que le texte énonce, mais sur un mode tel qu'il ne la dit pas ; en outre, elle fait apparaître *a*

---

1. L'effet de croyance que produit le texte littéraire repose, on le verra, sur l'accord entre les présupposés qu'il engage et ceux que nous engageons dans l'expérience ordinaire du monde (*N.d.A.*).

contrario la vérité du texte lui-même qui, précisément, se définit dans sa spécificité par le fait qu'il ne dit pas ce qu'il dit comme elle le dit [1]. La forme dans laquelle s'énonce l'objectivation littéraire est sans doute ce qui permet l'émergence du réel le plus profond, le mieux caché (ici la structure du champ du pouvoir et le modèle du vieillissement social), parce qu'elle est le voile qui permet à l'auteur et au lecteur de le dissimuler et de se le dissimuler.

Pierre BOURDIEU, *Les Règles de l'art. Genèse et Structure du champ littéraire,*
© éd. du Seuil, 1992, pp. 58-60.

Notions clés : *Fonction de la littérature — Forme — Réalisme.*

• Le texte littéraire ne constitue pas un document sociologique directement lisible.
• Dans la fiction romanesque, la structure du monde social est à la fois refoulée et sublimée, ce qui permet à la littérature d'exprimer une vérité plus profonde.
• Mais cette vérité doit être mise au jour par une lecture sociologique capable de rendre compte de la forme même de l'œuvre.

---

13. André Malraux
L'Homme précaire et la littérature (1977)

Il est commode de distinguer plusieurs volets dans l'œuvre de Malraux : romans (*Les Conquérants*, 1928 ; *La Voie royale*, 1930 ; *La Condition humaine*, 1933 ; *L'Espoir*, 1937) ; essais, réunis en 1976 sous le titre *Le Miroir des limbes* ; écrits sur l'art (*Les Voix du silence*, 1951 ; *Le Musée imaginaire de la sculpture mondiale*, 1952-1955 ; *La Métamorphose des dieux*, 1957-1976). L'unité de cette œuvre (et d'une vie consacrée aussi à l'engagement politique, antifasciste d'abord, gaulliste ensuite) peut être cherchée dans la **permanence de l'interrogation métaphysique** sur la mort, le sens de la vie, le destin, mais aussi dans **le culte de l'art.** « Ce qui compte essentiellement pour moi, c'est l'art. Je suis en art comme on est en religion », déclarait-il en 1945.

Dans sa méditation sur la création artistique, Malraux oppose constamment le monde des formes et la vie. L'artiste cherche moins à imiter le réel qu'à échapper au destin humain : « l'art est un anti-destin » (voir le texte 109). *L'Homme précaire et la littérature,* publié un an après sa mort, réaffirme la distinction fondamentale entre la littérature et le réel : « *Madame Bovary, Anna Karénine* ne ressemblent guère plus aux faits divers dont ils sont nés qu'un champ de seigle ne ressemble au sac de graines

---

1. Conférer à *L'Éducation* le statut de « document sociologique », comme on l'a fait maintes fois (cf. par exemple J.-Y. Dangelzer, *La Description du milieu dans le roman français*, Paris, 1939 ; ou B. Slama, « Une lecture de *L'Éducation sentimentale* », *Littérature*, n° 2, 1973, pp. 19-38) en s'en tenant aux indices les plus extérieurs de la description des « milieux », c'est laisser échapper la spécificité du travail littéraire. [N.d.A.]

dont il fut semé ». L'imaginaire de l'artiste (à la différence de l'imagination du rêveur) est « **un domaine de formes** », c'est pourquoi « la création littéraire naît dans le monde des créations et non dans celui de la Création ».

Le roman renvoie à la bibliothèque

*Malraux dénonce ainsi l'illusion qui voit dans la littérature une transcription de la réalité. L'œuvre s'inscrit dans une relation non avec le réel mais avec « le monde-d'un-art », qui échappe aux lois de l'espace et du temps humains : c'est le Musée Imaginaire pour la peinture, la Bibliothèque pour le roman. Il n'y a pas de création sans forme esthétique, aussi Balzac a-t-il construit son œuvre moins en faisant « concurrence à l'état civil » (comme il l'a proclamé dans l'*Avant-propos *de *La Comédie humaine*) qu'en s'appropriant et en renouvelant les formes romanesques de son temps. Une telle analyse conduit donc à faire de l'intertextualité* — bien que le concept ne soit pas ici utilisé — une caractéristique essentielle de l'œuvre littéraire (voir le texte 14).*

Rimbaud ne commence pas par écrire du Rimbaud informe, mais du Banville ; de même, si nous changeons le nom de Banville, pour Mallarmé, Baudelaire, Nerval, Victor Hugo. Un poète ne se conquiert pas sur l'informe, mais sur les formes qu'il admire. Un romancier aussi. Avant de concevoir *La Comédie humaine* et de se battre avec l'état civil, Balzac s'est battu avec le roman de son temps. C'est sur Walter Scott, Ducray-Duminil, bien d'autres, puis sur maintes *Scènes de la vie privée* qu'il conquiert *Le Père Goriot*, non sur son ancien propriétaire ruiné par ses filles. La création n'est pas le prix d'une victoire du romancier sur la vie, mais sur le monde de l'écrit dont il est habité. [...]

Toute narration est plus proche des narrations antérieures que du monde qui nous entoure ; et les œuvres les plus divergentes, lorsqu'elles se rassemblent dans le musée ou la bibliothèque, ne s'y trouvent pas rassemblées par leur rapport avec la réalité, mais par leurs rapports entre elles. La réalité n'a pas plus de style que de talent.

Nous appelons réalité le système des rapports que nous prêtons au monde — au plus vaste englobant possible. La création, dans les arts plastiques et ceux du langage, semble la transcription fidèle ou idéalisée de ces rapports, alors qu'elle se fonde sur d'*autres*. Tantôt d'autres rapports de leurs éléments entre eux, tantôt avec leur englobant — qui n'est ni le monde ni le réel mais le monde-d'un-art, un temps qui n'est pas le temps, un espace qui n'est pas l'espace ; la bibliothèque ou le musée, le roman ou la peinture. Il faut une illusion-logique chevillée au corps pour voir, dans le Musée Imaginaire, un monde illustré, et dans la Bibliothèque, un récit de l'aventure humaine. Car la création, semblable aux liquides, qui ne prennent forme que par leur contenant, nous apparaît par les formes qu'elle a prises ; elle nous apparaît encore dès que nous nous attachons à leur dissemblance, non à leur ressemblance : à ce qui sépare *Madame Bovary* de tout modèle, un tableau, de toute photographie, *Le Cuirassé Potemkine* de toute révolte de matelots.

André MALRAUX, *L'Homme précaire et la littérature,*
© éd. Gallimard, 1977, pp. 155 et 159-160.

Notions clés : *Création artistique — Intertextualité — Réalisme.*

• L'artiste est un créateur de formes, non un imitateur du réel.
• Il trouve sa manière propre à partir des œuvres des artistes qui l'ont précédé.

➤ Eugène IONESCO, *Notes et contre-notes* : « L'œuvre d'art n'est pas le reflet, *l'image* du monde ; mais elle est *à l'image du monde.* »

---

14. Laurent Jenny
« La stratégie de la forme »

En réaction contre « la critique traditionnelle "des sources" » et sous l'influence de la linguistique structurale, la critique moderne (précédée par Proust et son *Contre Sainte-Beuve* : voir notre texte 24) a été marquée par un mouvement de retour au texte littéraire, considéré comme une structure relativement autonome (voir ci-dessus les textes de Jakobson et Barthes). Cette **critique formelle** (ou textuelle) ne constitue pas pour autant la seule approche du texte littéraire. Celui-ci peut être aussi envisagé comme le résultat d'un long travail et la **critique génétique** a entrepris de rendre compte de la spécificité d'un texte en étudiant son mode d'engendrement à partir des diverses traces laissées par l'auteur (brouillons, manuscrits, variantes).

L'autonomie du texte littéraire a été aussi relativisée par les travaux du critique soviétique Bakhtine qui a mis en avant la notion de **dialogisme*** (voir les textes 44 et 57) : le discours romanesque, notamment, se compose de diverses voix (Bakhtine parle de « polyphonie »), de divers discours qui lui préexistent dans la société et dans la littérature. La notion d'**intertextualité***, reprise ensuite par Julia Kristeva, se fonde sur le fait que la littérature travaille sur des langages déjà constitués et qu'un texte s'insère « dans l'ensemble social considéré comme un ensemble textuel ».

L'intertextualité

L'article de Laurent Jenny, paru dans un numéro de la revue Poétique *consacré aux* Intertextualités, *définit d'abord l'intertextualité comme* « **la condition même de la lisibilité littéraire** » *puisque l'œuvre travaille le langage, qui véhicule tout un système de représentations. L'intertextualité est donc présente* *dans le code même. Le texte littéraire reçoit là une nouvelle spécificité : il impose au lecteur un déchiffrage particulier, que « la pratique d'une multiplicité de textes » rend possible.*

L'intertextualité peut être plus ou moins explicite dans les œuvres qui pratiquent les diverses formes de l'imitation ; elle appartient alors au contenu de l'œuvre. Quand elle n'est pas explicitement déclarée, son repérage et son analyse dépendent des compétences du lecteur.

Lorsque Mallarmé écrit : « Plus ou moins tous les livres contiennent la fusion de quelque redite comptée », il souligne un phénomène qui, loin d'être une particularité curieuse du livre, un effet d'écho, une interférence sans conséquence, définit la condition même de la lisibilité littéraire. Hors de l'intertextualité, l'œuvre littéraire serait tout simplement imperceptible, au même titre que la parole d'une langue encore inconnue. De fait, on ne saisit le sens et la structure d'une œuvre littéraire que dans son rapport à des archétypiques, eux-mêmes abstraits de longues séries de textes dont ils sont en quelque sorte l'invariant. Ces archétypes, issus d'autant de « gestes littéraires », codent les formes d'usage de ce « langage secondaire » (Lotman) qu'est la littérature. Vis-à-vis des modèles archétypiques, l'œuvre littéraire entre toujours dans un rapport de réalisation, de transformation ou de transgression. Et pour une large part, c'est ce rapport qui la définit. Même si une œuvre se définit comme n'ayant aucun trait commun avec les genres existants, loin de nier sa sensibilité au contexte culturel, elle en fait l'aveu par cette négation même. Hors système, l'œuvre est donc impensable. Sa perception suppose une compétence dans le déchiffrage du langage littéraire, qui ne saurait être acquise que dans la pratique d'une multiplicité de textes : du côté du décodeur la virginité est donc tout aussi inconcevable. Si l'on a pu omettre si longtemps cet aspect de l'œuvre littéraire, c'est tout simplement que son code aveuglait à force d'évidence. L'œuvre apparaissait « hors-code », comme une tranche de réalité vivant dans les pages, et qui dès lors ne pouvait être mise en rapport avec rien d'autre qu'elle-même. Dès lors qu'une critique formelle est, comme aujourd'hui, solidement assurée dans ses fondements, l'intertextualité se doit d'être située par rapport au « fonctionnement » de la littérature. Si tout texte réfère implicitement *aux* textes, c'est d'abord d'un point de vue génétique que l'œuvre littéraire a partie liée avec l'intertextualité. Mais il convient de replacer sur la scène formelle un phénomène mal compris par la critique traditionnelle « des sources ».

Il arrive aussi que non seulement l'intertextualité conditionne l'usage du code, mais encore soit explicitement présente au niveau du contenu formel de l'œuvre. C'est le cas de tous les textes qui laissent transparaître leur rapport à d'autres textes : imitations, parodie, citation, montage, plagiat, etc. La détermination intertextuelle de l'œuvre est alors double : ainsi, une parodie entre à la fois en rapport avec l'œuvre qu'elle caricature et avec toutes les œuvres parodiques constitutives de son propre genre. Ce qui demeure évidemment problématique, c'est la détermination du degré d'explicitation de l'intertextualité dans telle ou telle œuvre, en dehors du cas-limite de la citation littérale. S'il est clair que des critères structurels peuvent servir à « prouver » un fait intertextuel, dans toute une catégorie de cas, il sera difficile de déterminer si le fait intertextuel dérive de l'usage du code ou s'il est la matière même de l'œuvre. En fait, on devine qu'il n'y a rien d'incompatible dans ces « positions » du fait intertextuel, si l'œuvre a une forte coloration métalangagière. Ce qui peut varier aussi, c'est la sensibilité des lecteurs à la « redite ». Cette sensibilité est évidemment fonction de la culture et de la mémoire de chaque époque, mais aussi des préoccupations formelles de ses écrivains. Par exemple le dogme de l'imitation propre à la Renaissance est aussi une invite à une lecture double des textes et au déchiffrage de leur rapport intertextuel avec le modèle antique. Les modes de lecture de chaque époque sont donc aussi inscrits dans leurs modes d'écriture.

Laurent JENNY, « La stratégie de la forme »,
in *Poétique*, n° 27, 1976, pp. 257-258.

Notions clés : *Intertextualité — Langage — Lecteur — Réception.*

• Une œuvre littéraire se comprend non par son rapport au réel mais par ses relations avec les autres œuvres.
• Elle suppose un lecteur rompu à « la pratique d'une multiplicité de textes ».

➤ Julia KRISTEVA, *Sémiotiké, recherches pour une sémanalyse* : « Tout texte se construit comme mosaïque de citations, tout texte est absorption et transformation d'un autre texte. À la place de la notion d'intersubjectivité s'installe celle d'*intertextualité*, et le langage poétique se lit, au moins, comme *double*. »

Deuxième partie

L'expérience de l'écrivain

Si le lecteur est indispensable à l'existence de l'œuvre, l'expérience de l'écriture et de celle de la lecture semblent radicalement différentes : selon Valéry, l'écrivain ne peut jouir de « l'effet instantané » que produit son texte, cette « émotion composée » est réservée aux lecteurs « qui ne connaissent pas cet ouvrage, qui n'ont pas vécu avec lui, qui ne savent pas les lenteurs, les tâtonnements, les dégoûts, les hasards... mais qui voient seulement comme un magnifique dessein réalisé d'un coup » (*Tel quel*). Flaubert, qui vouait le même culte à l'art, souhaitait provoquer chez son lecteur « une espèce d'ébahissement » (voir le texte 22b). La création littéraire doit-elle donc rester un mystère pour le lecteur ? Mérite-t-elle de retenir notre attention alors qu'aujourd'hui la réflexion savante — en dehors de la critique génétique qui, se consacrant à un texte bien précis, échappe ici à notre propos — s'intéresse à la *poétique** de l'œuvre beaucoup plus qu'à son auteur ? Peut-on en parler sans sortir du champ littéraire et recourir à des considérations psychologiques ou mythiques sur l'inspiration ?

Selon les témoignages de Rousseau, Aragon et Balzac, **la création littéraire** (chapitre 4) est régie par des mécanismes qui échappent partiellement à la conscience claire de l'écrivain. La notion d'*auteur* au sens d'individu entièrement conscient des buts et des moyens de sa création doit être remise en cause : **l'écriture et ce qui s'y joue** (chapitre 5) manifeste une série de déterminations intérieures et extérieures à l'écrivain. C'est bien pourquoi on ne peut établir une relation privilégiée entre **l'homme et l'œuvre** (chapitre 6). Certes, comme l'a noté Sartre, contrairement à l'artisan qui peut objectiver son ouvrage (par ses mains, c'est le « on » social qui travaille), l'artiste « ne trouve jamais que [lui] dans [son] œuvre » parce qu'il a lui-même inventé les règles de sa production (*Qu'est-ce que la littérature ?*). Mais il y trouve sa personnalité d'artiste et non l'individu qui intéresse le biographe.

Chapitre 4

La création littéraire

Quels sont les mécanismes de la création littéraire ? Dans ce domaine, notait en 1957 Robbe-Grillet, écrivain et théoricien du Nouveau Roman, « les mythes du XIXᵉ siècle conservent toute leur puissance » : l'artiste est encore vu comme « une sorte de monstre inconscient, irresponsable et fatal, [...] un simple médiateur entre le commun des mortels et une puissance obscure, un au-delà de l'humanité, un esprit éternel, un dieu... » [1]. On peut penser qu'aujourd'hui, la médiatisation de la littérature aidant (voir le texte 36), le romancier apparaît davantage au public comme un honnête artisan toujours capable d'expliquer ce qu'il a *voulu dire* ou *voulu faire*. Délaissant pour l'instant le problème de *l'inspiration* poétique (abordée dans la sixième partie), nous choisissons, sur ce sujet délicat, de présenter **divers témoignages de prosateurs**. Les expériences et les pratiques évoquées ici sont de deux ordres.

Certains écrivains déclarent avoir conçu leur œuvre sous l'effet d'une illumination (**15. Rousseau**) ou d'un impérieux besoin de noter des phrases qu'aucune réflexion n'appelait (**16. Aragon**). Dans le premier cas, une forme d'inspiration révèle un système de pensée qu'il faudra ensuite exposer et mettre en forme ; dans le deuxième, une phrase mystérieuse, apparemment gratuite, s'impose à la conscience de l'écrivain comme un *incipit* et déclenche le processus de la création romanesque. Un romancier réaliste du XIXᵉ siècle dont le nom est associé à l'idée d'un labeur forcé (**17. Balzac**) affirme lui aussi que tout ou partie du mécanisme créateur lui est resté mystérieux. Aussi, à la question : *La création littéraire est-elle gouvernée par l'auteur, qui définirait clairement ses buts et ses moyens, ou instinctive, œuvre d'un génie inspiré ?* pourrait-on répondre, comme Malraux [2] : « gouvernée et instinctive »...

1. Alain Robbe-Grillet, « À quoi servent les théories », repris dans *Pour un nouveau roman*, Paris, éd. Gallimard, coll. « Idées », pp. 11-12.

2. André Malraux, *L'Homme précaire et la littérature*, Paris, éd. Gallimard, 1977.

15. Jean-Jacques Rousseau
Lettre à M. de Malesherbes, 12 janvier 1762

Autodidacte, Rousseau est entré assez tard dans la carrière littéraire. Malgré l'importance de son œuvre, dont on retient surtout les écrits politiques et philosophiques (*Discours sur l'origine et les fondements de l'inégalité parmi les hommes*, 1755 ; *Le Contrat social* et l'*Émile* — un traité sur l'éducation —, 1762), les écrits autobiographiques (*Confessions, Dialogues, Rêveries du promeneur solitaire*, rédigés de 1762 à 1778 et publiés après sa mort) et un grand roman à succès (*Julie ou la Nouvelle Héloïse*, 1761), il ne s'est jamais considéré comme un écrivain de métier et s'est opposé aux *philosophes* par sa morale (condamnation des mœurs de son temps, goût de la retraite) et par sa thèse célèbre qui contredisait l'idéal de progrès et de civilisation des Lumières : « l'homme est bon naturellement et [...] c'est par les institutions seules que les hommes deviennent méchants ». Toute son œuvre est inspirée par **une grande sensibilité**, le sentiment de sa valeur et de sa singularité et une haute exigence morale. « Passionnément attaché à la vérité » (conformément à sa devise : *vitam impendere vero*), Rousseau n'a pas « écrit que pour écrire » mais pour satisfaire trois exigences vitales : intervenir dans les grands débats de son temps, goûter par la fiction ou les mémoires un bonheur que lui mesurait chichement une vie difficile et, dans les dernières années, se justifier.

« Une inspiration subite »

Avant-texte des Confessions, *les* Quatre lettres à M. le président de Malesherbes contenant le vrai tableau de [son] caractère et les vrais motifs de [sa] conduite *racontent comment Rousseau est devenu écrivain. En 1749, allant rendre visite à son ami Diderot, emprisonné à Vincennes après sa* Lettre sur les aveugles, *il eut **la soudaine intuition de son système** en découvrant le sujet mis au concours par l'Académie de Dijon :* « Si le rétablissement des Sciences et des Arts a contribué à épurer les mœurs ». *Cette illumination fut développée dans le* Discours sur les sciences et les arts *(notamment dans la fameuse prosopopée du consul romain Fabricius, défenseur de l'austère vertu des premiers âges) et les œuvres suivantes de Rousseau.*

*Le témoignage de l'auteur est-il absolument authentique ? Les manifestations physiques et morales de l'**enthousiasme** de Rousseau sont impressionnantes, plus encore que celles évoquées par Pascal dans son expérience mystique. Mais on n'oubliera pas que ce texte, composé plus de douze ans après l'événement pendant une crise profonde marquée par la rupture avec Diderot et les* philosophes, *est inspiré par un désir d'autojustification.*

Après avoir passé quarante ans de ma vie ainsi mécontent de moi-même et des autres je cherchais inutilement à rompre les liens qui me tenaient attaché à cette société que j'estimais si peu, et qui m'enchaînaient aux occupations le moins de mon goût par des besoins que j'estimais ceux de la nature, et qui n'étaient que ceux de l'opinion. Tout à coup un heureux hasard vint m'éclairer sur ce que j'avais à faire pour moi-même, et à penser de mes semblables sur lesquels mon cœur était sans cesse en contradiction avec mon esprit, et que je me sentais encore porté à aimer avec tant de raisons de les haïr. Je voudrais Monsieur vous pouvoir peindre ce moment qui a fait dans ma vie une si singulière époque et qui me sera toujours présent quand je vivrais éternellement.

J'allais voir Diderot alors prisonnier à Vincennes ; j'avais dans ma poche un *Mercure de France* que je me mis à feuilleter le long du chemin. Je tombe sur la question de l'Académie de Dijon qui a donné lieu à mon premier écrit. Si jamais quelque chose a ressemblé à une inspiration subite, c'est le mouvement qui se fit en moi à cette lecture ; tout à coup je me sens l'esprit ébloui de mille lumières ; des foules d'idées vives s'y présentèrent à la fois avec une force et une confusion qui me jeta dans un trouble inexprimable ; je sens ma tête prise par un étourdissement semblable à l'ivresse. Une violente palpitation m'oppresse, soulève ma poitrine ; ne pouvant plus respirer en marchant, je me laisse tomber sous un des arbres de l'avenue, et j'y passe une demi-heure dans une telle agitation qu'en me relevant j'aperçus tout le devant de ma veste mouillé de mes larmes sans avoir senti que j'en répandais. Oh Monsieur si j'avais jamais pu écrire le quart de ce que j'ai vu et senti sous cet arbre, avec quelle clarté j'aurais fait voir toutes les contradictions du système social, avec quelle force j'aurais exposé tous les abus de nos institutions, avec quelle simplicité j'aurais démontré que l'homme est bon naturellement et que c'est par ces institutions seules que les hommes deviennent méchants. Tout ce que j'ai pu retenir de ces foules de grandes vérités qui dans un quart d'heure m'illuminèrent sous cet arbre, a été bien faiblement épars dans les trois principaux de mes écrits, savoir ce premier discours, celui de l'inégalité, et le traité de l'éducation, lesquels trois ouvrages sont inséparables et forment ensemble un même tout. Tout le reste a été perdu, et il n'y eut d'écrit sur le lieu même que la prosopopée de Fabricius. Voilà comment lorsque j'y pensais le moins je devins auteur presque malgré moi.

Jean-Jacques ROUSSEAU, *Lettre à M. de Malesherbes*, 1762.

Notions clés : *Création littéraire — Inspiration.*

• Rousseau dit avoir eu la révélation de son système au cours d'une expérience unique, d'une illumination qui lui révéla en une demi-heure des « foules de grandes vérités ».

16. Louis Aragon
La force entraînante de l'incipit

On divise trop souvent l'œuvre et la vie d'Aragon en trois périodes marquées par des engagements différents : aux textes provocants et éclatants d'invention du jeune surréaliste (*Le Paysan de Paris*, 1926) succéderait ainsi la production plus rangée du communiste et du chantre d'Elsa : *réalisme socialiste** des romans du *Monde réel* (voir le texte 54), retour à la poésie versifiée avec les recueils de la Résistance comme *Le Crève-cœur* en 1941 et les poèmes d'amour (*Les Yeux d'Elsa* en 1942), jusqu'à ce que la crise politique de 1956 (déstalinisation) amène un renouvellement des formes et de l'inspiration poétiques (*Le Roman inachevé*, 1956 ; *Le Fou d'Elsa*, 1963) et romanesques *(La Semaine sainte*, 1958 ; *La Mise à mort*, 1965 ; *Blanche ou l'Oubli*, 1967).

    « Il n'y a pas de solution de continuité dans mon œuvre », affirmait pourtant Aragon [1]. De fait, **l'unité de cette œuvre** considérable apparaît nettement dans l'entreprise éditoriale des dernières années : à partir de 1964, les *Œuvres romanesques croisées d'Elsa Triolet et Aragon* puis *L'Œuvre poétique* s'enrichissent d'importants écrits théoriques qui révèlent chez l'homme et l'écrivain la permanence d'**un questionnement sur soi** et de la référence au surréalisme.

16a. « C'est là que tout a commencé... » (1965)

Le mécanisme de la création romanesque est évoqué de manière concrète dans la postface de 1964 des *Cloches de Bâle* adressée à Elsa Triolet. Trente ans après sa publication, Aragon rapporte comment il a écrit ce roman à partir d'une phrase venue spontanément sous sa plume et tout de suite perçue comme la phrase initiale d'un texte (un *incipit*). À l'origine du processus créateur, il y a donc une expérience voisine de celle décrite dans le passage du *Manifeste du surréalisme* où Breton rapporte sa découverte de **l'écriture automatique**, qui a constitué la pierre de touche du premier surréalisme (voir le texte 76).

    La gratuité d'une telle phrase n'est d'ailleurs qu'apparente, car il n'est pas indifférent que cet incipit définisse le petit Guy par sa recherche d'un père. Dans les œuvres les moins personnelles d'Aragon, on peut en effet repérer les traces d'un roman des origines, du *commencement* de la vie : fils naturel du préfet de police Louis Andrieux (qui ne voulut jamais le reconnaître mais lui choisit un nom), l'enfant fut élevé par sa mère et sa grand-mère qui, par peur du scandale, se firent respectivement passer pour sa sœur aînée et sa mère.

> Un jour, et je jure que c'était sans malice, sans croire même à une seconde phrase, j'écrivis, tout à fait comme si j'étais encore au temps de l'écriture automatique, une phrase, une première courte phrase, comme une provo-

---

1. Interview à Jacqueline Piatier, *Le Monde*, 13 septembre 1967.

cation. Le type de phrase qu'il m'eût naguère encore paru inadmissible d'écrire [1]. Tout ce qu'il y avait de conscient ici, c'était le caractère d'*incipit* de cette phrase : je l'imaginais dans une table des matières...

Cela ne fit rire personne quand Guy appela M. Romanet papa... cela, je l'avoue, me fit cependant rire de l'avoir écrit, de supposer qu'au-delà de ces mots-là s'enchaînait, s'articulait un livre épais, une histoire cohérente, un roman. Je n'avais aucune image ni de Guy, ni de M. Romanet, ni de leurs rapports familiaux. J'avais mis le pied sur la pente, je cherchai à m'expliquer les termes de l'*incipit*, et j'écrivis d'une haleine le paragraphe entier. Ce n'est qu'alors, ayant pénétré dans ce monde étranger à qui ne l'a pas connu des hôtels de bains de mer, dans la Normandie du XXᵉ siècle à son début, que je compris où j'allais : décrire pour toi ce décor de vacances, au temps préscolaire, une espèce de couleur donc à l'arrière-plan de ma vie, quelque chose que je ne pouvais autrement résumer que par des moyens d'invention.

Louis ARAGON, postface des *Cloches de Bâle* in *Œuvres romanesques croisées*,
© éd. Gallimard, 1965, t. 7, p. 17.

16b. *Je n'ai jamais appris à écrire ou les Incipit* (1969)

L'incipit voit sa fonction créatrice systématisée dans *Je n'ai jamais appris à écrire*. « Conjonction de mots » donnée par « accident » et engendrant l'ensemble du roman, il constitue le germe d'une création qui s'opère **en dehors de la conscience claire** du romancier : l'auteur est l'autre (voir aussi Rimbaud, 75).

Ce processus créateur répond à une nécessité intérieure et constitue **une aventure personnelle** : il y va de la vie de l'auteur « mené chez l'Ogre ». L'entreprise romanesque perd ainsi cette apparence de jeu gratuit et pauvrement inventé qui lui valait le mépris de Breton. Le surréalisme constitue donc un autre « arrière-plan » de l'œuvre et de la pratique d'Aragon, comme l'indique la référence explicite à Lautréamont que les surréalistes célébraient comme un précurseur.

Le danger d'une telle attitude serait de réduire l'œuvre à la biographie. Aragon l'écarte dans un autre passage des *Incipit* : « Je ne cherche pas à expliquer ce qui s'écrit par la vie de l'homme qui écrit. Simplement je constate le parallélisme de deux processus, l'un qui se reflète dans l'écriture, l'autre dans la biographie. »

« Je n'ai de ma vie, au sens où l'on entend ce verbe, *écrit* un seul roman c'est-à-dire ordonné un récit, son développement, pour donner forme à une imagination antérieure, suivant un plan, un agencement prémédité.

---

1. Allusion à la double condamnation du réalisme et du roman par les surréalistes (voir les textes 53 et 54).

Mes romans, à partir de la première phrase, du geste d'échangeur qu'elle a comme par hasard, j'ai toujours été devant eux dans l'état d'innocence d'un lecteur. Tout s'est toujours passé comme si j'ouvrais sans rien en savoir le livre d'un autre, le parcourant comme tout lecteur, et n'ayant à ma disposition pour le connaître autre méthode que sa *lecture*. Comprenez-moi bien : ce n'est pas manière de dire, métaphore ou comparaison, je n'ai jamais écrit mes romans, *je les ai lus*. Tout ce qu'on en dit, a dit, en dirait, sans cette connaissance préalable du fait, ne peut être que vue *a priori*, jugement mécanique, ignorance de l'essentiel. Comprenez-moi bien : *je n'ai jamais su qui était l'assassin*. C'est au mieux cet inconnu qui m'a pris par la main pour être le témoin de son acte. Et, le plus souvent, le Petit Poucet n'a pas semé derrière lui à mon intention les cailloux blancs ou les miettes de pain qui m'auraient permis de suivre sa trace. J'ai été mené chez l'Ogre non par un raisonnement, mais par une rencontre de mots, ou de sons, la nécessité d'une allitération*, une logique de l'illogisme, la légitimation après coup d'un heurt des mots. L'accident expliqué. Si vous voulez, tout roman m'était la rencontre d'un parapluie et d'une machine à coudre sur une table de dissection [1] : cette invention qui, chez Lautréamont, est donnée pour la beauté même, l'une des innombrables définitions de la beauté maldororienne, a toujours figuré pour moi l'équation de départ d'un roman écrit pour justifier après coup cette conjonction de mots. »

Louis ARAGON, *Les Incipit* in *Œuvres romanesques croisées*,
© éd. Gallimard, 1969, t. 42, pp. 191-192.

Notions clés : *Biographie — Création littéraire — Surréalisme.*

• Aragon écrit un roman à partir d'une première phrase surgie brusquement à sa conscience avec la valeur et la force entraînante d'un *incipit*.
• Dans ce cas (sans doute extrême), l'écrivain se définit comme le premier lecteur de son œuvre.

➤ Jean BELLEMIN-NOËL, *Psychanalyse et Littérature* : « Les mots de tous les jours assemblés d'une certaine manière acquièrent le pouvoir de suggérer l'imprévisible, l'inconnu, et les écrivains sont des hommes qui, en écrivant, parlent à leur insu de choses qu'à la lettre "ils ne savent pas". Le poème en sait plus que le poète. »

---

1. « Il est beau comme [...] la rencontre fortuite sur une table de dissection d'une machine à coudre et d'un parapluie ! » (Lautréamont, *Les Chants de Maldoror*, chant VI).

17. Honoré de Balzac
Préface de *La Peau de chagrin* (1831)

En 1842, l'auteur de *La Comédie humaine* se présente comme un historien, un « secrétaire », et prétend « faire concurrence à l'état civil » (voir le chapitre 15). Toute imagination semble répudiée par un tel programme, qui systématise des déclarations antérieures : ainsi *Le Père Goriot* se veut déjà une histoire véridique (« Ah ! sachez-le : ce drame n'est ni une fiction, ni un roman. *All is true* »). L'observation du réel semble donc privilégiée.

La préface de *La Peau de chagrin*, en reprenant la métaphore romantique du reflet (voir 10. Hugo), donne une autre vision de la création romanesque : le pouvoir du romancier est comparé à un « miroir concentrique où, suivant sa fantaisie, l'univers vient se réfléchir ». Ainsi, la capacité d'**observation du monde** est inséparable de celle qui permet à l'artiste d'en donner une vision conforme à sa **personnalité**. Mais une troisième faculté distingue le romancier de génie.

La « seconde vue »

Pour « reproduire la nature par la pensée », les écrivains disposent de trois « puissances » : au couple de capacités constitutives du talent, « l'observation — l'expression » (c'est-à-dire la capacité de faire œuvre d'art), s'ajoute celle qui définit les grands artistes comme doués d'« une sorte de seconde vue qui leur permet de deviner la vérité dans toutes les situations possibles », sans avoir à se déplacer. L'intuition, la voyance sont essentielles au génie.

Facino Cane donne une autre illustration de cette « qualité dont l'abus mènerait à la folie » et qui permet de « devenir autre que soi par l'ivresse des facultés morales » : le narrateur déclare pouvoir ainsi « épouser » la vie des ouvriers qu'il côtoie dans la rue.

L'art littéraire, ayant pour objet de reproduire la nature par la pensée, est le plus compliqué de tous les arts. [...].

L'écrivain doit être familiarisé avec tous les effets, toutes les natures. Il est obligé d'avoir en lui je ne sais quel miroir concentrique où, suivant sa fantaisie, l'univers vient se réfléchir ; sinon, le poète et même l'observateur n'existent pas ; car il ne s'agit pas seulement de voir, il faut encore se souvenir et empreindre ces impressions dans un certain choix de mots et les parer de toute la grâce des images ou leur communiquer le vif des sensations primordiales...

Or, sans entrer dans les méticuleux *aristotélismes* créés par chaque auteur pour son œuvre, par chaque pédant dans sa théorie, l'auteur peut être d'accord avec toute intelligence, haute ou basse, en composant *l'art littéraire* de deux parties distinctes : *l'observation — l'expression*.

Beaucoup d'hommes distingués sont doués du talent d'observer, sans posséder celui de donner une forme vivante à leurs pensées ; comme d'autres écrivains ont été doués d'un style merveilleux, sans être guidés par ce génie sagace et curieux qui voit et enregistre toute chose. De ces deux dispositions intellectuelles résultent, en quelque sorte, une vue et un toucher littéraires. A tel homme, *le faire* ; à tel autre, *la conception* : celui-ci joue avec une lyre sans produire une seule de ces harmonies sublimes qui font pleurer ou penser ; celui-là compose des poèmes pour lui seul, faute d'instrument.

La réunion de ces deux puissances fait l'homme complet ; mais cette rare et heureuse concordance n'est pas encore le génie, ou, plus simplement, ne constitue pas la volonté qui engendre une œuvre d'art.

Outre ces deux conditions essentielles au talent, il se passe chez les poètes ou chez les écrivains réellement philosophes, un phénomène moral, inexplicable, inouï, dont la science peut difficilement rendre compte. C'est une sorte de seconde vue qui leur permet de deviner la vérité dans toutes les situations possibles ; ou, mieux encore, je ne sais quelle puissance qui les transporte là où ils doivent, où ils veulent être. Ils inventent le vrai, par analogie, ou voient l'objet à décrire, soit que l'objet vienne à eux, soit qu'ils aillent eux-mêmes vers l'objet.

[...] à ceux qui étudient la nature humaine, il est démontré clairement que l'homme de génie possède les deux puissances.

Il va, en esprit, à travers les espaces, aussi facilement que les choses, jadis observées, renaissent fidèlement en lui, belles de la grâce ou terribles de l'horreur primitive qui l'avaient saisi. Il a réellement vu le monde, ou son âme le lui a révélé intuitivement. Ainsi, le peintre le plus chaud, le plus exact de Florence, n'a jamais été à Florence ; ainsi, tel écrivain a pu merveilleusement dépeindre le désert, ses sables, ses mirages, ses palmiers, sans aller de Dan à Sahara.

Les hommes ont-ils le pouvoir de faire venir l'univers dans leur cerveau, ou leur cerveau est-il un talisman avec lequel ils abolissent les lois du temps et de l'espace ?... La science hésitera longtemps à choisir entre ces deux mystères également inexplicables. Toujours est-il constant que l'inspiration déroule au poète des transfigurations sans nombre et semblables aux magiques fantasmagories de nos rêves. Un rêve est peut-être le jeu naturel de cette singulière puissance, quand elle reste inoccupée !...

Honoré de BALZAC, *La Peau de chagrin,* 1831, Préface de la première édition,
éd. Garnier, pp. 309-311.

Notions clés : *Imagination — Inspiration — Réalisme.*

• Le romancier de génie n'est pas seulement un observateur : il pénètre la réalité par l'imagination.

➤ Charles BAUDELAIRE, *Théophile Gautier :* « J'ai maintes fois été étonné que la grande gloire de Balzac fût de passer pour un observateur ; il m'avait toujours semblé que son principal mérite était d'être visionnaire, et visionnaire passionné ».

L'écriture et ce qui s'y joue

On a pris conscience que l'écriture était autre chose qu'un beau style, un enrichissement ornemental destiné à donner la qualité littéraire à un langage innocent, transparent qui désignerait directement son objet, le *réel* ou le *message* de l'*auteur*. Ces notions sont aujourd'hui mises en cause comme autant de fausses évidences qui masquent la véritable condition de l'œuvre et de l'écrivain.

L'écrivain est celui qui travaille sa parole, selon Barthes, et ce travail n'est pas une opération simple. Engageant à la fois ce qui relève du plus secret (d'une « humeur », au vieux sens biologique du terme) et de l'Histoire, histoire des hommes et histoire des formes, le langage littéraire se trouve à l'articulation de l'individuel et du social (**18. Barthes**).

Qu'en est-il alors du sujet de l'écriture ? « Je m'appelle *personne* » : il y a chez le poète « un inconnu » (« Je est un autre », disait Rimbaud, voir le texte 75), une part obscure mais féconde qui interdit de percer le mystère de « l'arcane de la génération des poèmes » (**19. Valéry**). Si l'on approfondit la réflexion, cette dualité devient une multiplicité : le « ''je'' de l'auteur » s'analyse en une série de « strates » et se dissout en un « ''je'' fantomatique » (**20. Calvino**).

La sociologie de la littérature ajoute une autre dimension à l'écriture en considérant que l'écrivain donne forme et cohérence aux « tendances affectives, intellectuelles et pratiques » d'un groupe (**21. Goldmann**).

18. Roland Barthes
Le Degré zéro de l'écriture (1953)

« Qu'est-ce que l'écriture ? » Selon Barthes, la forme littéraire correspond au choix de l'écrivain confronté à la double détermination de la langue et du style.

« **La langue** est un corps de prescriptions et d'habitudes, communs à tous les écrivains d'une époque. » Code social, elle s'oppose à la parole, « acte individuel de sélection et d'utilisation » (*Éléments de sémiologie*).

Le **style**, « phénomène d'ordre germinatif », est l'expression de la nature de l'écrivain, il renvoie à « une biologie » ou à « un passé ».

Produits naturels du temps et du corps, la langue et le style ne relèvent pas de la responsabilité de l'écrivain. Celui-ci s'engage en inventant une autre forme, **l'écriture**.

« Le langage n'est jamais innocent »

Par l'écriture, l'écrivain affirme des valeurs (« Il n'y a pas de Littérature sans une morale du langage », dit aussi Barthes, p. 12), s'inscrit dans « une aire sociale » et dans les « grandes crises de l'Histoire ». Mais une nouvelle détermination pèse sur l'écriture : celle des formes littéraires, historiquement datées. « Jamais innocent », le langage conserve des significations anciennes au sein même d'« une nouvelle problématique du langage littéraire », limitant ainsi la liberté de l'écrivain.

La langue est donc en deçà de la Littérature. Le style est presque au-delà : des images, un débit, un lexique naissent du corps et du passé de l'écrivain et deviennent peu à peu les automatismes mêmes de son art. Ainsi sous le nom de style, se forme un langage autarcique qui ne plonge que dans la mythologie personnelle et secrète de l'auteur, dans cette hypophysique de la parole, où se forme le premier couple des mots et des choses, où s'installent une fois pour toutes les grands thèmes verbaux de son existence. Quel que soit son raffinement, le style a toujours quelque chose de brut : il est une forme sans destination, il est le produit d'une poussée, non d'une intention, il est comme une dimension verticale et solitaire de la pensée. Ses références sont au niveau d'une biologie ou d'un passé, non d'une Histoire : il est la « chose » de l'écrivain, sa splendeur et sa prison, il est sa solitude. Indifférent et transparent à la société, démarche close de la personne, il est nullement le produit d'un choix, d'une réflexion sur la Littérature. Il est la part privée du rituel, il s'élève à partir des profondeurs mythiques de l'écrivain, et s'éploie hors de sa responsabilité. Il est la voix décorative d'une chair inconnue et secrète ; il fonctionne à la façon d'une Nécessité, comme si, dans cette espèce de poussée florale, le style n'était que le terme d'une métamorphose aveugle et obstinée, partie d'un infra-langage qui s'élabore à la limite de la chair et du monde. Le style est proprement un phénomène d'ordre germinatif, il est la transmutation d'une Humeur. Ainsi les allusions du style sont-elles réparties en profondeur : la parole a une structure horizontale, ses secrets sont sur la même ligne que ses mots et ce qu'elle cache est dénoué par la durée même de son continu ; dans la parole tout est offert, destiné à une structure immédiate, et le verbe, le silence et leur mouvement sont précipités vers un sens aboli : c'est un transfert sans sillage et sans retard. Le style, au contraire, n'a qu'une dimension verticale, il plonge dans le souvenir clos de la personne, il compose son opacité à partir d'une certaine expérience de la matière ; le style n'est jamais que métaphore, c'est-à-dire équation entre l'intention littéraire et la structure charnelle de l'auteur (il faut se souvenir que la structure est le dépôt d'une durée). Aussi le style est-il toujours un secret ; mais le versant silencieux de sa référence ne tient pas à la nature mobile et sans cesse sursitaire du langage ; son secret est un souvenir enfermé dans le corps de l'écrivain ; la vertu allusive du style n'est pas un phénomène de vitesse, comme dans la parole, où ce qui n'est pas dit reste tout de même un intérim du langage, mais un phénomène de densité, car ce qui se tient droit et profond sous le style, rassemblé durement ou tendrement dans ses figures, ce sont les fragments d'une réalité absolument étrangère au langage. Le miracle de cette transmutation fait du style une sorte d'opération supra-littéraire, qui emporte l'homme au seuil de la puissance et de la magie. Par son origine biologique, le style se situe hors de l'art, c'est-à-dire hors du pacte qui lie l'écrivain à la société. On peut donc imaginer des auteurs qui préfèrent la sécurité de l'art à la solitude du style. Le type même de l'écrivain sans style, c'est Gide, dont la manière artisanale exploite le plaisir moderne d'un certain éthos classique, tout comme Saint-Saëns a refait du Bach ou Poulenc du Schubert. À l'opposé, la poésie moderne — celle d'un Hugo, d'un Rimbaud ou d'un Char — est saturée de style et n'est *art* que par référence à une intention de Poésie. C'est l'Autorité du style, c'est-à-dire le lien absolument libre du langage et de son double de chair, qui impose l'écrivain comme une Fraîcheur au-dessus de l'Histoire.

Roland BARTHES, *Le Degré zéro de l'écriture*,
© éd. du Seuil, 1953 ; éd. Gonthier/Médiations, 1964, pp. 12-13.

Notions clés : *Auteur — Écriture — Histoire — Langue — Style.*

• Soumis à des déterminations biologiques (le style) et sociales (la langue), l'écrivain invente une écriture. Mais cette liberté est encore réduite par le poids des formes littéraires anciennes.

19. Paul Valéry
« Au sujet d'*Adonis* » in *Variété* (1924)

Dans les cinq volumes de *Variété* (1924-1944) et dans plusieurs recueils de pensées et de maximes (*Tel quel*, 1941-1943), Paul Valéry a mené une constante réflexion sur la littérature, la philosophie, la politique, l'art et sur sa propre pratique de poète. Admirateur et continuateur des classiques mais aussi contemporain des linguistes de la première moitié du XXᵉ siècle, il a nettement opposé la littérature et le *réel* : « le réel d'un discours, ce sont les mots seulement, et les formes », (« Calepin d'un poète »). Ses analyses rencontrent ainsi celles des écrivains et des critiques contemporains.

Trois principes sous-tendent sa conception de la création poétique :
— le **refus de l'inspiration** et **du roman** (voir les textes 53 et 74) ;
— l'affirmation du **primat du langage** et de la forme : une « espèce de matérialisme verbal » prévaut chez le poète qui, « *créateur créé* », se trouve ainsi partiellement dépassé et révélé par sa création ;
— le **rejet de la biographie**, motivé par la distinction radicale de l'homme qui vit et de l'homme qui écrit. « *Ce* qui fait un ouvrage n'est pas *celui* qui y met son nom » (*Mauvaises pensées et autres*, Pléiade, t. II, p. 802).

« L'arcane de la génération des poèmes » renvoie aux profondeurs de l'être.

« Tout se passe dans l'intime de l'artiste »

Comme Proust (texte 24), Valéry oppose « l'ouvrier d'un bel ouvrage » et le « personnage peu considérable » que livre la biographie de l'écrivain. « Un connu et un inconnu » coexistent dans l'être qui crée : « il n'est positivement personne ». Si la création n'est jamais entièrement dirigée (« Je me ferai une surprise ; si j'en doutais, je ne serais rien »), elle n'est pas l'œuvre d'une inspiration transcendante mais d'un « instinct », d'une puissance qui joue « des secrètes harpes qu'elle s'est faites du langage ». Elle exprime ainsi l'unité profonde d'un Moi qui ne se connaît pas lui-même et se révèle dans l'œuvre : l'auteur n'existe qu'en tant qu'il est « le fils de son œuvre » (Tel quel, p. 673).

Racine savait-il lui-même où il prenait cette voix inimitable, ce dessin délicat de l'inflexion, ce mode transparent de discourir, qui le font Racine, et sans lesquels il se réduit à ce personnage peu considérable duquel les biographes nous apprennent un assez grand nombre de choses qu'il avait de communes avec dix mille autres Français ? Les prétendus enseignements de l'histoire littéraire ne touchent donc presque pas à l'arcane de la génération des poèmes. Tout se passe dans l'intime de l'artiste comme si les événements observables de son existence n'avaient sur ses ouvrages qu'une influence superficielle. Ce qu'il y a de plus important, — l'acte même des Muses, — est indépendant des aventures, du genre de vie, des incidents, et de tout ce qui peut figurer dans une biographie. Tout ce que l'histoire peut observer est insignifiant.

Mais ce sont des circonstances indéfinissables, des rencontres occultes, des faits qui ne sont visibles que pour un seul, d'autres qui sont à ce seul si familiers ou si aisés qu'il les ignore, qui font l'essentiel du travail. On trouve facilement par soi-même que ces événements incessants et impalpables sont la matière dense de notre véritable personnage.

Chacun de ces êtres qui créent, à demi certain, à demi incertain de ses forces, se sent un connu et un inconnu dont les rapports incessants et les échanges inattendus donnent enfin naissance à quelque produit. Je ne sais ce que je ferai ; et pourtant mon esprit croit se connaître ; et je bâtis sur cette connaissance, je compte sur elle, que j'appelle *Moi*. Mais *je me ferai une surprise* ; si j'en doutais, je ne serais rien. Je sais que je m'étonnerai de telle pensée qui me viendra tout à l'heure, — et pourtant je me demande cette surprise, je bâtis et je compte sur elle, comme je compte sur ma certitude. J'ai l'espoir de quelque imprévu que je désigne, j'ai besoin de mon connu et de mon inconnu.

Qu'est-ce donc qui nous fera concevoir le véritable ouvrier d'un bel ouvrage ? Mais il n'est positivement *personne*. Qu'est-ce que le Même, si je le vois à ce point changer d'avis et de parti, dans le cours de mon travail, qu'il le défigure sous mes doigts ; si chaque repentir peut apporter des modifications immenses ; et si mille accidents de mémoire, d'attention, ou de sensation, qui surviennent à mon esprit, apparaissent enfin dans mon œuvre achevé, comme les idées essentielles et les objets originels de mes efforts ? Et cependant cela est bien de moi-même, puisque mes faiblesses, mes forces, mes redites, mes manies, mes ombres et mes lumières, seront toujours reconnaissables dans ce qui tombe de mes mains.

Désespérons de la vision nette en ces matières. Il faut se bercer d'une image. J'imagine ce poète, un esprit plein de ressources et de ruses, faussement endormi au centre imaginaire de son œuvre encore incréée, pour mieux attendre cet instant de sa propre puissance qui est sa proie. Dans la vague profondeur de ses yeux, toutes les forces de son désir, tous les ressorts de son instinct se tendent. Là, attentive aux hasards entre lesquels elle choisit sa nourriture ; là, très obscure au milieu des réseaux et des secrètes harpes qu'elle s'est faites du langage, dont les trames s'entretissent et toujours vibrent vaguement, une mystérieuse Arachné, muse chasseresse, guette.

Paul VALÉRY, « Au sujet d'Adonis », in *Variété*, 1924, *Œuvres*,
© éd. Gallimard, « La Pléiade », I, pp. 483-484.

Notions clés : *Auteur — Biographie — Création littéraire — Langage.*

• Le poète effectue un travail sur le langage dont les motivations ne lui sont pas entièrement connues. Il n'engage pas l'homme de la biographie mais le moi profond de l'artiste.

> ➤ André MALRAUX, *Les Voix du silence* : « Le poète est obsédé par une voix
> à quoi doivent s'accorder les mots ; le romancier est si bien dominé par certains
> schèmes *initiaux* que ceux-ci modifient, parfois fondamentalement, les récits qu'ils
> n'ont pas suscités [...] Pauvre poète qui n'entendrait pas cette voix, pauvre roman-
> cier pour qui le roman serait *seulement* un récit ! »

20. Italo Calvino
La Machine littérature (1984)

« Si autrefois la littérature était vue comme miroir du monde, ou comme l'expression
directe de sentiments, aujourd'hui nous ne pouvons plus oublier que les livres sont
faits de mots, de signes, de procédés de construction ; nous ne pouvons plus oublier
que ce que les livres communiquent reste parfois inconscient à l'auteur même, que
ce que les livres disent est parfois différent de ce qu'ils se proposaient de dire ; que
dans tout livre, si une part relève de l'auteur, une autre part est œuvre anonyme et
collective. » En rappelant comme des vérités premières ces acquis de la critique
moderne, le romancier italien confirme l'analyse de Robbe-Grillet selon laquelle nous
sommes dans « une époque de la fiction où les problèmes de l'écriture [sont] envisagés
lucidement par le romancier ». Traducteur de Ponge et membre de l'OuLiPo, Calvino
a réuni ses réflexions théoriques dans *La Machine littérature* auquel nous empruntons
trois extraits (voir les textes 35 et 106).

« Les divers ''je'' » de l'écrivain

*Analysant « les niveaux de réalité en littérature », Calvino signale « la multi-
plication du sujet de l'écriture ». L'auteur du roman n'est pas l'homme de
sa biographie mais une image particulière que ce texte donne de lui, une création de l'œuvre : l'auteur-de-Madame-Bovary n'est pas l'auteur-de-Salammbô,
qui n'est pas l'individu Flaubert.*
*Ainsi le sujet de l'écriture est un « ''je'' fantomatique », un « lieu vide ».
C'est pourquoi il peut servir de médiation « à la culture collective, à l'époque historique ou aux sédimentations profondes de l'espèce ». On pourrait
ajouter que ces trois « strates » autorisent des lectures différentes faisant appel
respectivement à l'intertextualité* (le roman, ouvert aux diverses voix de son
époque, se caractérise par son dialogisme*, voir 57. Bakhtine), à la sociologie ou à la psychologie.*

> La condition préliminaire de toute œuvre littéraire est la suivante : la per-
> sonne qui écrit doit inventer ce premier personnage qui est l'auteur de
> l'œuvre. Qu'une personne se mette tout entière dans l'œuvre qu'elle écrit,
> voilà quelque chose qu'on entend fréquemment mais qui ne correspond

à aucune vérité. Ce n'est jamais qu'une projection de soi que l'auteur met en jeu dans l'écriture, et ce peut être la projection d'une vraie part de soi-même comme la projection d'un moi fictif, d'un masque.

Écrire présuppose toujours le choix d'une attitude psychologique, d'un rapport avec le monde, d'une position de la voix, d'un ensemble homogène de moyens linguistiques, de données d'expériences et de fantasmes, en somme, d'un style. L'auteur est auteur dans la mesure où il entre dans un rôle, comme un acteur, et s'identifie avec cette projection de soi dans le moment où il écrit.

Comparé au moi de l'individu comme sujet empirique, ce personnage-auteur est quelque chose de moins et quelque chose de plus. Quelque chose de moins parce que, par exemple, le Gustave Flaubert auteur de *Madame Bovary* exclut le langage et les visions du Gustave Flaubert auteur de *La Tentation de saint Antoine* ou de *Salammbô*, opère une rigoureuse réduction de son monde intérieur à cette somme de données qui constitue le monde de *Madame Bovary*. Mais c'est aussi quelque chose de plus, parce que le Gustave Flaubert qui n'existe qu'en relation avec le manuscrit de *Madame Bovary* participe d'une existence beaucoup plus compacte et définie que le Gustave Flaubert qui, tandis qu'il écrit *Madame Bovary*, sait qu'il est aussi l'auteur de *La Tentation* et qu'il sera celui de *Salammbô*, sait qu'il oscille continuellement entre un univers et l'autre, sait qu'en dernière instance tous ces univers s'unifient et se dissolvent dans son esprit. [...]

Quelle part du « je » qui donne forme aux personnages est en réalité un « je » auquel ce sont les personnages qui donnent forme ? Plus on avance en distinguant les diverses couches qui forment le « je » de l'auteur, et plus on s'aperçoit que nombre de ces strates n'appartiennent pas à l'individu auteur mais à la culture collective, à l'époque historique ou aux sédimentations profondes de l'espèce. Le premier maillon de la chaîne, le vrai premier sujet de l'écriture nous paraît toujours plus lointain, plus indistinct ; peut-être est-ce un « je » fantomatique, un lieu vide, une absence.

Italo CALVINO, *La Machine littéraire*, © éd. du Seuil, 1984, pp. 92-94.

Notions clés : *Auteur — Dialogisme — Style.*

• Le « je » qui écrit n'est pas le « je » qui vit mais sa projection dans l'écriture.
• Il est d'autant moins assimilable à la personne de l'écrivain qu'il obéit à des déterminations qui le dépassent et relèvent de la société, de l'histoire, de l'espèce.

➤ André BRETON, *Deuxième Manifeste du surréalisme* : « Nul ne fait, en s'exprimant, mieux que s'accommoder d'une possibilité de conciliation très obscure de ce qu'il savait avoir à dire avec ce que, sur le même sujet, il ne savait pas avoir à dire et que cependant il a dit ».

➤ Paul VALÉRY, « Au sujet du "Cimetière marin" » : « Je n'ai pas *voulu dire*, mais *voulu faire*, et [...] ce fut l'intention de *faire* qui a *voulu* ce que j'ai *dit*... »

21. Lucien Goldmann
Pour une sociologie du roman (1964)

Lucien Goldmann a largement contribué au renouveau des études littéraires. Se réclamant du matérialisme dialectique, le critique entend expliquer la pensée par « l'homme vivant et entier », lui-même conçu comme « un élément de l'ensemble qu'est le groupe social » : aucune œuvre importante ne peut être l'expression d'une expérience purement individuelle (la biographie et la psychologie sont d'ailleurs récusées comme étant à la fois externes à l'œuvre et impossibles à établir scientifiquement). Il a élaboré une « méthode sociologique et historique qui se sert du concept de **vision du monde** », définie comme « *l'extrapolation conceptuelle* jusqu'à l'*extrême cohérence* des tendances réelles, affectives, intellectuelles et mêmes motrices des membres d'un groupe ». Ainsi les *Pensées* de Pascal et « les tragédies de Racine, si peu éclairées par sa vie, s'expliquent, en partie tout au moins, en les rapprochant de la pensée janséniste et aussi de la situation sociale et économique des gens de robe sous Louis XIV » (*Le Dieu caché*, Gallimard, 1959).

En 1964, appliquant cette méthode au roman, Goldmann établit une **homologie de structure entre la forme romanesque et la société individualiste** née du capitalisme dans laquelle la qualité, la valeur d'usage, est dégradée en quantité, en valeur d'échange. L'écrivain, le penseur, qui privilégient nécessairement des critères qualitatifs, apparaissent ainsi comme des « individus essentiellement *problématiques* » et le roman comme l'« histoire d'une recherche dégradée de valeurs authentiques dans un monde inauthentique » (Goldmann développe ici les analyses de Lukács et de Girard [1]). L'économie libérale valorisait la vie individuelle, c'est pourquoi le roman balzacien se présente comme la biographie d'un « héros problématique ». À l'époque où « le marché libéral et avec lui l'individualisme sont déjà dépassés », apparaît le Nouveau Roman « à caractère non biographique », les romans de Malraux correspondant à une époque de transition.

L'expression d'une conscience collective

Dans les dernières pages de Pour une sociologie du roman, *Goldmann précise la relation entre l'œuvre et le « **le groupe social**, qui — par l'intermédiaire du créateur — se trouve être en dernière instance **le véritable sujet de la création** ». Un chef-d'œuvre se distingue de l'œuvre médiocre par sa capacité à exprimer de façon rigoureuse la structure virtuelle d'un groupe, auquel il permet d'objectiver et de comprendre ce qui, dans ses façons de penser et de sentir, fait système.*

---

1. René Girard, *Mensonge romantique et vérité romanesque*, Paris, Grasset, 1961. Sur Lukács, voir le texte 50.

La sociologie littéraire orientée vers le *contenu* a souvent un caractère anecdotique et s'avère surtout opératoire et efficace lorsqu'elle étudie des *œuvres de niveau moyen* ou des *courants littéraires*, mais perd progressivement tout intérêt à mesure qu'elle approche les grandes créations.

Sur ce point, le structuralisme génétique a représenté un changement total d'orientation, son hypothèse fondamentale étant précisément que le caractère collectif de la création littéraire provient du fait que les *structures* de l'univers de l'œuvre sont homologues aux *structures* mentales de certains groupes sociaux ou en relation intelligible avec elles, alors que sur le plan des contenus, c'est-à-dire de la création d'univers imaginaires régis par ces structures, l'écrivain a une liberté totale. L'utilisation de l'aspect immédiat de son expérience individuelle pour créer ces univers imaginaires est sans doute fréquente et possible mais nullement essentielle et sa mise en lumière ne constitue qu'une tâche utile mais secondaire de l'analyse littéraire.

En réalité, la relation entre le groupe créateur et l'œuvre se présente le plus souvent sur le modèle suivant : le groupe constitue un processus de structuration qui élabore dans la conscience de ses membres des tendances affectives, intellectuelles et pratiques, vers une réponse cohérente aux problèmes que posent leurs relations avec la nature et leurs relations inter-humaines. Sauf exception, ces tendances restent cependant loin de la cohérence effective, dans la mesure où elles sont, comme nous l'avons déjà dit plus haut, contrecarrées, dans la conscience des individus, par l'appartenance de chacun d'entre eux à de nombreux autres groupes sociaux.

Aussi les catégories mentales n'existent-elles dans le groupe que sous forme de tendances plus ou moins avancées vers une cohérence que nous avons appelée vision du monde, vision que le groupe ne crée donc pas, mais dont il élabore (et il est seul à pouvoir les élaborer) les éléments constitutifs et l'énergie qui permet de les réunir. Le grand écrivain est précisément l'individu exceptionnel qui réussit à créer dans un certain domaine, celui de l'œuvre littéraire (ou picturale, conceptuelle, musicale, etc.), un univers imaginaire, cohérent ou presque rigoureusement cohérent, dont la structure correspond à celle vers laquelle tend l'ensemble du groupe ; quant à l'œuvre, elle est, entre autres, d'autant plus médiocre ou plus importante que sa structure s'éloigne ou se rapproche de la cohérence rigoureuse.

On voit la différence considérable qui sépare la sociologie des contenus de la sociologie structuraliste. La première voit dans l'œuvre *un reflet* de la conscience collective, la seconde y voit au contraire *un des éléments constitutifs* les plus importants de celle-ci, celui qui permet aux membres du groupe de prendre conscience de ce qu'ils pensaient, sentaient et fai-

saient sans en savoir objectivement la signification. On comprend pourquoi la sociologie des contenus s'avère plus efficace lorsqu'il s'agit
d'œuvres de niveau moyen alors qu'inversement la sociologie littéraire
structuraliste-génétique s'avère plus opératoire, quand il s'agit d'étudier
les chefs-d'œuvre de la littérature mondiale.

Lucien GOLDMANN, *Pour une sociologie du roman*,
© éd. Gallimard, 1964, coll. « Tel », pp. 345-347.

Notions clés : *Biographie — Catharsis — Chef-d'œuvre — Critique — Fonction de la littérature — Roman — Société — Vision du monde.*

• Toute grande œuvre littéraire ou artistique du passé est l'expression d'une conscience collective « qui atteint son maximum de clarté conceptuelle ou sensible dans
la conscience du penseur ou du poète » (*Le Dieu caché*).

Chapitre 6

L'homme et l'œuvre

Une solide tradition scolaire fait de la connaissance de la biographie de l'écri-vain un préalable à l'étude de son œuvre. Cette pratique a une conséquence dangereuse et un présupposé discutable que nous examinerons successivement.

D'une part, elle favorise la confusion du personnage (imaginaire) et de l'écrivain, ce que Balzac, las de passer pour un « viveur », dénonçait dans la préface de *La Peau de chagrin* : « Il est [...] bien difficile de persuader au public qu'un auteur peut concevoir le crime sans être criminel !... ». Certains romanciers du XIXᵉ siècle ont souhaité se prémunir contre ce danger : à l'impersonnalité hautaine de l'artiste (**22. Flaubert**), s'oppose l'engagement moral du romancier qui désire être compris et éclairer ses lecteurs (**23. George Sand**).

D'autre part, elle se fonde sur une conception réductrice du travail de l'écrivain, qui procéderait simplement à la mise en forme d'une pensée ou d'une expérience préexistantes au texte ; au lecteur d'en retrouver la trace dans l'œuvre en s'aidant des données biographiques. Or, comme l'ont montré les textes de la section précédente, le sujet de l'écriture n'est pas la personne qui écrit ; si « un livre est le produit d'un autre *moi* », le questionnement biogra-phique perd tout intérêt (**24. Proust**). C'est la position qu'adopte la nouvelle critique d'inspiration psychanalytique qui s'intéresse à « l'inconscient du texte » (**25. Bellemin-Noël**).

22. Gustave Flaubert
L'exigence d'impersonnalité

Flaubert est sans doute le premier écrivain à avoir accordé une aussi grande place à la réflexion sur sa pratique de romancier. Sa correspondance constitue une manière d'art poétique et expose ses principes esthétiques.

Le culte de **la forme** et du style est poussé jusqu'à « une espèce de mysticisme esthétique » (4 avril 1852). « Une bonne phrase de prose doit être comme un bon vers, *inchangeable*, aussi rythmée, aussi sonore » (22 juillet 1852). Le sujet devient secondaire : il n'y a pas en littérature de beaux sujets d'art [...] *L'artiste doit tout élever* (25 juin 1853 ; voir aussi notre texte 56).

Mais le domaine de l'art reste toujours « **le Vrai** », le beau style étant la forme exacte de la vérité : « Où la Forme, en effet, manque, l'Idée n'est plus. Chercher l'un, c'est chercher l'autre. Ils sont aussi inséparables que la substance l'est de la couleur, et c'est pour cela que l'art est la Vérité même » (15-16 mai 1852).

Cela implique la critique des lieux communs et **le retrait de la vie sociale** : « le vrai n'est jamais dans le présent. Si l'on s'y attache, on y périt » (26 avril 1853).

Cela exige aussi « **l'impersonnalité** de l'œuvre. [...] Il ne faut pas *s'écrire* » si l'on veut atteindre « le Beau indéfinissable *résultant de la conception même* et qui est la splendeur du Vrai, comme disait Platon » (18 mars 1857).

22a. Le refus de la sentimentalité romantique

La critique du romantisme larmoyant, dont Lamartine est ici la figure emblématique, revient comme un leitmotiv dans la correspondance. À ce déballage de sensiblerie féminine, Flaubert oppose la force virile du style. Paradoxalement, c'est le travail de la forme et non l'expansion incontrôlée du moi *qui exprime les sentiments les plus intenses et les plus vrais.*

Baudelaire condamne de même « la poésie du cœur ! [...] Le cœur contient la passion, le cœur contient le dévouement, le crime ; l'Imagination seule contient la poésie » (Théophile Gautier, *1859, « La Pléiade », II, p. 115).*

La *personnalité sentimentale* sera ce qui plus tard fera passer pour puérile et un peu niaise, une bonne partie de la littérature contemporaine. Que de sentiment, que de sentiment, que de tendresse, que de larmes ! Il n'y aura jamais eu de si braves gens. Il faut avoir, avant tout, *du sang* dans les phrases, et non de la lymphe, et quand je dis du sang, c'est du *cœur*. Il faut que cela batte, que cela palpite, que cela émeuve. Il faut faire s'aimer les arbres et tressaillir les granits. On peut mettre un immense amour dans l'histoire d'un brin d'herbe. La fable des deux pigeons m'a toujours plus ému que tout Lamartine. *Et ce n'est que le sujet.*

Lettre à Louise Colet, 22 avril 1854.

▶ Pierre REVERDY, *Nord-Sud*, octobre 1917 : « Nous ne devons pas confondre la personnalité *sentimentale* d'un artiste et celle qui se dégage des moyens *personnels* acquis et employés.
  La première participe de la vie de l'artiste et est étrangère à l'art — la seconde se confond avec l'art même — elle en est le principal facteur. »

22b. L'exigence d'impersonnalité

« *La première qualité de l'Art et son but est* l'illusion. *L'émotion, laquelle s'obtient souvent par certains sacrifices de détails poétiques, est une tout autre chose et d'un ordre inférieur* » (16 septembre 1853). *Omniprésent mais impassible, le romancier peut donner une vie saisissante à son œuvre.*

L'auteur, dans son œuvre, doit être comme Dieu dans l'univers, présent partout, et visible nulle part. L'art étant une seconde nature, le créateur de cette nature-là doit agir par des procédés analogues : que l'on sente dans tous les atomes, à tous les aspects, une impassibilité cachée et infinie. L'effet, pour le spectateur, doit être une espèce d'ébahissement. Comment tout cela s'est-il fait ? doit-on dire ! et qu'on se sente écrasé sans savoir pourquoi. — L'art grec était dans ce principe-là et, pour y arriver plus vite, il choisissait ses personnages dans des conditions sociales exceptionnelles, rois, dieux, demi-dieux. — On [ne] vous intéressait pas avec vous-même. — Le Divin était le but.

Lettre à Louise Colet, 9 décembre 1852.

22c. Le refus de l'engagement

« *Laissons l'Empire marcher, fermons notre porte, montons au plus haut de notre tour d'ivoire, sur la dernière marche, le plus près du ciel* » (22 novembre 1852). *Selon Flaubert, en voulant* philosopher *et intervenir dans la vie de son temps, Hugo s'est éloigné à la fois du vrai et de l'art.*

Les Misérables m'exaspèrent [...] Je ne trouve dans ce livre ni vérité ni grandeur. Quant au style, il me semble intentionnellement incorrect et bas. C'est une façon de flatter le populaire. [...] Ce livre est fait pour la crapule catholico-socialiste, pour toute la vermine philosophico-évangélique. [...] L'observation est une qualité secondaire en littérature, mais il n'est pas permis de peindre si faussement la société quand on est le contemporain de Balzac et de Dickens. C'était un bien beau sujet pourtant, mais quel calme il aurait fallu et quelle envergure scientifique ! Il est vrai que le père Hugo méprise la science et il le prouve. [...] La postérité ne lui pardonnera pas, à celui-là, d'avoir voulu être un penseur, malgré sa nature. Où la rage philosophique l'a-t-elle conduit ? Et quelle philosophie ! Celle de Prudhomme, du bonhomme Richard et de Béranger. Il n'est pas plus penseur que Racine ou La Fontaine qu'il estime médiocrement ; c'est-à-dire qu'il résume comme eux le courant, l'ensemble des idées banales de son époque, et avec une telle persistance qu'il en oublie son œuvre et son art.

Lettre à Mme Roger des Genettes, juillet 1862.

Notions clés : *Auteur — Engagement — Forme — Style.*

• Le but de l'écrivain est de composer une œuvre qui s'impose par ses qualités esthétiques.
• Cela exclut toute expression personnelle et tout engagement.

▶ Émile ZOLA, *Le Roman expérimental* : « L'intervention passionnée ou attendrie de l'écrivain rapetisse un roman, en brisant la netteté des lignes [...]. Une œuvre vraie sera éternelle, tandis qu'une œuvre émue pourra ne chatouiller que le sentiment d'une époque ».

---

23. George Sand
Lettre à Flaubert du 12 janvier 1876

Flaubert a longtemps considéré George Sand comme le modèle de l'écrivain sentimental et sans style : l'« expansion » féminine ne peut produire de grandes œuvres, « c'est avec la tête qu'on écrit », écrivait-il à Louise Colet (16 novembre 1852). Plus tard pourtant, les deux écrivains ont été liés par une amitié dont témoigne la correspondance suivie qu'ils ont échangée de 1866 à 1876. Figure maternelle et artiste respectée, Sand prodiguait conseils et encouragements à l'ermite de Croisset aigri par des revers de fortune et par ses échecs littéraires (*L'Éducation sentimentale* en 1869, *Le Candidat* en 1874).

L'art poétique de George Sand s'oppose en tous points à celui de Flaubert, auquel elle répète qu'une œuvre doit exprimer « une vue bien arrêtée et bien étendue sur la vie. L'art n'est pas seulement de la peinture. La vraie peinture est, d'ailleurs, pleine de l'âme qui pousse la brosse ». Désireuse de « rendre moins malheureux » ses lecteurs, elle refuse de ne montrer que le mauvais comme **le réalisme** (dans lequel Flaubert ne se reconnaissait nullement) et récuse le culte de la forme et l'impersonnalité qui ne s'adressent qu'à des lettrés alors qu'« **on est homme avant tout** » (18 et 19 décembre 1875). Dans une de ses dernières lettres, elle pose clairement le problème de la réception de l'œuvre : pour elle, **l'auteur doit guider le lecteur** en jugeant clairement ses personnages.

La réponse de Flaubert montre qu'il ne renonça pas à ses principes : « Si le lecteur ne tire pas d'un livre la moralité qui doit s'y trouver, c'est que le lecteur est un imbécile, ou que le livre est *faux* au point de vue de l'exactitude. Car du moment qu'une chose est Vraie, elle est bonne » (6 février 1876). C'est donc bien la question du public qui oppose les deux romanciers.

L'auteur doit guider le lecteur

[...] dès que tu manies la littérature, tu veux, je ne sais pourquoi, être un autre homme, celui qui doit disparaître, celui qui s'annihile, celui qui n'est pas ! Quelle drôle de manie ! quelle fausse règle de *bon goût* ! Notre œuvre ne vaut jamais que par ce que nous valons nous-mêmes.

Qui te parle de mettre ta personne en scène ? Cela, en effet, ne vaut rien, si ce n'est pas fait franchement comme un récit. Mais retirer son âme de ce que l'on fait, quelle est cette fantaisie maladive ? Cacher sa propre opinion sur les personnages que l'on met en scène, laisser par conséquent le lecteur incertain sur l'opinion qu'il en doit avoir, c'est vouloir n'être pas compris, et, dès lors, le lecteur vous quitte : car, s'il veut entendre l'histoire que vous lui racontez, c'est à la condition que vous lui montriez clairement que celui-ci est un fort et celui-là un faible.

L'Éducation sentimentale a été un livre incompris, je te l'ai dit avec insistance, tu ne m'as pas écoutée. Il y fallait ou une courte préface ou dans l'occasion, une expression de blâme, ne fût-ce qu'une épithète heureusement trouvée pour condamner le mal, caractériser la défaillance, signaler l'effort. Tous les personnages de ce livre sont faibles et avortent, sauf ceux qui ont de mauvais instincts ; voilà le reproche qu'on te fait, parce qu'on n'a pas compris que tu voulais précisément peindre une société déplorable qui encourage ces mauvais instincts et ruine les nobles efforts : quand on ne nous comprend pas, c'est toujours notre faute. Ce que le lecteur veut, avant tout, c'est de pénétrer notre pensée, et c'est là ce que tu lui refuses avec hauteur. Il croit que tu le méprises et que tu veux te moquer de lui. Je l'ai compris, moi, parce que je te connaissais. Si on m'eût apporté ton livre sans signature, je l'aurais trouvé beau mais étrange, et je me serais demandé si tu étais un immoral, un sceptique, un indifférent ou un navré. Tu dis qu'il en doit être ainsi et que M. Flaubert manquera aux règles du bon goût s'il montre sa pensée et le but de son entreprise littéraire. C'est faux, archifaux. Du moment que M. Flaubert écrit bien et sérieusement, on s'attache à sa personnalité, on veut se perdre ou se sauver avec lui. S'il vous laisse dans le doute, on ne s'intéresse plus à son œuvre, on la méconnaît ou on la délaisse. [...]

Il faut écrire pour tous ceux qui ont soif de lire et qui peuvent profiter d'une bonne lecture. Donc, il faut aller tout droit à la moralité la plus élevée qu'on ait en soi-même et ne pas faire mystère du sens moral et profitable de son œuvre. On a trouvé celui de *Madame Bovary* [1]. Si une partie du public criait au scandale, la partie la plus saine et la plus étendue

---

1. Sur la réception de *Madame Bovary* par le public de 1857, voir le texte 32 (Jauss).

y voyait une rude et frappante leçon donnée à la femme sans conscience et sans foi, à la vanité, à l'ambition, à la déraison. On la plaignait, l'art le voulait ; mais la leçon restait claire, et l'eût été davantage, elle l'eût été pour *tous*, si tu l'avais bien voulu, en montrant davantage l'opinion que tu avais, et qu'on devait avoir de l'héroïne, de son mari et de ses amants.

Cette volonté de peindre les choses comme elles sont, les aventures de la vie comme elles se présentent à la vue, n'est pas bien raisonnée, selon moi. Peignez en réaliste ou en poète les choses inertes, cela m'est égal ; mais, quand on aborde les mouvements du cœur humain, c'est autre chose. Vous ne pouvez pas vous abstraire de cette contemplation ; car l'homme, c'est vous, et les hommes, c'est le lecteur. Vous aurez beau faire, votre récit est une causerie entre vous et lui.

George SAND, Lettre à Flaubert, 12 janvier 1876.

Notions clés : *Auteur — Fonction de la littérature — Lecteur — Morale — Personnage — Réalisme — Style.*

• La volonté d'impersonnalité expose le romancier réaliste à ne pas être compris des lecteurs.
• Ceux-ci s'attachent à la personnalité de l'écrivain et souhaitent que le romancier exprime clairement ses opinions sur les personnages.

24. Marcel Proust
Contre Sainte-Beuve (posthume, 1954)

Sainte-Beuve en se donnant comme but l'analyse scientifique des grands esprits avait placé au premier plan les données biographiques. Dans une étude au titre significatif (« Chateaubriand jugé par un ami intime en 1803 »), il écrivait : « La littérature, la production littéraire, n'est point pour moi distincte ou du moins séparable du reste de l'homme et de l'organisation : je puis goûter une œuvre, mais il m'est difficile de la juger indépendamment de l'homme même ; et je dirais volontiers : *tel arbre, tel fruit.* »

L'auteur de la *Recherche* s'est élevé contre cette « fameuse méthode » au nom d'une conception radicalement différente de la littérature et de l'art : le grand écrivain ne retranscrit pas les accidents de sa vie, il déchiffre le **« livre intérieur de signes inconnus »** que des impressions fugitives ont constitué en lui (voir le texte 7).

« Un livre est le produit d'un autre *moi* »

Ceci rend donc dérisoire toute méthode d'investigation superficielle, qui resterait extérieure à l'œuvre. Le lecteur doit effectuer, par « un effort de [son] cœur », un travail « au fond de [lui-même] » pour « recréer » le moi *profond de l'auteur. Ainsi l'idée que Proust se fait de l'art conduit à distinguer radicalement l'homme de l'œuvre et à réévaluer le rôle du lecteur.*

L'œuvre de Sainte-Beuve n'est pas une œuvre profonde. La fameuse méthode, qui en fait, selon Taine, selon Paul Bourget et tant d'autres, le maître inégalable de la critique du XIXᵉ, cette méthode, qui consiste à ne pas séparer l'homme et l'œuvre, à considérer qu'il n'est pas indifférent pour juger l'auteur d'un livre, si ce livre n'est pas « un traité de géométrie pure », d'avoir d'abord répondu aux questions qui paraissent les plus étrangères à son œuvre (comment se comportait-il, etc.), à s'entourer de tous les renseignements possibles sur un écrivain, à collationner ses correspondances, à interroger les hommes qui l'ont connu, en causant avec eux s'ils vivent encore, en lisant ce qu'ils ont pu écrire sur lui s'ils sont morts, cette méthode méconnaît ce qu'une fréquentation un peu profonde avec nous-mêmes nous apprend : qu'un livre est le produit d'un autre *moi* que celui que nous manifestons dans nos habitudes, dans la société, dans nos vices. Ce moi-là, si nous voulons essayer de le comprendre, c'est au fond de nous-mêmes, en essayant de le recréer en nous, que nous pouvons y parvenir. Rien ne peut nous dispenser de cet effort de notre cœur. Cette vérité, il nous faut la faire de toutes pièces et il est trop facile de croire qu'elle nous arrivera, un beau matin, dans notre courrier, sous forme d'une lettre inédite, qu'un bibliothécaire de nos amis nous communiquera, ou que nous la recueillerons de la bouche de quelqu'un, qui a beaucoup connu l'auteur.

Marcel PROUST, *Contre Sainte-Beuve*, 1908-1909,
éd. Gallimard, 1954, « La Pléiade », pp. 221-222.

Notions clés : *Auteur — Biographie — Lecteur.*

• Le *moi* créateur de l'artiste n'est pas le *moi* de la biographie.
• C'est pourquoi nous devons nous efforcer de « le recréer en nous » à partir de l'œuvre.

➤ Paul VALÉRY, *Tel quel* : « L'auteur est une création de l'œuvre », « cet auteur est fiction ».

25. Jean Bellemin-Noël
Vers l'inconscient du texte (1979)

S'il est vrai que « le fait littéraire ne vit que de receler en lui une part d'inconscience, ou d'inconscient », on comprend que certains critiques, suivant en cela l'exemple de Freud lui-même (*Délire et rêves dans la « Gradiva » de Jensen*, 1907), aient entrepris de lire les textes littéraires à la lumière de la psychanalyse. Jean Bellemin-Noël a dressé un bilan critique de ces recherches dans *Psychanalyse et littérature* (PUF, 1978).

Une place particulière doit être accordée à **la « psychocritique » de Charles Mauron**, qui, par une méthode rigoureuse de superposition des textes, met en évidence des réseaux d'associations et d'images qui ordonnent l'ensemble de l'œuvre d'un écrivain puis dégage une structure symbolique fondamentale, inconsciente, comparable au sens latent d'un rêve, dont le critique cherche ensuite confirmation dans les données biographiques (*Des métaphores obsédantes au mythe personnel*, Corti, 1963). *Phèdre* transpose ainsi un fantasme œdipien : en aimant Aricie, Hippolyte (le Fils, qui incarne le Moi le plus conscient) tente vainement d'échapper à une Mère possessive (« Phèdre représente le désir incestueux qu'Hippolyte refuse d'éprouver », elle incarne un Moi plus inconscient) et se heurte à un Père implacable (le Surmoi). Plus généralement, l'œuvre théâtrale de Racine exprime sa lutte contre « la menace de névrose janséniste », héritage de l'éducation rigoriste reçue à Port-Royal.

Le risque est ici de s'intéresser à l'homme plus qu'à l'œuvre. Todorov a reproché à la psychocritique de « postuler l'existence d'un original » (biographique) alors que « le texte est toujours la transformation d'une autre transformation » (*Poétique de la prose*, p. 251). Pour se prémunir contre le « beuvisme » et la psychobiographie, Jean Bellemin-Noël choisit d'aller *vers l'inconscient du texte* sans « jamais faire appel à l'auteur des textes mis en lecture ». Il s'agit de reconnaître le « fonctionnement oblique du texte comme force engagée dans l'œuvre d'écriture ».

Le *je(u)* littéraire

Il y a dans le texte « un effet de désir » que le lecteur met en scène par son travail, aussi cet inconscient du texte ne peut-il jamais être isolé et attribué au sujet-créateur. La lecture du fameux incipit de la Recherche *met ainsi en relation toute une série de sujets :*

Le monde	*Le texte*	*Le lecteur*
Marcel Proust	*JE : l'auteur implicite du récit*	*je : le moi conscient du lecteur*
	Je : le narrateur explicite	*« je » : le moi inconscient du lecteur*
	je : le personnage du récit	

C'est dans « ce jeu des je » que réside, selon Jean Bellemin-Noël, la séduction mystérieuse de la littérature. Explicitons : le lecteur ne s'approprie pas purement et simplement le je de la fiction, il est contraint de composer avec lui, de faire une expérience nouvelle, susceptible de le transformer.

On confrontera ces analyses à celles d'Italo Calvino (texte 20).

Soit la première phrase de *À la recherche du temps perdu* : « Longtemps je me suis couché de bonne heure. » Rien de plus simple au prime abord, quelqu'un raconte un épisode de sa vie. Mais la grammaire dans cette déclaration télescope deux sujets : *Je* prétend(s) ici et aujourd'hui que « longtemps » *je* (moi-un autre, que je ne suis plus actuellement, dont je parle comme je parlerais du lit où je me couchais) « s'est couché de bonne heure » ; *Je* est sujet de l'énonciation, *je* l'est de l'énoncé. L'un énonce le souvenir qui est rapporté à l'autre comme à celui qui a vécu l'aventure, et il *paraît* qu'ils sont le(s) même(s). Mais le lecteur est bien vite confronté à un troisième locuteur, qui précède *Je* d'un cran et qui est censé déclarer à l'orée du livre : « *JE* vais vous raconter une histoire, puisque ceci s'intitule roman » ; ce *JE* marque la limite du texte, qui le sépare du monde et le relie au monde. Derrière lui, bien sûr, se profile quelqu'un, qui signe « M. Proust », qui s'est donné la peine d'écrire les pages de ce livre où *JE* déclare écrire le roman dans lequel *Je* prend la parole pour évoquer *je* en train de se mettre au lit dans des conditions telles qu'un (autre) « je » s'en souviendra plus tard en prenant le thé, etc. Laissons de côté le *JE* de Marcel Proust, celui d'un être humain qui a fait autre chose que d'écrire, qui a son « moi » — il le disait lui-même — de la vie quotidienne où il ne saisissait fugitivement que des « intermittences »...

On peut déjà appeler sujet inconscient du texte cette série de glissements qu'il est impossible d'arrêter, car le glissement tient au fait même de l'inconscience : de l'« impossession » où nous sommes de nos propres actes, états, paroles et pensées. Mais il y a plus frappant. Lorsque je lis ce « je » de la première phrase du roman, je m'identifie à lui, je prends en charge son dire, je l'identifie à moi. C'est-à-dire que je me rapporte moi-même à un passé que le texte m'octroie l'espace d'un instant, et en même temps je reste le sujet de la présente lecture, comme présence lisante flanquée de tous les sujets de mes autres lectures, expériences, etc., dotée du pouvoir paradoxal d'écrire sur cette phrase et de la transformer. Car, et c'est là qu'il fallait en arriver, en supposant même que l'Inconscient soit insuffisamment engagé dans ce jeu de continuelles substitutions, mon inconscient à moi s'engrène sur ce récit de Proust ; le « je » sujet de mon désir en ce moment où je lis (où je lisais, plus exactement, et où j'écris maintenant là-dessus), ce « je » s'investit *peut-être* dans l'évocation des soirées de Combray, y retrouve son compte, ses mécomptes, y démêle la tragédie de la mère absente, et ainsi de suite.

Il paraît difficile, voire impossible, de décrire avec précision cette chaîne — enchaînements et déchaînements — qu'on appelle le sujet inconscient, à commencer par cet aspect de transférence qui définit la subjectivité, où l'on peut voir le « témoin » que se passent des relayeurs évanescents... Resterait surtout à décrire et à théoriser la *trans-subjectivité*, ou pour reprendre un terme d'André Green [1], le *transnarcissisme* qui *dans l'art* fait s'interconnecter les inconscients. Autre manière de dire que tout énoncé que je reformule pour le compte d'un *je* de fiction est reformulé pour le compte de je (conscient) *et* pour celui de « je » (inconscient), surtout si le premier s'en défend. Raisons probablement d'une séduction de la littérature encore mal étudiée. Car il serait faux de dire que je reverse ainsi sur mon compte tous les énoncés des « vrais » locuteurs qui disent Je devant moi. Le *je* de la fiction littéraire est un *tu* très particulier, qui me contraint plus qu'un être vivant à faire son je(u).

Jean BELLEMIN-NOËL, *Vers l'inconscient du texte*,
© PUF, 1979, pp. 196-198.

Notions clés : *Biographie — Fonction de la littérature — Insconscient — Lecteur — Plaisir*.

• Le texte littéraire met en relation différents sujets, conscients et inconscients.
• L'interconnexion entre les inconscients du texte et du lecteur est à la source du plaisir de la lecture.

---

1. André Green, « Le Double et l'Absent », *Critique*, mai 1973 [*N.d.A.*].

Troisième partie

L'œuvre et ses lecteurs

Il n'est plus possible aujourd'hui de considérer l'œuvre en soi, comme une forme qui n'existerait que pour elle-même. Sartre avait déjà montré que « l'objet littéraire est une étrange toupie, qui n'existe qu'en mouvement. Pour la faire surgir, il faut un acte concret qui s'appelle la lecture, et elle ne dure qu'autant que cette lecture peut durer. » Aussi peut-on conclure avec lui qu'« il n'y a d'art que pour et par autrui » (*Qu'est-ce que la littérature ?*, chap. 2). La théorie de la réception* accorde une place encore plus grande au lecteur, dont la sensibilité et le jugement sont déterminés par les conventions esthétiques de son époque. Il importe donc d'envisager la relation entre l'œuvre littéraire et le lecteur, c'est-à-dire **les différentes modalités de l'acte de lecture**, notamment de la lecture romanesque [1] (chapitre 7), **la réception de l'œuvre** par les contemporains (chapitre 8) puis par les générations ultérieures qui assurent sa survie (chapitre 9).

---

1. La lecture du poème est abordée dans le chapitre 20.

Chapitre 7

Qu'est-ce que lire ?

L'œuvre n'existe pas sans lecteur, ou plutôt sans lecture. C'est ce que montrent les théoriciens de la réception (voir les textes 5 et 8) qui caractérisent le texte littéraire par son incomplétude et sa polysémie et définissent l'œuvre comme « la constitution du texte dans la conscience du lecteur ». Mais l'expérience esthétique est d'abord *intersubjective* dans la mesure où une œuvre nouvelle est perçue par le public à travers le système de conventions et de références créé par les œuvres antérieures et qu'elle contribue à modifier (**26. Jauss**). Il n'y a donc pas de texte sans *hors-texte*, c'est-à-dire une situation de lecture dans laquelle interviennent des déterminations individuelles et collectives (**27. Goulemot**). Les romanciers se sont eux aussi intéressés au rapport du lecteur à l'œuvre, au point — et c'est un cas limite — d'en faire le sujet du roman (**28. Calvino**).

Quant à la lecture critique, elle ne cherche pas à découvrir la vérité de l'œuvre en la confrontant au monde, mais à la décrire le plus complètement possible avec le langage et les concepts de son époque (**29. Barthes**).

26. Hans Robert Jauss
Pour une esthétique de la réception (1972-1975)

Selon Jauss et les théoriciens de l'école de Constance, l'œuvre « englobe à la fois le texte comme structure donnée et sa réception ou perception par le lecteur ». Il est donc fondamental d'analyser ce processus de réception qui actualise la structure de l'œuvre et lui donne sens, ce sens se constituant progressivement dans l'histoire « chaque fois que les conditions historiques et sociales de la réception se modifient ».

« Une perception guidée »

Ce passage analyse deux moments de l'expérience esthétique, celui de la découverte d'une œuvre nouvelle et celui de son interprétation.

*L'œuvre n'est jamais reçue « comme une nouveauté absolue » par un esprit vierge : dès le début, par son genre et son style, elle « évoque des choses déjà lues » et prend place dans le système de références du lecteur, c'est-à-dire dans « tout un ensemble d'attente et de règles du jeu avec lesquelles les textes antérieurs l'ont familiarisé ». Cet **horizon d'attente** est en outre sans cesse modifié par la succession des « signaux » inscrits dans **la stratégie textuelle de l'œuvre** elle-même ; la lecture est donc pour une part « guidée », programmée dans le cadre d'un « système sémiologique* ».*

*Dans cette perspective, l'interprétation d'une œuvre n'est pas un phénomène strictement individuel et subjectif : elle s'inscrit dans l'« horizon d'**une** expérience esthétique intersubjective** préalable qui fonde toute compréhension individuelle d'un texte et l'effet qu'il produit ».*

Même au moment où elle paraît, une œuvre littéraire ne se présente pas comme une nouveauté absolue surgissant dans un désert d'information ; par tout un jeu d'annonces, de signaux — manifestes ou latents —, de références implicites, de caractéristiques déjà familières, son public est prédisposé à un certain mode de réception. Elle évoque des choses déjà lues, met le lecteur dans telle ou telle disposition émotionnelle, et dès son début crée une certaine attente de la « suite », du « milieu » et de la « fin » du récit (Aristote), attente qui peut, à mesure que la lecture avance, être entretenue, modulée, réorientée, rompue par l'ironie, selon des règles de jeu consacrées par la poétique explicite ou implicite des genres et des styles. À ce premier stade de l'expérience esthétique, le processus psychique d'accueil d'un texte ne se réduit nullement à la succession contingente de simples impressions subjectives ; c'est une perception guidée, qui se déroule conformément à un schéma indicatif bien déterminé, un processus correspondant à des intentions et déclenché par des signaux que l'on peut découvrir, et même décrire en termes de linguistique textuelle. [...]

Le processus de la réception peut être décrit comme l'expansion d'un système sémiologique*, qui s'accomplit entre les deux pôles du développement et de la correction du système. Le rapport du texte isolé au paradigme, à la série des textes antérieurs qui constituent le genre, s'établit aussi suivant un processus analogue de création et de modification permanentes d'un horizon d'attente. Le texte nouveau évoque pour le lecteur (ou l'auditeur) tout un ensemble d'attente et de règles du jeu avec lesquelles les textes antérieurs l'ont familiarisé et qui, au fil de la lecture, peuvent être modulées, corrigées, modifiées ou simplement reproduites. La modulation et la correction s'inscrivent dans le champ à l'intérieur duquel évolue la structure d'un genre, la modification et la reproduction en marquent les frontières [1]. Lorsqu'elle atteint le niveau de l'interprétation, la réception d'un texte présuppose toujours le contexte d'expérience antérieure dans lequel s'inscrit la perception esthétique : le problème de la subjectivité de l'interprétation et du goût chez le lecteur isolé ou dans les différentes catégories de lecteurs ne peut être posé de façon pertinente que si l'on a d'abord reconstitué cet horizon d'une expérience esthétique intersubjective préalable qui fonde toute compréhension individuelle d'un texte et l'effet qu'il produit.

Hans Robert JAUSS, *Pour une esthétique de la réception*, 1972-1975
trad. fr. de C. Maillard, © éd. Gallimard, 1978, pp. 50-51.

Notions clés : *Horizon d'attente — Interprétation.*

• La réception d'une œuvre n'est pas un acte individuel relevant de la pure subjectivité, elle s'inscrit dans un horizon d'attente.
• Celui-ci est déterminé par l'expérience esthétique — individuelle et intersubjective — du lecteur, sans cesse corrigée par les données textuelles.

▶ Charles GRIVEL, *Production de l'intérêt romanesque* : « *La narration a pour but la maîtrise du lecteur.* [...] Elle s'en fait le guide, se constitue comme dirigisme intégral. La personnalité souvent évoquée du lecteur, cette altérité que le texte suppose comme partenaire dans son « dialogue », n'est qu'une feinte du roman. La liberté (éventuelle) du lecteur consiste au plus à prendre ou ne pas prendre le volume proposé ; sitôt dans ses mains pourtant *le livre lui dérobe totalement sa liberté.* »

---

1. Sur ce point je peux renvoyer à mon essai : « Littérature médiévale et théorie des genres » in *Poétique*, I, 1970, pp. 79-101. [*N.d.A.*].

27. Jean-Marie Goulemot
Pratiques de la lecture (1985)

Intervenant dans un colloque qui entend élucider « l'histoire et le présent » de la lecture, Jean-Marie Goulemot, dans un exposé synthétique, analyse « la pratique d'une lecture culturelle, lieu de production du sens, de compréhension et de jouissance ». Il commence par rappeler « quelques évidences », bien établies par la critique moderne : la lecture est un « procès d'appropriation et d'échange » qui réunit **le texte** et « **le hors-texte** » c'est-à-dire « le lecteur, la situation de lecture ». Le texte littéraire étant fondamentalement polysémique, une lecture actualise « une des virtualités signifiantes du texte ». La situation de lecture (« le hors-texte ») est déterminée par trois grands facteurs : « une physiologie, une histoire et une bibliothèque ».

Le hors-texte

Le témoignage de Jean-Marie Goulemot sur la réception de L'Éducation sentimentale *avant et après 1968 peut être prolongé par l'analyse de Sartre sur « l'historicité » du lecteur :* Le Silence de la mer *était adapté au public de 1941, il l'invitait à ne pas sympathiser avec les Allemands, que la propagande de Vichy présentait aux Français comme des « hommes bien élevés » ; mais la nouvelle de Vercors avait « perdu son efficace » en 1942, quand la résistance contre la barbarie nazie avait pris des formes plus radicales (*Qu'est-ce que la littérature ?*, chap. 3).*

Une lecture est aussi déterminée par « la mémoire des lectures antérieures » et par les différents modèles narratifs qui coexistent à une époque donnée. Le rôle de la bibliothèque *s'analyse en termes d'**intertextualité*** *et d'**horizon d'attente***.*

L'histoire, que nous l'acceptions ou non, au-delà de nos options politiques, oriente nos lectures. J'en donnerai un exemple particulièrement pertinent me semble-t-il. J'étais jeune assistant à la Sorbonne en 1967. [...]
    Je devais expliquer *L'Éducation sentimentale* et nourri d'un Barthes émergeant qui avait encore des saveurs de fruit interdit, je demandai à mes étudiants de déterminer les séquences, à partir desquelles, eux, jeunes gens et jeunes filles de ces années-là, nourris d'une certaine culture, constituaient le sens du roman. Leurs découpages orientaient unanimement le roman vers un seul et même effet : les amours d'un adolescent et d'une dame mûre. *L'Éducation sentimentale*, le drame en plus, c'était une sorte de *Diable au corps*, à les en croire. En mars 1969, la même expérience. Tout avait changé après les Accords de Grenelle, sauf les programmes de la licence. Les étudiants constituaient le sens du roman à partir des séquences politiques. Frédéric était dénoncé comme bourgeois réac-

tionnaire et lâche qui préférait les charmes de la forêt de Fontainebleau, en galante compagnie, à l'action révolutionnaire. On isolait le sac des Tuileries, la description de la répression de 1848, la satire des clubs, comme autant de temps essentiels du roman. Oublié le roman des amours inaccomplies de Frédéric Moreau et de Madame Arnoux ! Et cela quelle qu'ait été l'option face aux événements de mai. Sur les mêmes séquences privilégiées par tous, s'articulaient des valorisations adverses. Le sac des Tuileries permettait de dire le refus de la violence des occupations, mais aussi le caractère profondément réactionnaire, sous d'autres apparences, de l'œuvre de Flaubert. [...]

Venons-en à la *bibliothèque*. J'ai voulu dire par là que toute lecture est une lecture comparative, mise en rapport du livre avec d'autres livres. Comme il y a *dialogisme* et *intertextualité*, au sens où Bakhtine entend le terme, il y a *dialogisme* et *intertextualité* dans la pratique de la lecture elle-même. Rien ici pourtant qui soit mesurable. Nous sommes dans le champ des hypothèses et du probable. Lire, ce serait donc faire émerger la bibliothèque vécue, c'est-à-dire la mémoire des lectures antérieures et des données culturelles. Il est rare qu'on lise l'inconnu. Le genre du livre, le lieu d'édition, les critiques, le savoir scolaire nous placent en position valorisée d'écoute, en état de réception. On lit du Gallimard, des Éditions de Minuit, différemment : ce qui signifie que la réputation publique de ces maisons prépare une écoute : du sévère au raisonnable, du sérieux au rasoir, le sens est déjà donné.

Il est vrai aussi que la culture institutionnelle nous prédispose à une réception particulière du texte. On pourrait utiliser ici le concept d'*horizon d'attente* de Jauss et de l'École de Constance. C'est-à-dire que chaque époque construit ses modèles et ses codes narratifs et qu'à l'intérieur de chaque moment il existe des codes divers selon les groupes sociaux-culturels. À l'époque du *Don Quijote*, Cervantès se moque des romans de chevalerie qui existent encore et du public qui en accepte les effets de crédibilité et les codes narratifs. Sans remonter aussi loin, il existe aujourd'hui conjointement Guy des Cars et Alain Robbe-Grillet, James Joyce et le roman linéaire à la Martin du Gard. C'est donc reconnaître que cohabitent dans le même espace culturel et social, divers modes de récits. La possession des codes qui les régissent permet la lecture. Elle constitue par ailleurs l'horizon d'attente, au sens où je l'entends.

Jean-Marie GOULEMOT, « De la lecture comme production de sens », in *Pratiques de la lecture*, © éd. Payot-Rivages, 1985, pp. 116 à 123.

Notions clés : *Intertextualité — Lecteur — Réception de l'œuvre.*

• La lecture littéraire est une opération complexe qui met en jeu le corps, l'histoire et la culture du lecteur.

➤ Jean-Paul SARTRE, *Qu'est-ce que la littérature ?* : « Tous les ouvrages de l'esprit contiennent en eux-mêmes l'image du lecteur auxquels ils sont destinés. »

28. Italo Calvino
Si par une nuit d'hiver un voyageur (1979)

Italo Calvino fut le correspondant italien de l'Ouvroir de Littérature Potentielle qui réunit autour du mathémacien François Le Lionnais des écrivains comme Jacques Roubaud, Georges Perec et Raymond Queneau. L'OuLiPo s'est intéressé aux contraintes et procédures qui président à l'engendrement des œuvres littéraires et s'est attaché soit à en inventer de nouvelles (comme le lipogramme, utilisé dans *La Disparition* de Georges Perec où la lettre *e* est exclue), soit à analyser celles qui donnent forme aux œuvres du passé.

Si par une nuit d'hiver un voyageur porte la trace de ces recherches formelles. Les deux héros, un Lecteur et une Lectrice, en quête d'un roman dont ils n'ont pu lire que le début, en découvrent neuf autres qui tous s'interrompent au moment le plus palpitant. Ces dix débuts de romans constituent autant de pastiches où Calvino varie, avec une grande virtuosité, l'écriture, la technique narrative, les références à des pays géographiquement et politiquement typés. Mais loin de se réduire à un exercice de style, le roman constitue **une réflexion sur les relations entre le livre, le lecteur, l'auteur et la société**.

Un univers de signes

Cet incipit mêle malicieusement deux univers de référence généralement disjoints dans la conscience du lecteur :

— une petite gare de province d'avant l'électrification qui sert de cadre à l'action d'un inconnu (agent secret, résistant, militant d'une organisation clandestine ?) à la recherche d'un mystérieux contact ;

— le roman dans sa matérialité même (chapitres, alinéas, phrases), qui rappelle sans cesse que le lecteur est en train de construire l'histoire à partir des données du texte et selon les modèles narratifs du roman policier.

*Les variations du système énonciatif provoquent et contrôlent à la fois l'identification du lecteur au héros, habituelle dans ce genre de récit. Les commentaires du narrateur, le choix du présent puis le remplacement de la troisième personne (« l'homme entre dans le bar ») par les deux premières (« Cet homme s'appelle "moi", et tu ne sais rien d'autre de lui ») obligent le lecteur, comme l'homme au pardessus qui entre dans une gare inconnue, à **voir** *dans les éléments du récit des indices à interpréter : « tout émerge d'un voile d'obscurité et de brouillard ».*

Dans ce début discrètement parodique, le roman policier apparaît ainsi comme la métaphore de tout roman, défini comme un système de « signes » lacunaires mais construit pour permettre au lecteur de reconstituer facilement « une atmosphère qu'[il] conna[ît] par cœur » et de donner la vie à des êtres de papier. Ce texte peut être lu comme une illustration de la thèse de Jauss selon laquelle la perception du lecteur est sans cesse « guidée » par les « signaux » qu'il repère dans le texte (voir le texte 26).

Le roman commence dans une gare de chemin de fer, une locomotive souffle, un sifflement de piston couvre l'ouverture du chapitre, un nuage de fumée cache en partie le premier alinéa. Dans l'odeur de gare passe une bouffée d'odeur de buffet. Quelqu'un regarde à travers les vitres embuées, ouvre la porte vitrée du bar, tout est brumeux à l'intérieur, comme vu à travers des yeux de myope ou que des escarbilles ont irrités. Ce sont les pages du livre qui sont embuées, comme les vitres d'un vieux train ; c'est sur les phrases que se pose le nuage de fumée. Soir pluvieux ; l'homme entre dans le bar, déboutonne son pardessus humide, un nuage de vapeur l'enveloppe ; un coup de sifflet s'éloigne le long des voies luisantes de pluie à perte de vue.

Quelque chose comme un sifflet de locomotive et un jet de vapeur sortent du percolateur que le vieil employé met sous pression comme il lancerait un signal : c'est du moins ce qui résulte de la succession des phrases du second alinéa, où les joueurs attablés replient contre leur poitrine l'éventail de leurs cartes et se tournent vers le nouveau venu avec une triple torsion du cou, des épaules et de leur chaise, tandis que d'autres consommateurs au comptoir soulèvent leurs petites tasses et soufflent à la surface du café, les lèvres et les yeux entrouverts, ou bien aspirent le trop-plein de leurs chopes de bière avec des précautions extrêmes, pour ne rien laisser déborder. Le chat fait le gros dos, la caissière ferme la caisse enregistreuse, qui fait drin. Tous signes qui tendent à vous informer qu'il s'agit d'une de ces petites gares de province, où celui qui arrive est aussitôt remarqué.

Les gares se ressemblent toutes ; peu importe que les lampes ne parviennent pas à éclairer au-delà d'un halo imprécis : c'est une atmosphère que tu connais par cœur, avec son odeur de train qui subsiste bien après le départ de tous les trains, l'odeur spéciale des gares après le départ du dernier train. Les lumières de la gare et les phrases que tu lis semblent avoir la tâche de dissoudre les choses plus que de les montrer : tout émerge d'un voile d'obscurité et de brouillard. Cette gare, j'y ai débarqué ce soir pour la première fois, et il me semble déjà y avoir passé toute une vie,

entrant et sortant de ce bar, passant de l'odeur de la verrière à celle de
sciure mouillée des toilettes, le tout mélangé dans une unique odeur qui
est celle de l'attente, l'odeur des cabines téléphoniques quand il ne reste
plus qu'à récupérer les jetons puisque le numéro ne donne pas signe de vie.

L'homme qui va et vient entre le bar et la cabine téléphonique, c'est
moi. Ou plutôt : cet homme s'appelle « moi », et tu ne sais rien d'autre
de lui, juste comme cette gare s'appelle seulement « gare », et en dehors
d'elle il n'existe rien d'autre que le signal sans réponse d'un téléphone qui
sonne dans une pièce obscure d'une ville lointaine.

Italo CALVINO, *Si par une nuit d'hiver un voyageur*, 1979,
trad. fr., © éd. du Seuil, 1981.

Notions clés : *Lecture du roman — Signe.*

• L'univers de référence du roman se constitue peu à peu dans l'esprit du lecteur,
habitué à repérer dans le récit des indices à partir desquels il prête vie au héros
et au milieu dans lequel il évolue.

➤ Jean BELLEMIN-NOËL, *Psychanalyse et littérature* : « Dans l'œuvre littéraire
quelle qu'elle soit, qu'on la produise ou qu'on la consomme, on se lit *d'abord*
soi-même. »

---

29. Roland Barthes
Essais critiques (1964)

Définissant la critique en 1963, Barthes commence par rappeler que l'œuvre littéraire
est d'abord langage, elle « s'offre au lecteur comme un système signifiant déclaré mais
se dérobe à lui comme objet signifié » : on ne peut donc apprécier en termes de vrai
ou faux un discours dont la référence au monde est problématique. **La critique est
elle-même langage**, et à ce titre elle obéit à des déterminations historiques et existen-
tielles qui engagent son auteur. **Son objectivité est illusoire**, toute critique se fonde
sur des principes idéologiques qu'elle doit expliciter. C'est pourquoi Barthes dénonce
« la critique positiviste (universitaire) », le « lansonisme », auquel il reproche de « couvrir du drapé moral de la rigueur et de l'objectivité » des fondements idéologiques
discutables, et notamment « une sorte de déterminisme analogique, selon lequel les
détails d'une œuvre doivent *ressembler* aux détails d'une vie, l'âme d'un personnage
à l'âme de l'auteur, etc. ». La diversité de la *nouvelle critique* (d'inspiration existen-
tialiste, marxiste, psychanalytique, bachelardienne, structuraliste) montre d'ailleurs
que le discours critique n'a pas pour objet « la ''vérité'' »[1].

---

1. Voir Tzvetan Todorov, « Comment lire ? », *Poétique de la prose*, Paris, PUF, 1971. La lecture
y est définie en creux par comparaison à la *projection* (qui conçoit le texte comme la simple trans-

« La tâche critique [...] est purement formelle »

La critique confronte son langage, qui emprunte à son époque des concepts et des principes, à celui de l'œuvre, « système formel de contraintes logiques élaboré par l'auteur selon sa propre époque ». « Langage second, ou méta-langage », elle s'apparente au discours logique et utilise des instruments intellectuels nouveaux pour rendre compte de la cohérence d'œuvres antérieures. La qualité d'une bonne critique n'est donc pas d'être vraie mais **systématique**, *sa validité se mesure à sa capacité à* **saturer l'œuvre**. *Est ainsi à nouveau récusée la démarche de la critique positiviste qui cherchait à expliquer une œuvre par ses rapports secrets avec le monde de l'écrivain : Françoise, le personnage de* la Recherche, *n'est pas Céleste Albaret, la domestique de Proust.*

Tout romancier, tout poète, quels que soient les détours que puisse prendre la théorie littéraire, est censé parler d'objets et de phénomènes, fussent-ils imaginaires, extérieurs et antérieurs au langage : le monde existe et l'écrivain parle, voilà la littérature. L'objet de la critique est très différent ; ce n'est pas « le monde », c'est un discours, le discours d'un autre : la critique est discours sur un discours ; c'est un langage *second*, ou *méta-langage* (comme diraient les logiciens), qui s'exerce sur un langage premier (ou *langage-objet*). Il s'ensuit que l'activité critique doit compter avec deux sortes de rapports : le rapport du langage critique au langage de l'auteur observé et le rapport de ce langage-objet au monde. C'est le « frottement » de ces deux langages qui définit la critique et lui donne peut-être une grande ressemblance avec une autre activité mentale, la logique, qui elle aussi est fondée tout entière sur la distinction du langage-objet et du méta-langage.

Car si la critique n'est qu'un méta-langage, cela veut dire que sa tâche n'est nullement de découvrir des « vérités », mais seulement des « validités ». En soi, un langage n'est pas vrai ou faux, il est valide ou il ne l'est pas : valide, c'est-à-dire constituant un système cohérent de signes. Les règles qui assujettissent le langage littéraire ne concernent pas la confor-

_____

(Suite de la note 1. p. 80).
position d'une vérité originelle, que le lecteur entend retrouver), au *commentaire* (qui, cherchant la fidélité absolue, se prive de toute lecture systématique), à la *poétique** (qui s'intéresse aux propriétés générales du discours littéraire et fournit donc à la lecture ses instruments pour lire tel texte particulier), à *l'interprétation* (qui réduit le texte à un symptôme et renvoie à un hors-texte) et enfin à la *description* linguistique (qui ne montre pas comment le texte fait jouer les catégories qu'elle utilise). Elle met en œuvre deux opérations fondamentales, la *superposition* des différents niveaux linguistiques et des textes (intertextualité) et la *figuration* (qui analyse « les différents textes d'un auteur [...] comme autant de variations les uns des autres »).

mité de ce langage au réel (quelles que soient les prétentions des écoles réalistes), mais seulement sa soumission au système de signes que s'est fixé l'auteur (et il faut, bien entendu, donner ici un sens très fort au mot *système*). La critique n'a pas à dire si Proust a dit « vrai », si le baron de Charlus était bien le comte de Montesquiou, si Françoise était Céleste, ou même, d'une façon plus générale, si la société qu'il a décrite reproduisait avec exactitude les conditions historiques d'élimination de la noblesse à la fin du XIXe siècle ; son rôle est uniquement d'élaborer elle-même un langage dont la cohérence, la logique, et pour tout dire la systématique, puisse recueillir, ou mieux encore « intégrer » (au sens mathématique du terme) la plus grande quantité possible de langage proustien, exactement comme une équation logique éprouve la validité d'un raisonnement sans prendre parti sur la « vérité » des arguments qu'il mobilise. On peut dire que la tâche critique (c'est la seule garantie de son universalité) est purement formelle : ce n'est pas de « découvrir », dans l'œuvre ou l'auteur observés, quelque chose de « caché », de « profond », de « secret », qui aurait passé inaperçu jusque-là (par quel miracle ? Sommes-nous plus perspicaces que nos prédécesseurs ?), mais seulement d'*ajuster*, comme un bon menuisier qui approche en tâtonnant « intelligemment » deux pièces d'un meuble compliqué, le langage que lui fournit son époque (existentialisme, marxisme, psychanalyse) au langage, c'est-à-dire au système formel de contraintes logiques élaboré par l'auteur selon sa propre époque. La « preuve » d'une critique n'est pas d'ordre « aléthique » (elle ne relève pas de la vérité), car le discours critique — comme d'ailleurs le discours logique — n'est jamais que tautologique : il consiste finalement à dire avec retard, mais en se plaçant tout entier dans ce retard, qui par là même n'est pas insignifiant : Racine, c'est Racine, Proust, c'est Proust ; la « preuve » critique, si elle existe, dépend d'une aptitude, non à *découvrir* l'œuvre interrogée, mais au contraire à la *couvrir* le plus complètement possible par son propre langage.

Roland BARTHES, *Essais critiques*,
© éd. du Seuil, 1964, pp. 255-256.

Notions clés : *Critique — Langage — Vérité.*

• La tâche de la critique n'est pas de révéler la « vérité » d'une œuvre.
• Elle doit élaborer un langage cohérent, capable de rendre compte du langage de l'œuvre, dont elle marque ainsi la spécificité.
➤ Michel TOURNIER, *Le Vent Paraclet* : « La vraie critique doit être créatrice et "voir" dans l'œuvre des richesses qui y sont indiscutablement, mais que l'auteur n'y avait pas mises. Proposition paradoxale si l'on s'en tient à l'idée d'un auteur "créant" l'œuvre, c'est-à-dire la sortant de lui-même, comme une poupée gigogne en expulse une autre plus petite qui était dans son ventre. Mais elle prend au contraire tout son sens si l'on accepte le principe [...] d'une autogenèse de l'œuvre dont l'auteur ne serait lui-même que le sous-produit. »

L'œuvre et son public

La littérature est destinée à un public, qui agit sur sa production et sur sa réception. Paul Bénichou a montré comment l'œuvre de Molière, conforme en bien des points au goût et aux valeurs de l'aristocratie de son temps, avait été ensuite accommodée aux mœurs bourgeoises du XIXᵉ siècle [1]. Les romanciers eux-mêmes se sont posé très tôt ce problème. Diderot, dans *Jacques le Fataliste*, soumet un *lecteur* pudibond et prisonnier des codes narratifs et moraux de son temps aux critiques d'un *auteur* malicieux et provocant. Rousseau estime que les gens du monde, contrairement aux provinciaux, ne peuvent tirer aucun profit moral de leurs lectures (seconde préface de *La Nouvelle Héloïse*). Stendhal, en signalant « l'immense consommation de romans qui a lieu en France », distingue le « roman *pour les femmes de chambre* » et « le roman des *salons* » (projet d'article sur *Le Rouge et le Noir*) ; conscient de déranger les habitudes de lecture de ses contemporains, il destinait son œuvre aux *happy few*.

Dans la première moitié du XIXᵉ siècle, l'œuvre tend à devenir une marchandise (voir *Illusions perdues*, de Balzac) et l'auteur peut être tenté de s'adapter délibérément aux attentes du public comme le montre l'exemple des *Mystères de Paris* (**30. Eco**). Aujourd'hui, le champ littéraire est ordonné par « le système médiatique » qui conduit à un appauvrissement de la littérature (**31. Ernaux**).

Inversement, l'innovation formelle heurte les habitudes de lecture du public, aussi *Madame Bovary* a-t-elle suscité l'incompréhension (**32. Jauss**). Une œuvre originale, en effet, est toujours d'accès difficile pour les contemporains : elle leur demande un effort d'adaptation avant d'être acceptée et de modifier leur vision du monde (**33. Proust**).

---

1. *Morales du grand siècle*, Paris, Gallimard, 1948, coll. « Idées », 1967, pp. 262 et suiv.

30. Umberto Eco
Lector in fabula. Le rôle du lecteur ou la Coopération interprétative dans les textes narratifs (1979)

Dans une perspective voisine de celle de Wolfgang Iser (voir le texte 5), Umberto Eco définit le texte littéraire comme « un tissu d'espaces blancs, d'interstices à remplir », c'est-à-dire qu'une partie de son contenu n'est pas manifestée au plan de l'expression. Ainsi, il « requiert des mouvements coopératifs actifs et conscients de la part du lecteur », qui peut seul le faire fonctionner en actualisant ce qui n'est pas exprimé explicitement. Ses compétences doivent donc être accordées à celles du scripteur ; c'est pourquoi le texte présuppose (mais aussi construit) « un **Lecteur Modèle** » doté de certaines connaissances (d'une certaine « encyclopédie ») et capable d'en acquérir de nouvelles.

Se pose alors la question de la liberté d'interprétation du lecteur : l'actualisation du contenu est-elle entièrement réglée par le texte ? Umberto Eco définit deux types extrêmes : contrairement au « **texte "fermé"** », le « **texte "ouvert"** » ne cherche pas à imposer une seule lecture, il rend possible la « libre aventure interprétative » des lecteurs mais assure la cohérence de ces interprétations.

Le « texte "fermé" » et ses lectures

Le texte « fermé » est parfaitement adapté à un public spécifique qui n'a donc pas besoin de se montrer particulièrement coopératif : les 32 volumes de Fantômas *(d'Allain et Souvestre) visaient ainsi le public populaire des années 1911-1913, mais d'autres lecteurs peuvent les lire au second degré.*

Avec Les Mystères de Paris, *initialement destinés au public cultivé, Eco montre que l'adaptation de l'œuvre au public a pu se faire pendant la rédaction : la publication en feuilleton (de 1842 à 1843) a permis à Eugène Sue d'orienter son roman dans un sens moralisateur et réformiste quand il s'est rendu compte de son succès populaire. Mais son message n'a pas été vraiment compris du peuple, qui a voulu voir dans le roman une œuvre révolutionnaire. Cet exemple montre que même un « texte "fermé" » ne contrôle pas entièrement son actualisation et que « le rôle du lecteur » reste déterminant.*

Certains auteurs cernent avec sagacité sociologique et prudence statistique leur Lecteur Modèle : ils s'adresseront tour à tour à des enfants, à des mélomanes, à des médecins, à des homosexuels, à des amateurs de planche à voile, à des ménagères petites-bourgeoises, à des amateurs de tissus anglais, à des hommes-grenouilles. Pour parler comme les publicitaires, ils se choisiront un *target*, une « cible » (et une cible, ça coopère très peu : ça attend d'être touché). Ils feront en sorte que chaque terme, chaque tournure, chaque référence encyclopédique soient ce que leur lecteur est, selon toute probabilité, capable de comprendre. Ils viseront à stimuler un effet précis ; pour être sûrs de déclencher une réaction d'horreur, ils diront avant : « Il se passa alors quelque chose d'horrible. » À certains niveaux, le jeu fonctionnera.

Cependant, il suffira que Souvestre et Allain, qui écrivaient pour un public populaire, tombent entre les mains du plus friand des consommateurs de kitsch littéraire pour que ce soit la grande fête de la littérature transversale, de l'interprétation entre les lignes, de la dégustation du *poncif*, du goût huysmansien pour les textes qui balbutient. Le texte, de « fermé » et répressif qu'il était, deviendra très ouvert, une machine à engendrer des aventures perverses.

Mais il y a pis (ou mieux, selon les cas) : la prévision quant à la compétence même du Lecteur Modèle peut avoir été insuffisante — par manque d'analyse historique, erreur d'évaluation sémiotique, ou sous-évaluation des circonstances de destination. *Les Mystères de Paris*, de Sue, nous donnent un splendide exemple de ces aventures de l'interprétation. Écrits avec des intentions de dandysme pour raconter à un public cultivé les péripéties savoureuses d'une misère pittoresque, ils sont lus par le prolétariat comme une description claire et honnête de son asservissement ; l'auteur s'en aperçoit et continue à les écrire, pour le prolétariat cette fois, truffant son texte de moralités sociales-démocrates afin de convaincre ces classes « dangereuses »[1], qu'il comprend mais craint, de ne pas se désespérer, d'avoir confiance dans la justice et dans la bonne volonté des classes possédantes. Catalogué par Marx et Engels comme un modèle de plaidoirie réformiste[2], le livre accomplit un mystérieux voyage dans l'esprit de ses lecteurs, ceux-là mêmes que nous retrouverons sur les barricades de 1848, tentant la révolution parce que, entre autres motifs, ils avaient lu *Les Mystères de Paris*.

Il se peut que le livre ait contenu aussi cette actualisation possible. Il se peut qu'il ait dessiné, en filigrane, ce Lecteur Modèle-là. C'est probable même. À condition de le lire en omettant les parties moralisantes — ou de *ne pas vouloir les comprendre*.

> Umberto ECO, *Lector in fabula. Le rôle du lecteur ou la Coopération interprétative dans les textes narratifs, 1979,* © éd. Grasset, 1985, coll. « Biblio », pp. 70-71.

---

1. Allusion à l'ouvrage de l'historien Louis Chevalier, *Classes laborieuses et classes dangereuses à Paris pendant la première moitié du XIXᵉ siècle,* Plon, 1958. Le chapitre consacré à la littérature populaire prend l'exemple des *Mystères de Paris.*

2. Dans *La Sainte Famille,* 1844.

Notions clés : *Chef-d'œuvre — Lecteur — Réception.*

• Le texte littéraire est par nature incomplet, il exige la coopération d'un « Lecteur Modèle ».
• Même un texte étroitement adapté à un public peut être lu indépendamment des intentions de son auteur.

➤ Gustave LANSON, « L'immortalité littéraire », in *Hommes et livres* : « Mais Scribe ? A-t-il fait réussir ses pièces par la qualité de son esprit, ou parce que le public n'avait pas besoin d'une qualité supérieure d'esprit ? Et ainsi n'est-il pas grand en raison de sa médiocrité même, accommodée à la médiocrité de la bourgeoisie de son temps ? Plus fin, plus profond, plus artiste, plus poète, plus penseur, enfin s'il n'eût pas été Scribe, il eût moins « convenu », et il aurait manqué la gloire en la méritant plus. »

31. Annie Ernaux
« L'écrivain en terrain miné », *Le Monde* (1985)

Professeur de lettres, Annie Ernaux a été remarquée du public littéraire pour son quatrième roman, *La Place* (prix Renaudot 1984) et, plus récemment, pour *Passion simple* (1991).

Dans un article du *Monde*, elle a alerté l'opinion sur les dangers que le « système médiatique » fait peser sur la littérature. Tout en reconnaissant dans le désir d'être reconnu une motivation légitime de l'écrivain, elle déplore que la consécration littéraire dépende essentiellement de la télévision : l'œuvre est alors confondue avec l'auteur, dont l'apparition dans les médias est considérée par le grand public comme un critère de qualité.

« La littérature-spectacle »

L'adaptation de la littérature au marché conduit à une double perversion : l'œuvre devient une marchandise et, pour assurer sa promotion, l'écrivain doit offrir au public « une image médiatique ». Pour conserver sa place dans un domaine soumis à une « concurrence âpre », l'« écrivain-vedette » doit se soumettre aux lois du marketing : entretenir l'intérêt du public, produire des œuvres nombreuses et faciles, cultiver la nouveauté.

Cette satire des mœurs est conduite au nom d'une conception exigeante de la littérature qui, loin de se réduire à des divertissements futiles que n'inspirent ni un projet esthétique ni une interrogation sur le monde, devrait continuer à exercer sa fonction « dans tous les domaines — social, économique, linguistique et artistique ».

Le système médiatique, lié au marketing, où il s'agit d'imposer son nom, son image avant tout, agit sur la stratégie consciente ou inconsciente de l'écrivain. Tenté par les profits immédiats de consécration, avoir au moins cela à défaut d'une influence plus durable, il peut chercher à adapter l'offre à la demande supposée, faire des livres qui se vendent. Ou, ayant obtenu sans calcul l'adhésion des lecteurs, pour maintenir son succès, il s'efforce de produire vite, sans changer de genre, et, encouragé par les médias qui préfèrent utiliser les noms connus, multiplie sa présence. En résumé : il s'agit d'occuper le terrain. À l'écrivain officiel d'avant-hier, maître à penser d'hier, succède aujourd'hui l'écrivain-vedette. Il est troublant de remarquer que, si l'engagement politique rencontre de moins en moins d'adeptes parmi les écrivains, il y a peu de problèmes de conscience pour participer à n'importe quelle émission. Un certain langage est apparu dans les milieux littéraires, on parle de « carrière » à la place d'œuvre, de « public » de préférence à lecteurs, on « se plante » quand le livre n'a pas marché suivant les prévisions. [...]

Tout se passe comme si cette concurrence âpre pour la conquête d'une image médiatique, pour occuper des places dans le champ littéraire, empêchait les interrogations réelles concernant la littérature. La télévision ne présente que ces simulacres de débats. Derrière l'échange parfois paroxystique des répliques entre participants d'une émission, ou au contraire le refus d'en découdre (Robbe-Grillet et Sollers, dernièrement), un seul enjeu véritable : la meilleure image à offrir au public. On occupe le terrain, mais ni pour des idées ni pour un projet d'écriture, simplement pour être là. Dans cette littérature-spectacle, où la performance est valorisée — six cents pages ou au contraire une petite centaine, cinq techniques différentes dans un seul récit, roman d'un boxeur ou d'une vedette de cinéma —, écrire n'est qu'un jeu compliqué, brillant et inoffensif.

Il y a comme un renoncement progressif et quasi généralisé aux questions que la littérature s'est toujours plus ou moins posées sur son rôle, sa finalité, son rapport au réel, à la société, fût-ce pour le nier. L'écrivain, catégorie à définir, ne devrait-il pas se « situer » dans tous les domaines — social, économique, linguistique et artistique, — et pas seulement dans la liste des meilleures ventes de *L'Express* ?

Enfin est-il possible que, par un étrange sens des limites latent sous la dérision ambiante, la littérature renonce à des pouvoirs autres que ceux de plaisir et de distraction ?

Annie ERNAUX, « L'écrivain en terrain miné », *Le Monde*, 25 avril 1985.

Notions clés : *Fonction de la littérature — Public.*

• En se soumettant aux lois du spectacle médiatique et du marketing, la littérature renonce à sa fonction.

▶ Pierre BOURDIEU : *Les Règles de l'art*, 1992 : « On peut se demander si la division en deux marchés, qui est caractéristique des champs de production culturelle depuis le milieu du XIXᵉ siècle, avec d'un côté le champ restreint des producteurs pour producteurs, et de l'autre le champ de grande production et la « littérature industrielle », n'est pas menacée de disparition, la logique de la production commerciale tendant de plus en plus à s'imposer à la production d'avant-garde (à travers, notamment, dans le cas de la littérature, les contraintes qui pèsent sur le marché des livres). »

32. Hans Robert Jauss
Pour une esthétique de la réception (1972-1975)

Selon Jauss, le propre d'une grande œuvre est de rompre avec l'horizon d'attente* préexistant (voir les textes 8 et 26). Mais cet « **écart esthétique** » peut susciter l'incompréhension du public, dérouté par une forme nouvelle. Le théoricien de la réception* donne l'exemple du procès que valut à Flaubert la publication de *Madame Bovary* : lorsque parut le roman, en 1857, les lecteurs, qui avaient pour horizon d'attente les normes romanesques établies à partir du roman balzacien, furent déconcertés par la volonté d'impersonnalité et l'emploi novateur du style indirect libre [1].

La réception de *Madame Bovary*

Au début de son ouvrage, Jauss rapporte une anecdote significative. À la même époque, un ami de Flaubert, Ernest Feydeau, publie un roman intitulé Fanny, *aujourd'hui totalement oublié. Ce roman, comme* Madame Bovary, *s'adresse à un public qui a « abjuré tout romantisme et mépris[e] également la grandeur des passions et leur naïveté » (*Pour une esthétique de la réception, *pp. 56-57). Tous deux mettent en scène une histoire identique, un adultère en milieu provincial. Mais le roman de Feydeau, narré sous la forme facile et traditionnelle d'une confession, connaît treize éditions alors que celui de Flaubert, fondé sur « l'innovation formelle de son principe de narration impersonnelle » n'est compris que par un cercle restreint de connaisseurs.*

Cette anecdote illustre parfaitement « l'effet insoupçonné produit par une nouvelle forme artistique qui, entraînant une nouvelle manière de voir les choses, avait le pouvoir d'arracher le lecteur aux évidences de son jugement moral habituel », innovation formelle cause du malentendu initial avec le public. En effet, le choix d'un mode de narration impersonnel pose problème à partir du moment où, lié à l'emploi du style indirect libre, il ne permet pas aux lecteurs de déterminer avec certitude l'origine des propos rapportés. Description objective à mettre au compte du narrateur ? Discours rapporté à mettre au compte du personnage ?... L'enjeu moral est évident,

---

1. Voir à ce sujet le débat entre Flaubert et Sand (textes 22b et 23).

et le public, peu rompu à ce type de narration, habitué au contraire au « juge-ment moral univoque et garanti porté sur les personnages » par le narrateur balzacien, y a vu une « glorification de l'adultère ».

Comment une forme esthétique nouvelle peut entraîner aussi des consé-quences d'ordre moral ou, en d'autres termes, comment elle peut donner à un problème moral la plus grande portée sociale imaginable, c'est ce que démontre de façon impressionnante le cas de *Madame Bovary*, tel que le reflète le procès intenté à Flaubert après la première publication de l'œuvre en 1857 dans la *Revue de Paris*. La forme littéraire nouvelle qui contraignait le public de Flaubert à percevoir de manière inaccoutumée le « sujet éculé » était le principe de la narration impersonnelle (ou impar-tiale), en rapport avec le procédé stylistique du « discours indirect libre » que Flaubert maniait en virtuose et avec un à-propos parfait. Ce que cela signifie peut être mis en lumière à propos d'une description que le procu-reur Pinard, dans son réquisitoire, incrimina comme particulièrement immorale. Elle suit dans le roman le premier « faux pas » d'Emma et la montre en train de se regarder, après l'adultère, dans un miroir : « En s'apercevant dans la glace, elle s'étonna de son visage. Jamais elle n'avait eu les yeux si grands, si noirs, ni d'une telle profondeur. Quelque chose de subtil épandu sur sa personne la transfigurait. Elle se répétait : J'ai un amant ! un amant ! se délectant à cette idée comme à celle d'une autre puberté qui lui serait survenue. *Elle allait donc enfin posséder ces plaisirs de l'amour, cette fièvre de bonheur dont elle avait désespéré. Elle entrait dans quelque chose de merveilleux, où tout serait passion, extase, délire...* » Le procureur prit ces dernières phrases pour une description objective impli-quant le jugement du narrateur, et s'échauffa sur cette « glorification de l'adultère », qu'il tenait pour bien plus immorale et dangereuse encore que le faux pas lui-même [1]. Or l'accusateur de Flaubert était victime d'une erreur que l'avocat ne se fit pas faute de relever aussitôt : les phrases incri-minées ne sont pas une constatation objective du narrateur, à laquelle le lecteur pourrait adhérer, mais l'opinion toute subjective du personnage, dont l'auteur veut décrire ainsi la sentimentalité romanesque. Le procédé artistique consiste à présenter le discours intérieur du personnage sans les marques du discours direct (« Je vais donc enfin posséder... ») ou du dis-cours indirect (« Elle se disait qu'elle allait enfin posséder... ») ; il en résulte que le lecteur doit décider lui-même s'il lui faut prendre ce discours comme expression d'une vérité ou d'une opinion caractéristique du personnage.

---

1. Flaubert, *Œuvres*, Paris, 1951, vol. 1. p. 657 : « Ainsi, dès cette première faute, dès cette première chute, elle fait la glorification de l'adultère, sa poésie, ses voluptés. Voilà, messieurs, qui pour moi est bien plus dangereux, bien plus immoral que la chute elle-même. » [*N.d.A.*]

[...] Le désarroi provoqué par les innovations formelles du narrateur Flaubert éclate à travers le procès : la forme impersonnelle du récit n'obligeait pas seulement ses lecteurs à percevoir autrement les choses — « avec une précision photographique », selon l'appréciation de l'époque —, elle les plongeait aussi dans une étrange et surprenante incertitude de jugement. Du fait que le nouveau procédé rompait avec une vieille convention du genre romanesque : la présence constante d'un jugement moral univoque et garanti porté sur les personnages, le roman de Flaubert pouvait poser de façon plus radicale ou renouvelée des problèmes concernant la pratique de la vie, qui au cours des débats reléguèrent tout à fait à l'arrière-plan le chef d'accusation initial, la prétendue lascivité du roman.

Hans Robert JAUSS, *Pour une esthétique de la réception*, 1972-1975, trad. fr., de C. Maillard, © éd. Gallimard, 1978, pp. 76-80.

Notions clés : *Écart esthétique — Fonction de la littérature — Horizon d'attente — Morale — Réalisme — Style.*

• L'exemple de *Madame Bovary* montre comment des innovations formelles qui rompent avec l'horizon d'attente d'un public peuvent susciter l'incompréhension.

➤ Alexis de TOCQUEVILLE, *De la démocratie en Amérique* : « Les littératures démocratiques fourmillent toujours de ces auteurs qui n'aperçoivent dans les lettres qu'une industrie, et, pour quelques grands écrivains qu'on y voit, on y compte par milliers des vendeurs d'idées. »

---

33. Marcel Proust
Le Côté de Guermantes (1920)

Selon Proust, chaque individu perçoit le monde d'une manière unique, mais cette « différence qualitative », enfouie au plus profond du *moi*, reste inaccessible à l'intelligence : l'artiste est le seul à pouvoir exprimer la sienne au terme d'un travail d'écriture. **L'originalité de l'œuvre** constitue ainsi un critère de qualité (voir les textes 7 et 104).

Se pose alors le problème de la communication entre l'artiste et le public ; la singularité fondamentale de l'œuvre ne constitue-t-elle pas un obstacle à sa réception ?

Une œuvre nouvelle exige un travail du lecteur

On sait que la passivité est interdite au lecteur proustien qui doit « recréer en [lui] » le moi *profond de l'artiste (voir le texte 24). Ce texte met à nouveau l'accent sur le travail du lecteur, comparé à une gymnastique difficile qui demande un apprentissage : il s'agit pour lui de franchir l'obstacle que*

représente un style radicalement nouveau. Une autre métaphore, plus con-
forme à la définition habituelle de l'œuvre, fait de l'artiste original un ocu-
liste qui modifie la vision du lecteur : celui-ci doit adopter celle de l'artiste,
qui brouille d'abord sa perception du monde avant qu'un phénomène d'acco-
modation ne lui révèle dans toute sa clarté « des rapports nouveaux entre les
choses », c'est-à-dire une manière nouvelle de voir le monde.

À côté du personnage de l'écrivain Bergotte, Renoir illustre parfaitement
le renouvellement des formes qu'apporte un grand artiste : ce peintre repré-
sente en effet une école dont la modernité fit scandale et à laquelle les criti-
ques reprochaient précisément de mal restituer la réalité (le mot impressionniste
fut d'abord employé de façon dépréciative pour qualifier le tableau de Monet
Impression, soleil levant en 1874).

La réflexion de Proust anticipe sur les travaux de Jauss (voir les textes
8, 26 et 32) qui montrent comment la réception d'une œuvre nouvelle est réglée
par un ensemble de codes hérités d'œuvres plus anciennes et reconnues.

Une œuvre est rarement tout à fait comprise et victorieuse, sans que celle
d'un autre écrivain, obscure encore, n'ait commencé, auprès de quelques
esprits plus difficiles, de substituer un nouveau culte à celui qui a presque
fini de s'imposer. Dans les livres de Bergotte, que je relisais souvent, ses
phrases étaient aussi claires devant mes yeux que mes propres idées, les
meubles dans ma chambre et les voitures dans la rue. Toutes choses s'y
voyaient aisément, sinon telles qu'on les avait toujours vues, du moins
telles qu'on avait l'habitude de les voir maintenant. Or un nouvel écrivain
avait commencé à publier des œuvres où les rapports entre les choses étaient
si différents de ceux qui les liaient pour moi que je ne comprenais presque
rien de ce qu'il écrivait. Il disait par exemple : « Les tuyaux d'arrosage
admiraient le bel entretien des routes » (et cela c'était facile, je glissais
le long de ces routes) « qui partaient toutes les cinq minutes de Briand
et de Claudel ». Alors je ne comprenais plus parce que j'avais attendu
un nom de ville et qu'il m'était donné un nom de personne. Seulement
je sentais que ce n'était pas la phrase qui était mal faite, mais moi pas
assez fort et agile pour aller jusqu'au bout. Je reprenais mon élan, m'aidais
des pieds et des mains pour arriver à l'endroit d'où je verrais les rapports
nouveaux entre les choses. Chaque fois, parvenu à peu près à la moitié
de la phrase, je retombais, comme plus tard au régiment dans l'exercice
appelé portique. Je n'en avais pas moins pour le nouvel écrivain l'admirateur d'un enfant gauche et à qui on donne zéro pour la gymnastique,
devant un autre enfant plus adroit. Dès lors j'admirai moins Bergotte dont
la limpidité me parut de l'insuffisance. Il y eut un temps où on reconnaissait bien les choses quand c'était Fromentin qui les peignait et où on ne
les reconnaissait plus quand c'était Renoir.

Les gens de goût nous disent aujourd'hui que Renoir est un grand peintre du XVIIIe siècle. Mais en disant cela ils oublient le Temps et qu'il en a fallu beaucoup, même en plein XIXe, pour que Renoir fût salué grand artiste. Pour réussir à être ainsi reconnus, le peintre original, l'artiste original procèdent à la façon des oculistes. Le traitement par leur peinture, par leur prose, n'est pas toujours agréable. Quand il est terminé, le praticien nous dit : Maintenant regardez. Et voici que le monde (qui n'a pas été créé une fois, mais aussi souvent qu'un artiste original est survenu) nous apparaît entièrement différent de l'ancien, mais parfaitement clair. Des femmes passent dans la rue, différentes de celles d'autrefois, puisque ce sont des Renoir, ces Renoir où nous nous refusions jadis à voir des femmes. Les voitures aussi sont des Renoir, et l'eau, et le ciel : nous avons envie de nous promener dans la forêt pareille à celle qui, le premier jour, nous semblait tout excepté une forêt, et par exemple une tapisserie aux nuances nombreuses mais où manquaient justement les nuances propres aux forêts. Tel est l'univers nouveau et périssable qui vient d'être créé. Il durera jusqu'à la prochaine catastrophe géologique que déchaîneront un nouveau peintre ou un nouvel écrivain originaux.

Marcel PROUST, *Le Côté de Guermantes*, 1920,
éd. Gallimard, « La Pléiade », II, pp. 326-328.

Notions clés : *Chef-d'œuvre — Réception.*

• Une œuvre originale se caractérise par la nouveauté de son style et de sa vision du monde, que le lecteur s'approprie par un long travail d'accommodation.

➤ Paul VALÉRY, *Tel quel* : « *Se dresser un public.*
  Devenir "grand homme" ce n'est que dresser les gens à aimer *tout ce* qui vient de vous ; à le désirer. — On les habitue à son moi comme à une nourriture, et ils le lèchent dans la main.
  Mais il y a deux sortes de *grands hommes* : — les uns, qui donnent aux gens ce qui plaît aux gens ; les autres, qui leur apprennent à manger ce qu'ils n'aiment pas. »

Le destin de l'œuvre
Qu'est-ce qu'un *classique* ?

La notion de *classique* désigne d'abord une grande œuvre du XVIIᵉ siècle (et spécialement de la période 1660-1680) conforme à une esthétique fondée sur l'imitation (des Anciens, de la nature), l'impersonnalité, la raison, le respect du public (bienséances, goût) et de certaines conventions (règles), le désir d'instruire en distrayant, c'est-à-dire une œuvre que l'on puisse considérer comme un modèle sur les plans artistique et moral dans la tradition des *humanités*. Plus largement, elle s'applique à toute œuvre, ancienne ou contemporaine, qui a trouvé sa place dans notre patrimoine culturel et que l'on étudie en classe. En elle s'articulent donc trois autres notions : la qualité, la durée et l'utilité de l'œuvre littéraire.

    La durée d'une œuvre, sa capacité à intéresser un autre public que celui auquel elle était d'abord destinée, est couramment invoquée comme un critère de qualité, le jugement des générations successives confirmant ou corrigeant celui des premiers lecteurs. « Quel est donc ce principe de durée ? » : non pas les idées, vite dégradées, mais « la *forme* », spécialement la forme poétique (**34. Valéry**).

    À ce principe interne, les analyses modernes ajoutent des considérations fondées sur la réception de l'œuvre : le *chef-d'œuvre* supporte des interprétations successives, il est sans cesse « *re-produit* » dans la conscience des lecteurs au fur et à mesure que les normes esthétiques se modifient (voir l'analyse de Jauss dans *Pour une esthétique de la réception*, pp. 106-107). La lecture, dans ce cas, obéit à des déterminations complexes qui mettent en jeu toute une série de relations dialectiques entre le présent et le passé, l'individuel et le collectif : c'est pourquoi on peut multiplier les définitions d'un classique (**35. Calvino**).

    Cette plasticité du classique n'est pas toujours reconnue : une œuvre ancienne est aussi datée par sa forme. Elle peut donc être appréciée et vénérée comme un monument témoignant d'un état de langue disparu (**36. Proust**) ou au contraire rejetée au nom du refus du conformisme et de la création de nouvelles formes adaptées au public contemporain (**37. Artaud**).

34. Paul Valéry
« Victor Hugo créateur par la forme »

Pour Valéry, **la forme est la seule réalité de l'œuvre**. Elle l'est d'abord comme schème créateur : à l'origine du *Cimetière marin* il y eut, selon le poète, « une figure rythmique vide, ou remplie de syllabes vaines, qui [le] vint obséder quelque temps »[1]. Elle constitue aussi un critère de qualité puisque « les belles œuvres sont filles de leur forme, *qui naît avant elles* »[2] et c'est elle enfin qui les préserve de la destruction : « la forme est le squelette des œuvres »[3]. Ces deux dernières fonctions de la forme sont développées dans le texte suivant.

« La forme seule conserve les œuvres de l'esprit »

L'homme est ici défini par sa condition temporelle : tous les éléments de sa vie sont voués au changement et à la dégradation et donc datés, attachés à l'époque qui les a vus naître. Dans le domaine esthétique, les formes changent, le jugement des hommes aussi : le goût d'une génération est rejeté par la suivante. Qu'est-ce qui permet donc à l'œuvre de qualité de résister au temps ?

Le « principe de durée » est à chercher dans « une forme efficace », c'est-à-dire qui participe de la « structure », du « fonctionnement de l'organisme humain », de « l'être même ». Une telle forme a quelque chose d'essentiel en cela qu'elle s'appuie sur « la nature constante de l'homme », épargnée par le temps. Ainsi ce sont les éléments les plus dénués de signification (« rythmes, rimes, nombre, symétrie des figures, antithèses ») qui assurent la survie de l'œuvre parce qu'ils échappent au vieillissement des pensées et des codes.

On pourrait observer que cette analyse de Valéry explique le mystérieux « principe de durée » par une non moins mystérieuse « forme efficace ». Du moins a-t-elle le mérite, en se fondant surtout sur le poème, de définir la littérature comme un langage et d'affirmer le caractère inessentiel du message et du sujet : « le sujet d'un ouvrage est à quoi se réduit un mauvais ouvrage »[3].

Mais quel est donc ce principe de durée, cette qualité singulière qui préserve les écrits de l'effacement total, qui les assure d'une valeur analogue à celle de l'or, car, par elle, ils opposent aux effets du temps je ne sais quelle incorruptibilité merveilleuse ?

---

1. « Au sujet du *Cimetière marin* », « La Pléiade », t. I, p. 1503.

2. *Tel quel*, « La Pléiade », t. II, p. 477.

3. *Ibid.*, « La Pléiade », t. II, p. 679.

Voici la réponse, dont j'emprunte la formule excellente à Mistral : « *Il n'y a que la forme* », a dit le grand poète de Provence ; « la forme seule conserve les œuvres de l'esprit ».

Pour rendre évidente cette sentence si simple et si profonde, il suffit d'observer que la littérature primitive, celle qui n'est pas *écrite*, celle qui ne se garde et ne se transmet que par des actes de l'être vivant, par un système d'échange entre la voix articulée, l'ouïe et la mémoire, est une littérature nécessairement rythmée, parfois rimée, et pourvue de tous les moyens que peut offrir la parole pour créer le souvenir d'elle-même, se faire retenir, s'imprimer dans l'esprit. Tout ce qui paraît précieux à con-server est mis en forme de poème, dans les époques qui ne savent pas encore se créer des signes matériels. En forme de poème, c'est-à-dire qu'on y trouve *rythme, rimes, nombre, symétrie des figures, antithèses*, tous les moyens qui sont bien les caractères essentiels de la *forme*. La *forme* d'une œuvre est donc l'ensemble des caractères sensibles dont l'action physique s'impose et tend à résister à toutes les causes de dissolution très diverses qui mena-cent les expressions de la pensée, qu'il s'agisse de l'inattention, de l'oubli, et même des objections qui peuvent naître contre elle dans l'esprit. Comme la pesanteur et les intempéries exercent perpétuellement l'édifice de l'archi-tecte, ainsi le temps travaille contre l'œuvre de l'écrivain. Mais le temps n'est qu'une abstraction. C'est la succession des hommes, des événements, des goûts, des modes, des idées, qui agissent sur cette œuvre et qui ten-dent à la rendre indifférente, ou naïve, ou obscure, ou fastidieuse, ou ridi-cule. Mais l'expérience montre que toutes ces causes d'abandon ne peuvent abolir une forme vraiment assurée. Elle seule peut défendre indéfiniment une œuvre contre les variations du goût et de la culture, contre la nou-veauté et les séductions des œuvres qui se produisent après elle.

Enfin, aussi longtemps que le jugement dernier des ouvrages par la qualité de leur forme n'est pas intervenu, existe une confusion des valeurs. Sait-on jamais qui durera ? Un écrivain peut, de son temps, connaître la plus grande faveur, exciter le plus vif intérêt, exercer une immense influence : son destin définitif n'est pas le moins du monde scellé par cet heureux succès. Il arrive toujours que cette gloire, même légitime, perd toutes les raisons d'existence qui ne tiennent qu'à l'*esprit* d'une époque. Le *neuf* devient *vieux* ; l'*étrangeté* s'imite, et est dépassée ; la *passion* change d'expression ; les *idées* se répandent, et les *mœurs* s'altèrent. L'œuvre qui n'était que *neuve*, que *passionnée*, que *significative des idées* d'un temps peut et doit périr. Mais au contraire, si un auteur a su lui don-ner une forme efficace, il aura fondé sur la nature constante de l'homme, sur la structure et le fonctionnement de l'organisme humain, sur l'être même. Il aura ainsi prémuni son ouvrage contre la diversité des impres-sions, l'inconstance des idées, la mobilité essentielle de l'esprit.

Paul VALÉRY, « Victor Hugo créateur par la forme », *Variété*, © éd. Gallimard, *Œuvres,* 1957, « La Pléiade », I, pp. 584-585.

Notions clés : *Chef-d'œuvre — Forme — Public — Survie de l'œuvre.*

• La forme, qui donne à l'œuvre sa qualité, assure par là même sa survie.

➤ Paul VALÉRY, *Tel quel* : « L'œuvre dure en tant qu'elle est capable de paraî-tre tout autre que son auteur l'avait faite.
Elle dure pour s'être transformée, et pour autant qu'elle était capable de mille transformations et interprétations. »

35. Italo Calvino
La Machine littérature (1984)

À ceux qui s'interrogent sur l'intérêt des grands textes du passé on répond souvent que leur fréquentation joue un rôle essentiel dans la formation de l'individu et du citoyen. Ce **discours humaniste** est tenu à la fois par l'institution scolaire (qui affirme que « ce dialogue entre le passé et le présent peut nourrir efficacement la sensibilité et la réflexion des adolescents » [1]) et par certains écrivains : « Le commerce des clas-siques n'est pas seulement compatible avec l'amitié des vivants, il est surtout néces-saire à l'épanouissement heureux de celle-ci » [2].

Cette question subit un déplacement significatif chez Italo Calvino qui se demande plutôt comment on lit les classiques que pourquoi on les lit.

La lecture des classiques

L'article de Calvino prend la forme d'une série de réflexions ponctuées de quatorze définitions originales. Pour le plaisir de la lecture, nous choisissons de ne donner que celles-ci (désignées maintenant par leur numéro) auxquelles nous ajoutons une quinzième phrase à l'allure de maxime.

*La spécificité des classiques se manifeste par le rapport particulier qu'ils entretiennent avec le lecteur. Objets d'enseignement et éléments obligés d'une culture patrimoniale, ils contribuent à définir l'*honnête homme *; la lecture privée et libre laisse donc la place à une lecture collective et guidée : ces textes vénérés sont d'abord connus « par ouï-dire » et à travers un discours critique (1, 5, 7, 9).*

Mais cette pratique n'est jamais stérile, la **richesse infinie** *des classiques supporte de* **multiples relectures** *(4, 6, 8).*

Cette richesse, qui assure leur survie, explique aussi leur **fonction civilisa-trice** *: ils touchent la sensibilité et nourrissent la mémoire (2, 3), synthétisent l'expérience humaine (10), permettent à l'homme de se connaître (11, 15) et de se situer dans le temps (13, 14), et définissent « une continuité culturelle » (12).*

---

1. Instructions officielles de 1987, CNDP, brochure n° 001 F6141, p. 15.

2. Claude Roy, *Défense de la littérature*, Paris, Gallimard, 1968, coll. « Idées », pp. 95-96.

Les classiques : quatorze définitions plus une...

1)   *Les classiques sont ces livres dont on entend toujours dire :* « *Je suis en train de le relire...* » *et jamais :* « *Je suis en train de le lire...* ».

2)   *Sont dits classiques les livres qui constituent une richesse pour qui les a lus et aimés ; mais la richesse n'est pas moindre pour qui se réserve le bonheur de les lire une première fois dans les conditions les plus favorables pour les goûter.*

3)   *Les classiques sont des livres qui exercent une influence particulière aussi bien en s'imposant comme inoubliables qu'en se dissimulant dans les replis de la mémoire par assimilation à l'inconscient collectif ou individuel.*

4)   *Toute relecture d'un classique est en réalité une découverte, comme la première lecture.*

5)   *Toute première lecture d'un classique est en réalité une relecture.*

6)   *Un classique est un livre qui n'a jamais fini de dire ce qu'il a à dire.*

7)   *Les classiques sont des livres qui, quand ils nous parviennent, portent en eux la trace des lectures qui ont précédé la nôtre et traînent derrière eux la trace qu'ils ont laissée dans la ou les lectures qu'ils ont traversées (ou, plus simplement, dans le langage et dans les mœurs).*

8)   *Un classique est une œuvre qui provoque sans cesse un nuage de discours critiques, dont elle se débarrasse continuellement.*

9)   *Les classiques sont des livres que la lecture rend d'autant plus neufs, inattendus, inouïs, qu'on a cru les connaître par ouï-dire.*

10)   *On appelle classique un livre qui, à l'instar des anciens talismans, se présente comme un équivalent de l'univers.*

11)   *Notre classique est celui qui ne peut pas nous être indifférent et qui nous sert à nous définir nous-même par rapport à lui, éventuellement en opposition à lui.*

12)   *Un classique est un livre qui vient avant d'autres classiques ; mais quiconque a commencé par lire les autres et lit ensuite celui-là reconnaît aussitôt la place de ce dernier dans la généalogie.*

13) *Est classique ce qui tend à reléguer l'actualité au rang de rumeur de fond, sans pour autant prétendre éteindre cette rumeur.*

14) *Est classique ce qui persiste comme rumeur de fond, là même où l'actualité qui en est la plus éloignée règne en maître.*

[... et 15] « Les classiques nous servent à comprendre qui nous sommes et où nous en sommes arrivés. »

Italo CALVINO, *La Machine littéraire*,
© éd. du Seuil, 1984, pp. 103-110.

Notions clés : *Classique — Fonction de la littérature.*

• Les classiques, par leur richesse, autorisent des relectures infinies.
• Ils permettent ainsi à chacun de se connaître et de connaître le monde.

➤ Pierre REVERDY, *Self defence* : « La durée d'intérêt d'une œuvre est peut-être en raison directe de l'inexplicable qu'elle renferme. Inexplicable ne veut pas dire incompréhensible. »

36. Marcel Proust
« Journées de lecture » (1905)

Le critique d'art anglais Ruskin voyait dans la lecture une conversation avec les grands auteurs passés qui communiqueraient leur sagesse au lecteur. Or, pour Proust (traducteur et préfacier de *Sésame et les lys*), la lecture conduit seulement « au seuil de la vie spirituelle » : « la puissance de notre sensibilité et de notre intelligence, nous ne pouvons la développer qu'en nous-mêmes » (la critique biographique de Sainte-Beuve est condamnée au nom du même principe, voir le texte 24). En revanche, « c'est dans ce contact avec les autres esprits qu'est la lecture, que se fait **l'éducation des ''façons'' de l'esprit** », c'est-à-dire d'un goût raffiné.

Poursuivant cette analyse du « divertissement de lire », Proust s'interroge alors sur l'intérêt des grands écrivains pour les ouvrages anciens.

« Les belles formes de langage abolies »

*Outre la possibilité de « sortir de soi » et de l'univers qui est propre à chaque artiste original (voir le texte 7), ils apprécient **la beauté d'une langue disparue**, considérée comme « un miroir de la vie » : ils goûtent un plaisir d'esthète à découvrir les « traces persistantes du passé à quoi rien du présent ne ressemble » dans la syntaxe à la fois ciselée et audacieuse des auteurs classiques.*

Une longue note, que nous ne pouvons reprendre ici, emprunte à Andro-
maque *des exemples de ces « belles lignes brisées » :*
« *Pourquoi l'assassiner ? Qu'a-t-il fait ? À quel titre ?*
  Qui te l'a dit ? »   (vers 1542-1543)
« *Je t'aimais inconstant, qu'aurais-je fait fidèle ? » (vers 1365)*
*Selon Proust, « les plus célèbres vers de Racine le sont en réalité parce
qu'ils charment ainsi par quelque audace familière de langage jetée comme
un pont hardi entre deux rives de douceur ». Mais c'est la lecture de l'œuvre
complète des classiques (et non des morceaux choisis) qui révèle « **cette con-
texture intime de leur langage ».***

Les ouvrages anciens [...] n'ont pas seulement pour nous, comme les ouvrages contemporains, la beauté qu'y sut mettre l'esprit qui les créa. Ils en
reçoivent une autre plus émouvante encore, de ce que leur matière même,
j'entends la langue où ils furent écrits, est comme un miroir de la vie. Un
peu du bonheur qu'on éprouve à se promener dans une ville comme Beaune
qui garde intact son hôpital du XVᵉ siècle, avec son puits, son lavoir, sa
voûte de charpente lambrissée et peinte, son toit à hauts pignons percé
de lucarnes que couronnent de légers épis en plomb martelé (toutes ces
choses qu'une époque en disparaissant a comme oubliées là, toutes ces
choses qui n'étaient qu'à elle, puisque aucune des époques qui l'ont suivie
n'en a vu naître de pareilles), on ressent encore un peu de ce bonheur à
errer au milieu d'une tragédie de Racine ou d'un volume de Saint-Simon.
Car ils contiennent toutes les belles formes de langage abolies qui gardent
le souvenir d'usages ou de façons de sentir qui n'existent plus, traces persistantes du passé à quoi rien du présent ne ressemble et dont le temps,
en passant sur elle, a pu seul embellir encore la couleur.
   Une tragédie de Racine, un volume des mémoires de Saint-Simon ressemblent à de belles choses qui ne se font plus. Le langage dans lequel
ils ont été sculptés par de grands artistes avec une liberté qui en fait briller
la douceur et saillir la force native, nous émeut comme la vue de certains
marbres, aujourd'hui inusités, qu'employaient les ouvriers d'autrefois.
Sans doute dans tel de ces vieux édifices la pierre a fidèlement gardé la
pensée du sculpteur, mais aussi, grâce au sculpteur, la pierre, d'une espèce
aujourd'hui inconnue, nous a été conservée, revêtue de toutes les couleurs
qu'il a su tirer d'elle, faire apparaître, harmoniser. C'est bien la syntaxe
vivante en France au XVIIᵉ siècle — et en elle des coutumes et un tour de
pensée disparus — que nous aimons à trouver dans les vers de Racine.
Ce sont les formes mêmes de cette syntaxe, mises à nu, respectées, embel-
lies par son ciseau si franc et si délicat, qui nous émeuvent dans ces tours
de langage familiers jusqu'à la singularité et jusqu'à l'audace et dont nous
voyons, dans les morceaux les plus doux et les plus tendres, passer comme

un trait rapide ou revenir en arrière en belles lignes brisées, le brusque dessin. Ce sont ces formes révolues prises à même la vie du passé que nous allons visiter dans l'œuvre de Racine comme dans une cité ancienne et demeurée intacte. Nous éprouvons devant elles la même émotion que devant ces formes abolies, elles aussi, de l'architecture, que nous ne pouvons plus admirer que dans les rares et magnifiques exemplaires que nous en a légués le passé qui les façonna : telles que les vieilles enceintes des villes, les donjons et les tours, les baptistères des églises ; telles qu'auprès du cloître, ou sous le charnier de l'Aitre, le petit cimetière qui oublie au soleil, sous ses papillons et ses fleurs, la Fontaine funéraire et la Lanterne des Morts.

Marcel PROUST, « Journées de lecture », 1905, in *Pastiches et Mélanges*, 1919, éd. Gallimard, « La Pléiade », pp. 189-191.

Notions clés : *Classique — Lecture — Plaisir.*

• Les grandes œuvres classiques conservent dans les formes singulières de leur syntaxe « les traces persistantes du passé ».

37. Antonin Artaud
« En finir avec les chefs-d'œuvre » (1938)

Antonin Artaud s'initie au théâtre sous la direction de Lugné-Pœ, de Gémier et de Dullin. En 1924, il adhère au Surréalisme qui lui permet de donner libre cours à ses idées radicales. Nerveusement instable, atteint de troubles psychiques, il tente de trouver une thérapie dans l'écriture poétique (*L'Ombilic des limbes, Le Pèse-Nerfs*) puis dans le théâtre. Metteur en scène, mais aussi analyste des pratiques théâtrales et de leur évolution, il expose dans des articles, des manifestes, des conférences, réunis dans *Le Théâtre et son double*, ses théories théâtrales et sa conception du « théâtre de la cruauté », expression de la souffrance existentielle de l'homme.

« Il faut croire à un sens de la vie renouvelé par le théâtre », déclare Artaud dans la préface. Cette ambition « métaphysique » suppose un engagement total des acteurs (comparés à « des suppliciés que l'on brûle et qui font des signes sur leurs bûchers ») et une constante inventivité « pour permettre à nos refoulements de prendre vie » : le danger est donc de « s'attarder artistiquement sur des formes ». Cette **négation de l'art** se fait au nom de **l'utilité du théâtre** : « au Mexique [...] il n'y a pas d'art et les choses servent. »

Au théâtre, « une expression ne vaut pas deux fois »

Ce texte dénonce l'« idolâtrie des chefs-d'œuvre fixés », le « conformisme bourgeois » qui conduit à proposer au public moderne des formes désuètes.

*L'exemple de l'*Œdipe Roi *de Sophocle montre que ce n'est pas le thème de la pièce qui est étranger à la foule d'aujourd'hui mais son langage, ses formes.*

*Ainsi, contrairement à Valéry, Artaud estime que la forme de l'œuvre est le principe de son vieillissement, sanctionné par un oubli légitime. Rappelons que cette analyse vaut pour le théâtre, genre dans lequel il ne peut y avoir, selon Artaud, de « chefs-d'œuvre littéraires » c'est-à-dire fixés dans un texte. Le théâtre est conçu comme un spectacle total toujours renouvelé pour s'accorder à **la sensibilité changeante du public** qu'il veut atteindre.*

Les chefs-d'œuvre du passé sont bons pour le passé ; ils ne sont pas bons pour nous. Nous avons le droit de dire ce qui a été dit et même ce qui n'a pas été dit d'une façon qui nous appartienne, qui soit immédiate, directe, réponde aux façons de sentir actuelles, et que tout le monde comprendra.

Il est idiot de reprocher à la foule de n'avoir pas le sens du sublime, quand on confond le sublime avec l'une de ses manifestations formelles qui sont d'ailleurs toujours des manifestations trépassées. Et si, par exemple, la foule actuelle ne comprend plus *Œdipe Roi*, j'oserai dire que c'est la faute à *Œdipe Roi* et non à la foule.

Dans *Œdipe Roi* il y a le thème de l'Inceste et cette idée que la nature se moque de la morale ; et qu'il y a quelque part des forces errantes auxquelles nous ferions bien de prendre garde ; qu'on les appelle *destin* ces forces, ou autrement.

Il y a en outre la présence d'une épidémie de peste qui est une incarnation physique de ces forces. Mais tout cela sous des habits et dans un langage qui ont perdu tout contact avec le rythme épileptique et grossier de ce temps. Sophocle parle haut peut-être mais avec des manières qui ne sont plus d'époque. Il parle trop fin pour cette époque et on peut croire qu'il parle à côté.

Cependant une foule que les catastrophes de chemins de fer font trembler, qui connaît les tremblements de terre, la peste, la révolution, la guerre ; qui est sensible aux affres désordonnées de l'amour, peut atteindre à toutes ces hautes notions et ne demande qu'à en prendre conscience, mais à condition qu'on sache lui parler son propre langage, et que la notion de ces choses ne lui arrive pas à travers des habits et une parole frelatée, qui appartiennent à des époques mortes et qu'on ne recommancera jamais plus.

La foule aujourd'hui comme autrefois est avide de mystère : elle ne demande qu'à prendre conscience des lois suivant lesquelles le destin se manifeste et de deviner peut-être le secret de ses apparitions.

Laissons aux pions les critiques de textes, aux esthètes les critiques de formes, et reconnaissons que ce qui a été dit n'est plus à dire ; qu'une expression ne vaut pas deux fois, ne vit pas deux fois ; que toute parole prononcée est morte et n'agit qu'au moment où elle est prononcée, qu'une forme employée ne sert plus et n'invite qu'à en rechercher une autre, et que le théâtre est le seul endroit au monde où un geste fait ne se recommence pas deux fois.

Si la foule ne vient pas aux chefs-d'œuvre littéraires c'est que ces chefs-d'œuvre sont littéraires, c'est-à-dire fixés ; et fixés en des formes qui ne répondent plus aux besoins du temps.

Loin d'accuser la foule et le public nous devons accuser l'écran formel que nous interposons entre nous et la foule, et cette forme d'idolâtrie nouvelle, cette idolâtrie des chefs-d'œuvre fixés qui est un des aspects du conformisme bourgeois.

Ce conformisme qui nous fait confondre le sublime, les idées, les choses avec les formes qu'elles ont prises à travers le temps et en nous-mêmes, —dans nos mentalités de snobs, de précieux et d'esthètes que le public ne comprend plus.

Antonin ARTAUD, « En finir avec les chefs-d'œuvre », 1938
in Le Théâtre et son double, © éd. Gallimard, 1964, pp. 113-116.

Notions clés : *Chef-d'œuvre — Fonction du théâtre — Forme — Public — Spectacle théâtral.*

• Le vieillissement des formes théâtrales explique que les œuvres du passé n'intéressent plus le public.
• Le culte du chef-d'œuvre relève du « conformisme bourgeois ».

Quatrième partie

Structures du récit

« Où connaissez-vous une critique qui s'inquiète de l'œuvre en *soi*, d'une façon intense ? On analyse très finement le milieu où elle s'est produite et les causes qui l'ont amenée. Mais la poétique *insciente* d'où elle résulte ? sa composition, son style ? le point de vue de l'auteur ? *jamais*. » Ce vœu de Flaubert (lettre à George Sand du 2 février 1869) semble avoir été exaucé depuis que la linguistique structurale*, rompant avec une pratique héritée du XIXᵉ siècle, entend analyser dans l'œuvre la littérarité*. La poétique, qui a pour objet d'élaborer « une théorie générale des formes littéraires » (Genette), s'est notamment attachée à l'étude du récit (narratologie), du personnage et de la description.

Le lecteur naïf lit une histoire qui, dans le cas d'un roman réaliste, lui paraît empruntée à la réalité même. Or, d'un point de vue narratologique, cette histoire* n'est que le signifié* d'un récit* (le signifiant*, l'énoncé narratif), lui-même produit par un narrateur* qui n'a d'existence que dans le texte du roman... C'est dire que l'*histoire* n'a rien de naturel et qu'elle pourrait être représentée autrement. L'analyse des « **modalités de la représentation narrative** » (chapitre 10) est donc indispensable : recourant à un appareil conceptuel désormais bien établi, elle s'intéresse à l'instance qui produit le discours romanesque (le narrateur), aux points de vue* narratifs et à leurs variations dans le récit. Les romanciers n'ont pas ignoré ces questions, comme en témoignent *La vie est ailleurs* de Kundera et les extraits cités dans le chapitre 16.

Le récit, en outre, s'inscrit dans des **structures spatio-temporelles** (chapitre 11) qui fondent sa véracité. La temporalité du roman traditionnel donnait aux aventures du personnage la forme d'un destin : elle est déconstruite dans le Nouveau Roman (qui s'attaque d'ailleurs à la notion même de récit, voir le texte 62) et analysée par Gérard Genette. Bakhtine a montré comment le temps et l'espace romanesques ordonnent le monde selon une vision particulière à un écrivain, un genre ou une époque. La topographie romanesque, enfin, outre sa fonction mimétique, est liée au système des personnages auxquels elle fournit un « espace de jeu ».

La notion de personnage (chapitre 12), longtemps abordée en termes psychologiques, a été ensuite entièrement redéfinie dans une perspective structurale et sémiotique. Le personnage est maintenant analysé en tant que participant à une sphère d'actions et comme un signe doté d'un signifié et d'un signifiant discontinus, disséminés dans l'énoncé romanesque. (Voir aussi « Roman et Personnage », chapitre 17.)

Liée au personnage et comme lui à l'origine de l'illusion référentielle que produit le roman réaliste, **la description** (chapitre 13) a vu sa fonction changer avec le Nouveau Roman, volontiers déceptif. « Le système descriptif » a été aussi l'objet d'analyses sémiotiques qui le définissent comme « un jeu d'équivalences hiérarchisées ».

Modes du récit

Depuis les Formalistes russes, une des tendances de la critique littéraire contemporaine consiste à analyser l'œuvre non dans les rapports qu'elle entretient avec son créateur, avec son lecteur, ou encore avec son contexte socio-historique, mais du point de vue de son fonctionnement interne. On cherche à établir une poétique* qui prenne en compte à la fois l'unité et la variété de toutes les œuvres littéraires, à travers des catégories suffisamment précises mais aussi suffisamment générales pour pouvoir élaborer une « **grammaire du texte** ». Des critiques comme Todorov ou Genette illustrent cette démarche analytique qui envisage les rapports entre les divers éléments du récit selon le modèle syntaxique.

Ainsi, utilisant le modèle du mode verbal, Gérard Genette définit le « mode narratif », grâce à deux outils narratologiques*, la « distance » et la « perspective », comme le moyen de « régulation de l'information narrative », permettant de « raconter plus ou moins ce que l'on raconte » et de « le raconter selon tel ou tel point de vue » (**38. Genette**). De la même façon, il s'attache à préciser et à définir la notion d'« instance narrative » en la différenciant notamment de celles d'auteur ou de point de vue* (**39. Genette**).

Dans le même esprit, celui d'une rhétorique du récit, un groupe d'universitaires liégeois établit un classement synthétique des divers types de focalisation* (**40. Groupe μ**).

Ces analyses théoriques apparaissent directement impliquées dans la réalité de la création romanesque puisqu'un écrivain les met en scène dans une sorte d'auto-réflexion sur la composition et l'élaboration de son roman (**41. Kundera**).

38. Gérard Genette
Figures III (1972)

Dans le premier chapitre de *Figures III*, Gérard Genette signale que « la fonction essentielle de la critique [...] reste d'entretenir le dialogue d'un texte et d'une psyché, consciente et/ou inconsciente, individuelle et/ou collective, créatrice et/ou réceptrice ». Selon lui, la critique littéraire doit s'orienter vers une perspective autre, « une théorie générale des formes littéraires [...] une poétique », définie comme « **une exploration des divers possibles du discours** », centrée non sur « la littérature mais sur la littérarité*, non [sur] la poésie mais sur la fonction poétique ». « Poétique ouverte », « liée à la modernité de la littérature », elle ne sera pas identique à « la poétique fermée des classiques ».

Genette propose donc, dans *Figures III*, une théorie du récit ou « narratologie » élaborée à partir de *La Recherche du temps perdu*. **Il a recours au modèle grammatical pour fonder une « grammaire du texte »**, utilisant les catégories du verbe afin de mettre en évidence les **structures organisatrices du récit**. Celui-ci est analysé grâce aux trois catégories du temps, du mode, et de la voix. On étudiera ainsi les « relations temporelles entre récit et diégèse* », les « modalités de la représentation narrative » et « la situation ou instance narrative ».

Le « mode narratif »

*À partir du modèle constitué par le mode verbal, Genette définit ce qu'il appelle « le mode narratif » du texte, c'est-à-dire « **les modalités de la représentation narrative** ». Dans le récit, « la régulation de l'information narrative » s'opère au moyen de deux modalités essentielles : la « distance narrative » et la « perspective narrative », définies comme la quantité d'informations transmise au lecteur et la façon dont s'opère cette transmission.*

*La **distance narrative** peut « fournir plus ou moins de détails » et les fournir « de façon plus ou moins directe ».*

*La « **perspective narrative** » définit le point de vue* à partir duquel sont données ces informations. Le récit peut, par exemple, donner les informations à partir des « capacités de connaissance de telle ou telle partie prenante de l'histoire [...] dont il feindra d'adopter la "vision" ou le "point de vue" ». On reconnaît ici la notion de focalisation interne*.*

Si la catégorie grammaticale du temps s'applique avec évidence à la tenue du discours narratif, celle du mode peut ici sembler a priori dépourvue de pertinence : puisque la fonction du récit n'est pas de donner un ordre, de formuler un souhait, d'énoncer une condition, etc., mais simplement de raconter une histoire, donc de « rapporter » des faits (réels ou fictifs), son mode unique, ou du moins caractéristique, ne peut être en toute rigueur que l'indicatif, et dès lors tout est dit sur ce sujet, à moins de tirer un peu plus qu'il ne convient sur la métaphore linguistique.

Sans nier l'extension (et donc la distorsion) métaphorique, on peut répondre à cette objection qu'il n'y a pas seulement une différence entre affirmer, ordonner, souhaiter, etc., mais aussi des différences de degré dans l'affirmation, et que ces différences s'expriment couramment par des variations modales : soit l'infinitif et le subjonctif de discours indirect en latin, ou en français le conditionnel qui marque l'information non confirmée. C'est à cette fonction que pense évidemment Littré lorsqu'il définit le sens grammatical de *mode* : « nom donné aux différentes formes du verbe employées pour affirmer plus ou moins la chose dont il s'agit, et pour exprimer... les différents points de vue auxquels on considère l'existence ou l'action », et cette définition de bonne compagnie nous est ici très précieuse. On peut en effet raconter *plus ou moins* ce que l'on raconte, et le raconter *selon tel ou tel point de vue* ; et c'est précisément cette capacité, et les modalités de son exercice, que vise notre catégorie du *mode narratif*: la « représentation », ou plus exactement l'information narrative a ses degrés ; le récit peut fournir au lecteur plus ou moins de détails, et de façon plus ou moins directe, et sembler ainsi (pour reprendre une métaphore spatiale courante et commode, à condition de ne pas la prendre à la lettre) se tenir à plus ou moins grande *distance* de ce qu'il raconte ; il peut aussi choisir de régler l'information qu'il livre, non plus par cette sorte de filtrage uniforme, mais selon les capacités de connaissance de telle ou telle partie prenante de l'histoire (personnage ou groupe de personnages), dont il adoptera ou feindra d'adopter ce que l'on nomme couramment la « vision » ou le « point de vue », semblant alors prendre à l'égard de l'histoire (pour continuer la métaphore spatiale) telle ou telle *perspective*. « Distance » et « perspective », ainsi provisoirement dénommées et définies, sont les deux modalités essentielles de cette *régulation de l'information narrative* qu'est le mode, comme la vision que j'ai d'un tableau dépend, en précision, de la distance qui m'en sépare, et en ampleur, de ma position par rapport à tel obstacle partiel qui lui fait plus ou moins écran.

Gérard GENETTE, *Figures III*,
© éd. du Seuil, 1972, pp. 183-184.

Notions clés : *Diégèse — Focalisation ou point de vue — Poétique.*

• Le mode narratif définit la régulation de l'information narrative au sein du récit.
• Cette régulation s'opère au moyen de la distance et de la perspective narratives.

39. Gérard Genette
Figures III (1972)

Utilisant toujours le modèle grammatical des catégories du verbe, Genette met en œuvre la notion de « voix » définie, grammaticalement, comme l'« aspect de l'action verbale considérée dans ses rapports avec le sujet ». Appliquée au domaine narratologique, cette catégorie prend un sens plus large, le sujet étant entendu non seulement comme « celui qui accomplit ou subit l'action mais aussi [comme] celui (le même ou un autre) qui la rapporte ». Le problème posé est donc celui de « l'instance narrative du récit ».

« L'instance narrative »

Le critique part de la distinction, établie par la linguistique, entre « énoncé » et « énonciation »*, c'est-à-dire entre une parole non située (l'énoncé) et une parole située dans un processus de communication (l'énonciation), processus mettant en jeu une instance productrice. La narratologie doit envisager, elle aussi, l'**instance productrice du discours romanesque**, et donc analyser la « voix » qui rapporte le récit.*

La critique littéraire, constate Gérard Genette, a beaucoup de difficultés à reconnaître « l'autonomie » et « la spécificité » de cette instance. On confond, tout d'abord, l'instance narrative avec le support de focalisation*, la voix qui rapporte le récit et le personnage dont le point de vue oriente la perspective. On confond ainsi « qui voit » et « qui parle ». On assimile ensuite, abusivement, instance narrative et instance productrice du récit, narrateur et auteur. C'est cette confusion que Genette entreprend de dénoncer à travers une série d'exemples, en particulier celui de Manon Lescaut *qui met en jeu de façon évidente la différence entre les deux instances ainsi que leurs spécificités respectives. Ainsi, le narrateur est « un rôle fictif », la situation narrative « ne se ramène jamais à la situation d'écriture ». De surcroît, l'instance narrative peut varier au cours d'un même récit.*

On sait que la linguistique a mis quelque temps à entreprendre de rendre compte de ce que Benveniste a nommé la *subjectivité dans le langage*[1], c'est-à-dire de passer de l'analyse des énoncés à celle des rapports entre ces énoncés et leur instance productrice — ce que l'on nomme aujourd'hui leur *énonciation*. Il semble que la poétique éprouve une difficulté comparable à aborder l'instance productrice du discours narratif, instance à laquelle nous avons réservé le terme, parallèle, de *narration*. Cette diffi-

---

1. *Problèmes de linguistique générale*, Paris, 1966, pp. 258-266 [*N.d.A.*].

culté se marque surtout par une sorte d'hésitation, sans doute inconsciente, à reconnaître et respecter l'autonomie de cette instance, ou même simplement sa spécificité : d'un côté, comme nous l'avons déjà remarqué, on réduit les questions de l'énonciation narrative à celles du « point de vue » ; de l'autre, on identifie l'instance narrative à l'instance d'« écriture », le narrateur à l'auteur et le destinataire du récit au lecteur de l'œuvre [1]. Confusion peut-être légitime dans le cas d'un récit historique ou d'une autobiographie réelle, mais non lorsqu'il s'agit d'un récit de fiction, où le narrateur est lui-même un rôle fictif, fût-il directement assumé par l'auteur, et où la situation narrative supposée peut être fort différente de l'acte d'écriture (ou de dictée) qui s'y réfère : ce n'est pas l'abbé Prévost qui raconte les amours de Manon et des Grieux, ce n'est pas même le marquis de Renoncourt, auteur supposé des *Mémoires d'un homme de qualité* ; c'est des Grieux lui-même, en un récit oral où « je » ne peut désigner que lui, et où « ici » et « maintenant » renvoient aux circonstances spatio-temporelles de cette narration, et nullement à celles de la rédaction de *Manon Lescaut* par son véritable auteur. Et même les références de *Tristram Shandy* à la situation d'écriture visent l'acte (fictif) de Tristram et non celui (réel) de Sterne : mais de façon à la fois plus subtile et plus radicale, le narrateur du *Père Goriot* n'« est » pas Balzac, même s'il exprime çà ou là les opinions de celui-ci, car ce narrateur-auteur est quelqu'un qui « connaît » la pension Vauquer, sa tenancière et ses pensionnaires, alors que Balzac, lui, ne fait que les imaginer : et en ce sens, bien sûr, la situation narrative d'un récit de fiction ne se ramène *jamais* à sa situation d'écriture.

C'est donc cette instance narrative qu'il nous reste à considérer, selon les traces qu'elle a laissées — qu'elle est censée avoir laissées — dans le discours narratif qu'elle est censée avoir produit. Mais il va de soi que cette instance ne demeure pas nécessairement identique et invariable au cours d'une même œuvre narrative : l'essentiel de *Manon Lescaut* est raconté par des Grieux, mais quelques pages reviennent à M. de Renoncourt.

Gérard GENETTE, *Figures III*,
© éd. du Seuil, 1972, pp. 226-227.

Notions clés : *Auteur — Lecteur — Narrateur.*

• Le discours narratif est produit par une instance qu'on appelle *le narrateur* et qui n'est pas *l'auteur* qui écrit.
• De même le destinataire du discours narratif n'est pas le lecteur, l'individu qui lit.

➤ W. KAYSER, « Qui raconte le roman ? » in *Poétique du récit* : « Dans l'art du récit, le narrateur n'est jamais l'auteur, déjà connu ou encore inconnu, mais un rôle inventé et adopté par l'auteur. [...] Le narrateur est un personnage de fiction en qui s'est métamorphosé l'auteur. »

---

1. Ainsi Tzvetan Todorov, *Communications* 8, pp. 146-147 [*N.d.A.*].

40. Groupe μ
Rhétorique générale (1970)

Les universitaires liégeois qui constituent ce groupe de recherche sur les problèmes de l'expression définissent la rhétorique comme « le moyen de la poétique* » : la littérature étant « d'abord un usage singulier du langage », une « élaboration formelle de la matière linguistique », la rhétorique générale a pour objet la « **connaissance des procédés de langage caractéristiques de la littérature** ».

Le « fait de style », qui fonctionne comme écart par rapport à une norme, est analysé comme l'aboutissement de techniques de transformation qui mettent en œuvre quatre opérations fondamentales : la suppression, l'adjonction, la suppression-adjonction et la permutation. Elles s'appliquent tant au plan des figures de style qu'à celui, plus large, des figures du récit, et notamment au **point de vue narratif**, notion narratologique fondamentale qui peut se définir comme la perspective à travers laquelle sont restitués les événements ou les personnages de la fiction [1].

Les variations du point de vue narratif

L'extrait de Rhétorique générale *les caractérise en fonction des quatre opérations de transformation définies comme génératrices de la spécificité du langage littéraire.*

1. La suppression de la représentation du narrateur apparaît dans certains romans américains (que Sartre a opposés à ceux de Mauriac dans un article de Situations I*). Dans* Des souris et des hommes*, de Steinbeck, les personnages sont présentés de l'extérieur selon un type de narration behaviouriste* (Narrateur < Personnage).*

2. L'adjonction de la représentation du narrateur crée la « vision omnisciente ». Ainsi le narrateur balzacien analyse et juge sans cesse les personnages (Narrateur > Personnage).

3. La suppression-adjonction, qui substitue à la représentation du narrateur la perception subjective d'un personnage, est caractéristique de L'Étranger *mais aussi de tout récit en forme de journal ou de confession comme* Le Horla *(Narrateur = Personnage).*

4. La permutation des points de vue des personnages est idéalement représentée dans le roman par lettres (comme Les Liaisons dangereuses *de Laclos).*

---

1. D'autres chercheurs ont présenté des analyses très voisines en adoptant une autre terminologie. Ainsi, pour les trois premières attitudes narratives, Jean Pouillon (*Temps et Roman*, 1946) parle de « vision du dehors », de « vision par derrière » et de « vision avec », Gérard Genette (*Figures III*) de « focalisation* externe », « focalisation zéro » et « focalisation interne ». La notion de « point de vue » a fait l'objet d'un examen critique dans le n° 98 de la revue *Le Français aujourd'hui*, juin 1992.

Le concept de point de vue a joué un grand rôle dans la théorie comme dans la pratique littéraires en pays anglo-saxons depuis Henry James. De même que le peintre nous donne les choses à voir « en perspective », le romancier les représente sous un certain angle de vue, dont la rhétorique du discours narratif doit tenir compte. Avec T. Todorov, nous dirons que le point de vue désigne « la façon dont les événements rapportés sont perçus par le narrateur, et en conséquence par le lecteur virtuel » [1]. L'auteur précise encore sa définition en dégageant de la notion de point de vue deux aspects ou traits distinctifs fondamentaux : la représentation plus ou moins marquée du narrateur dans son discours, sa relation plus ou moins proche, plus ou moins intime avec ses personnages et avec leurs consciences.

Où situer, maintenant, le degré zéro du point de vue ? On peut envisager d'adopter deux positions, mais qui sont presque contradictoires. La première ferait prévaloir une sorte d'idéal scientifique du point de vue. Chroniqueur objectif, le narrateur y rassemblerait et y ordonnerait les événements sans se représenter lui-même et en laissant le sens émerger comme de soi. La seconde, en revanche, met en avant les droits de l'imagination, du créateur à être souverain maître dans sa création. Ayant tout conçu, le romancier sait tout de tout ; il est donc licite qu'il manifeste à volonté ce savoir, en partageant (et nous faisant partager) les secrets de tous ses personnages, en anticipant éventuellement sur l'action, en portant des jugements et en s'introduisant dans son propre discours.

En fait, aucune de ces positions extrêmes et opposées ne peut nous satisfaire en tant que degré zéro pour la bonne raison que le roman moderne a fixé comme norme une transparence du point de vue qui s'obtient par une attitude narrative située à mi-distance des deux pôles évoqués. C'est le roman à la manière de Flaubert et de Zola. Le narrateur s'y fait discret mais sans être absent, il ne s'introduit que de biais dans la conscience de ses personnages et de son seul héros de préférence. Du même coup, omniprésence et omniscience du narrateur de même que vision objective et externe sont désormais des écarts pour la sensibilité du lecteur actuel.

Cette norme-globale étant posée, elle mériterait d'être étudiée dans ses modulations, car, l'expérience du roman nous l'apprend, il n'est guère d'exemples de points de vue tracés suivant une seule voie et soutenus par une pure cohérence. Mais, pour éviter d'être entraînés trop loin, il nous faut procéder ici de la manière la plus schématique et nous en tenir aux toutes grandes lignes. C'est pourquoi, reprenant les deux traits distinctifs mentionnés plus haut, nous dresserons aussitôt le tableau des grandes classes d'altérations du point de vue :

---

1. Tzvetan Todorov, « Poétique », dans *Qu'est-ce que le structuralisme*, p. 116 [*N.d.A.*].

	représentation du narrateur	*relation entre narrateur et personnages*
suppression	narration objective	vision du dehors
adjonction	interventionnisme	vision omnisciente
suppression-adjonction	discours en Je	vision « avec », journal, lettre, monol. intérieur
permutation	—	points de vue croisés

Groupe μ, *Rhétorique générale*, © éd. Larousse, 1970, pp. 187-188.

Notions clés : *Focalisation* — Narrateur*.*

• Le point de vue narratif ou focalisation signale la perspective à travers laquelle sont restitués les événements ou les personnages de la fiction.
• On distingue trois modes de focalisation : les focalisations zéro, interne, externe.

41. Milan Kundera
La vie est ailleurs (1973)

« C'est dans des livres comme *La Plaisanterie* de Milan Kundera que l'on pourra comprendre, suivre, par ce chemin profond que fraye le roman dans l'époque, ce que fut au vrai la vie de notre temps », écrivait Aragon (préface de la première édition, 1968). Analyste lucide des mécanismes et des idéologies des sociétés contemporaines, de l'Est comme de l'Ouest (il vit en France depuis 1975), Kundera affirme clairement ses choix esthétiques : humour, refus du lyrisme (la poésie lyrique favorise l'embrigadement), refus de l'illusion réaliste et interventions constantes du narrateur (« Je suis en train d'écrire sur Agnès », écrit-il dans *L'Immortalité*, 1990). Ses réflexions sur le roman sont réunies dans *L'Art du roman* (« la confession d'un praticien »). Pour Kundera, **le roman est devenu poésie** depuis *Madame Bovary* (« roman = poésie antilyrique »). Il est « la grande forme de la prose où l'auteur, à travers des ego expérimentaux (personnages), examine jusqu'au bout quelques grands thèmes de l'existence ».

Dans ce passage de *La vie est ailleurs*, Kundera met en scène un narrateur qui réfléchit, à travers l'élaboration de son propre roman, aux conditions de la mise en forme romanesque. Analysant la façon dont sont présentés dans le roman le personnage et la vie de Jaromil et ceux qui l'entourent, le romancier permet au lecteur de prendre conscience de certaines modalités de la mise en forme romanesque : le traitement du temps et l'utilisation d'une perspective qui détermine tout le récit.

Variations sur les choix narratifs : le roman et les « virtualités irréalisées »

Le choix d'une attitude narrative est déterminant : en adoptant un « poste d'observation » à partir duquel est « vue » toute l'histoire (la fable), le narrateur donne une cohérence et une forme particulières à la narration.

*Ce choix influe d'abord sur **le rythme du récit**. La distorsion entre le temps de la fiction et le temps de la narration s'explique en effet par le fait que le récit est ordonné à partir du moment de la mort du héros, ce qui rejette son enfance « dans les lointains où se confondent les mois et les années ». Cette « anisochronie », selon la terminologie de Gérard Genette [1], montre que **le narrateur est libre d'organiser le temps à sa guise**, de le concentrer ou, au contraire, de l'étirer.*

*De ce choix dépendent le mode de présentation des personnages, leur importance relative et finalement l'histoire elle-même : le roman ne donne à voir directement « que Jaromil et sa mère ». Ce choix « irrémédiable », garant de la cohérence interne du roman, limite le champ ouvert à la fiction : Jaromil ne sera jamais le Xavier dont il rêve. Mais pour que ce roman soit « d'autres romans, ceux qu'il aurait pu être et qu'il n'a pas été », il suffirait de déplacer le « poste d'observation » : un tel changement de perspective donnerait au roman un autre contenu en actualisant d'autres **possibles narratifs**.*

La première partie de notre récit englobe environ quinze ans de la vie de Jaromil, mais la cinquième partie, qui est pourtant plus longue, à peine une année. Donc, dans ce livre, le temps s'écoule à un rythme inverse du rythme de la vie réelle ; il ralentit.

La raison en est que nous regardons Jaromil à partir d'un observatoire que nous avons érigé là où, dans le courant du temps, se situe sa mort. Son enfance se trouve pour nous dans les lointains où se confondent les mois et les années ; nous l'avons vu s'avancer avec sa mère, depuis ces lointains brumeux, jusqu'à l'observatoire à proximité duquel tout est visible comme au premier plan d'un tableau ancien, où l'œil distingue chaque feuille des arbres et, sur chaque feuille, le tracé délicat des nervures.

De même que votre vie est déterminée par la profession et le mariage que vous avez choisis, de même, ce roman est délimité par la perspective qui s'offre à nous depuis notre poste d'observation, d'où l'on ne voit que Jaromil et sa mère, tandis que nous n'apercevons les autres personnages que s'ils apparaissent en présence des deux protagonistes. Nous avons choisi notre observatoire comme vous avez choisi votre destinée, et notre choix est pareillement irrémédiable.

Mais chacun regrette de ne pouvoir vivre d'autres vies que sa seule et unique existence ; vous voudriez, vous aussi, vivre toutes vos virtualités irréalisées, toutes vos vies possibles (ah ! l'inaccessible Xavier !). Notre roman est comme vous. Lui aussi il voudrait être d'autres romans, ceux qu'il aurait pu être et qu'il n'a pas été.

---

1. Une « anisochronie » est un effet de rythme obtenu par la distorsion entre une durée, celle de l'histoire, et une longueur, celle du texte (voir 43. Genette).

C'est pourquoi nous rêvons constamment d'autres observatoires possibles et non construits. Supposez que nous placions notre poste d'observation, par exemple, dans la vie du peintre, dans la vie du fils du concierge, ou dans la vie de la petite rousse. En effet, que savons-nous d'eux ? Guère plus que ce sot de Jaromil qui, en réalité, n'a jamais rien su de personne ! Comment aurait été le roman, s'il avait suivi la carrière de cet opprimé, le fils du concierge, où son ancien camarade d'école, le poète, ne serait intervenu qu'une ou deux fois, comme un personnage épisodique ! Ou bien si nous avions suivi l'histoire du peintre et si nous avions pu enfin savoir ce qu'il pensait exactement de sa maîtresse, dont il ornait le ventre de dessins à l'encre de Chine !

Si l'homme ne peut nullement sortir de sa vie, le roman est beaucoup plus libre. Supposez que nous démontions, promptement et clandestinement, notre observatoire, et que nous le transportions ailleurs, même pour peu de temps ! Par exemple, bien au-delà de la mort de Jaromil ! Par exemple, jusqu'à aujourd'hui où plus personne, mais personne (sa mère aussi est morte, il y a quelques années) ne se souvient du nom de Jaromil...

Milan KUNDERA, *La vie est ailleurs*,
© éd. Gallimard, 1973, trad. fr. F. Kerel, coll. « Folio », pp. 337-338.

Notions clés : *Point de vue narratif — Roman — Rythme du récit.*

• La perspective narrative (le « poste d'observation » du narrateur) détermine la temporalité, la cohérence et l'unité du roman.
• Ainsi le choix d'une technique romanesque règle l'invention de l'histoire en écartant d'autres développements que la fiction contenait virtuellement.

Chapitre 11

Temps et espace

« Le récit pour s'inaugurer, se maintenir, se développer comme un monde clos, suffisant, constitué, exige à la fois local (localité) et temporalité. Il doit dire *quand*, il doit dire *où*. L'événement narratif ne se propose que muni de toutes ses coordonnées. Sans données temporelles, spatiales (conjointes à d'autres) le message narratif ne peut être délivré. » Ces constatations de Charles Grivel [1] signalent l'importance des structures spatio-temporelles au sein du fonctionnement de la narration romanesque.

Structures organisatrices du récit, le temps et l'espace sont soumis à des traitements différents selon l'esthétique romanesque qui préside à leur mise en œuvre. Ainsi, le Nouveau Roman choisit de **déconstruire la temporalité traditionnelle**, copie mimétique de la temporalité réelle, en faisant éclater ses structures par des retours en arrière, des dilatations et des concentrations temporelles qui restituent la subjectivité des personnages **(42. Robbe-Grillet)**.

Le roman se fabrique un temps pour être. La temporalisation, cette activité textuelle par laquelle la narration crée l'effet temporel, repose sur un rythme narratif, produit de deux types de durée, la durée diégétique* (mesurée à l'image de la temporalité réelle) et la durée textuelle. Ce « tempo narratif » s'organise autour de quatre mouvements : la pause, la scène, le sommaire et l'ellipse **(43. Genette)**.

Le concept de chronotope, qui unit le temps et l'espace, permet d'analyser la manière dont une œuvre découpe et ordonne le monde à travers ces deux catégories fondamentales de la perception. Ainsi, le chronotope rabelaisien révèle une nouvelle vision du monde rompant avec celle du Moyen Âge **(44. Bakhtine)**.

Support fondamental de l'effet de réel dans la mise en œuvre romanesque traditionnelle, l'espace se voit attribuer, dans l'univers zolien, une fonction supplémentaire et déterminante puisqu'il conditionne les étapes mêmes de l'action, l'identité et le devenir des personnages **(45. Mitterand)**.

---

1. Charles Grivel, *Production de l'intérêt romanesque*, Paris, Mouton, 1973.

42. Alain Robbe-Grillet
Pour un nouveau roman (1963)

Le Nouveau Roman a fortement contribué au renouvellement des formes et de la critique qui a marqué les années 1950-1960. Théoricien et praticien de l'écriture romanesque (*Les Gommes* et *La Jalousie* ont déjà paru en 1963), Alain Robbe-Grillet, dans *Pour un nouveau roman*, tente de définir la spécificité de ce courant qui englobe, selon lui, « tous ceux qui cherchent **de nouvelles formes romanesques**, capables d'exprimer (ou de créer) de nouvelles relations entre l'homme et le monde ». Postulant que « chaque romancier, chaque roman doit inventer sa propre forme » , que « le livre crée pour lui seul ses propres règles », il s'insurge contre une approche figée du roman qui érige en « modèle » une pratique du roman historiquement datée, celle du XIXᵉ siècle.

Alain Robbe-Grillet s'attache donc à **déconstruire** « **quelques notions périmées** », bases même du roman traditionnel : le personnage, le recours à une certaine forme de psychologie, l'utilisation du temps et de la description.

Temps et temporalité

*Le temps, dans le roman traditionnel, constitue l'armature même du récit, centré sur le « destin » d'un héros dont l'histoire réalise le « devenir ». Le développement temporel organise donc **une structure narrative fondée sur une chronologie** repérable, reproduction illusoire de la temporalité réelle.*

Dans le Nouveau Roman, au contraire, il n'y a pas d'autre ordre ni d'autre réalité que la succession des phrases. Créé par le récit lui-même, le temps n'est plus linéaire : marqué par de nombreuses ruptures, variations de rythme, répétitions et contradictions, il n'ordonne pas les événements en histoire et en destin, il « n'accomplit plus rien ».

*Ce traitement du temps radicalement nouveau rompt avec les codes de lecture du public formé au roman balzacien et l'appelle « à un autre mode de participation que celui dont il avait l'habitude ». Impossible à réduire à « une anecdote simple extérieure » au livre, **le récit se construit dans l'esprit du lecteur** dont le rôle se rapproche ainsi de celui de l'écrivain (voir aussi sur ce point : 67. Sarraute).*

Il était absurde de croire que dans le roman *La Jalousie*, publié deux ans plus tôt, existait un ordre des événements, clair et univoque, et qui n'était pas celui des phrases du livre, comme si je m'étais amusé à brouiller moi-même un calendrier préétabli, ainsi qu'on bat un jeu de cartes. Le récit était au contraire fait de telle façon que tout essai de reconstitution d'une chronologie extérieure aboutissait tôt ou tard à une série de contradictions, donc à une impasse. Et cela non pas dans le but stupide de dérouter l'Académie, mais parce que précisément il n'existait pour moi aucun ordre possible en dehors de celui du livre. Celui-ci n'était pas une narration emmêlée d'une anecdote simple extérieure à lui, mais ici encore le déroulement même d'une histoire qui n'avait d'autre réalité que celle du récit, déroulement qui ne s'opérait nulle part ailleurs que dans la tête du narrateur invisible, c'est-à-dire de l'écrivain, et du lecteur.

Comment cette conception actuelle de l'œuvre pourrait-elle permettre que le temps soit le personnage principal du livre ou du film ? N'est-ce pas plutôt au roman traditionnel, au roman balzacien, par exemple, que s'appliquerait justement cette définition ? Là le temps jouait un rôle, et le premier : il accomplissait l'homme, il était l'agent et la mesure de son destin. Qu'il s'agisse d'une ascension ou d'une déchéance, il réalisait un devenir, à la fois gage de triomphe d'une société à la conquête du monde, et fatalité d'une nature : la condition mortelle de l'homme. Les passions comme les événements ne pouvaient être envisagés que dans un développement temporel : naissance, croissance, paroxysme, déclin et chute.

Tandis que, dans le récit moderne, on dirait que le temps se trouve coupé de sa temporalité. Il ne coule plus. Il n'accomplit plus rien. Et c'est sans doute ce qui explique cette déception qui suit la lecture d'un livre d'aujourd'hui, ou la représentation d'un film. Autant il y avait quelque chose de satisfaisant dans un « destin », même tragique, autant les plus belles des œuvres contemporaines nous laissent vides, décontenancés. Non seulement elles ne prétendent à aucune autre réalité que celle de la lecture, ou du spectacle, mais encore elles semblent toujours en train de se contester, de se mettre en doute elles-mêmes à mesure qu'elles se construisent. Ici l'espace détruit le temps, et le temps sabote l'espace. La description piétine, se contredit, tourne en rond. L'instant nie la continuité.

Alain ROBBE-GRILLET, « Temps et descriptions », in *Pour un nouveau roman*, © éd. de Minuit, 1963 ; Gallimard, coll. « Idées », pp. 167-168.

Notions clés : *Lecteur — Réception — Récit — Temporalité.*

• La temporalité est l'armature même du roman traditionnel qui prétend reproduire le déroulement « naturel » du temps.
• Cette temporalité n'existe plus dans le Nouveau Roman. Le lecteur, contraint de remettre en cause ses habitudes de lecture, doit participer à la création du récit.

➤ Charles GRIVEL, *Production de l'intérêt romanesque* : « Temporalisation signifie camouflage du romanesque par le roman. ».

43. Gérard Genette
Figures III (1972)

Genette envisage ici les problèmes posés par la durée romanesque, en confrontant durée de l'histoire (de la diégèse) et durée du récit. Il définit ainsi la « vitesse du récit » comme « le rapport entre une durée, celle de l'histoire, mesurée en secondes, minutes, heures, jours, mois et années et une longueur, celle du texte, mesurée en lignes et en pages ». Un récit dans lequel le rapport entre la durée de l'histoire et la longueur du récit serait constant, sans accélérations ni ralentissements, serait un récit isochrone. Un tel récit, « hypothétique degré zéro de référence », n'existe pas, toute narration étant fondée sur des effets de rythme, c'est-à-dire des variations de vitesse ou « anisochronies »*. Le critique est ainsi amené à distinguer **quatre « mouvements narratifs »** qui sont, selon lui, les « formes canoniques du tempo romanesque ».

Le « tempo narratif »

Théoriquement, en effet, il existe une gradation continue depuis cette vitesse infinie qui est celle de l'ellipse, où un segment nul de récit correspond à une durée quelconque d'histoire, jusqu'à cette lenteur absolue qui est celle de la pause descriptive, où un segment quelconque du discours narratif correspond à une durée diégétique nulle [1]. En fait, il se trouve que la tradition narrative, et en particulier la tradition romanesque, a réduit cette liberté, ou du moins l'a ordonnée en opérant un choix entre tous les possibles, celui de quatre rapports fondamentaux qui sont devenus, au cours d'une évolution dont l'étude reviendra un jour à l'*histoire* (encore à naître) *de la littérature*, les formes canoniques du *tempo* romanesque : un peu comme la tradition musicale classique avait distingué dans l'infinité des vitesses d'exécution possibles quelques mouvements canoniques, *andante, allegro, presto*, etc., dont les rapports de succession et d'alternance ont commandé pendant quelque deux siècles des structures comme celles de la sonate, de la symphonie ou du concerto. Ces quatre formes

---

1. Cette formulation peut donner lieu à deux malentendus que je veux dissiper tout de suite : *1)* Le fait qu'un segment de discours corresponde à une durée nulle de l'histoire ne caractérise pas en propre la description : il se retrouve aussi bien dans ces excursus commentatifs au présent que l'on nomme couramment, depuis Blin et Brombert, *intrusions* ou *interventions d'auteur*, et que nous retrouverons au dernier chapitre. Mais le propre de ces excursus est de n'être pas à proprement parler narratifs. Les descriptions en revanche sont *diégétiques*, puisque constitutives de l'univers spatio-temporel de l'histoire, et c'est donc bien avec elles le discours *narratif* qui est en cause. *2)* Toute description ne fait pas nécessairement pause dans le récit, nous le constatons chez Proust lui-même : aussi n'est-il pas question ici de la description, mais de la *pause descriptive*, qui ne se confond donc ni avec toute pause, ni avec toute description [N.d.A.].

fondamentales du mouvement narratif, que nous appellerons désormais les quatre *mouvements* narratifs, sont les deux extrêmes que je viens d'évoquer (*ellipse* et *pause* descriptive), et deux intermédiaires : la *scène*, le plus souvent « dialoguée », dont nous avons déjà vu qu'elle réalise conventionnellement l'égalité de temps entre récit et histoire, et ce que la critique de langue anglaise appelle le « *summary* », terme qui n'a pas d'équivalent en français et que nous traduirons par *récit sommaire* ou, par abréviation, *sommaire* : forme à mouvement variable (alors que les trois autres ont un mouvement déterminé, du moins en principe), qui couvre avec une grande souplesse de régime tout le champ compris entre la scène et l'ellipse. On pourrait assez bien schématiser les valeurs temporelles de ces quatre mouvements par les formules suivantes, où TH désigne le temps d'histoire et TR le pseudo-temps, ou temps conventionnel, de récit :

pause   : $TR = n$, $TH = 0$. Donc : $TR \infty > TH$ [1]
scène   : $TR = TH$
sommaire : $TR < TH$
ellipse   : $TR = 0$, $TH = n$. Donc : $TR < \infty TH$.

Gérard GENETTE, *Figures III*,
© éd. du Seuil, 1972, pp. 128-129.

Notion clé : *Rythme du récit.*

• Le tempo romanesque est défini par le rapport établi entre la durée diégétique et la durée textuelle.
• Il est organisé autour de quatre mouvements : la pause, la scène, le sommaire et l'ellipse.

---

44. Mikhaïl Bakhtine
Esthétique et théorie du roman (1975)

Mikhaïl Bakhtine a été révélé tardivement au public français en 1970 par la traduction de deux monographies sur la *Poétique de Dostoïevski* (où il fait appel à la notion de « roman polyphonique », voir le texte 57) et *L'Œuvre de François Rabelais* (qu'il inscrit dans la culture populaire et carnavalesque). Les grands principes de cette recherche sont définis dans six études rédigées pour l'essentiel entre 1924 et 1941 et publiées sous le titre : *Esthétique et théorie du roman*.

Bakhtine entend dépasser la rupture entre un « "formalisme" abstrait et un "idéologisme", qui ne l'est pas moins » (p. 85). Pour lui, les idéologies, comme le langage,

---

2. Ce signe $\infty >$ (infiniment plus grand), ainsi que l'inverse $< \infty$ (infiniment plus petit), ne sont pas, me dit-on, mathématiquement orthodoxes. Je les maintiens cependant parce qu'ils me semblent, dans ce contexte et pour l'honnête homme, les plus transparents possible, pour désigner une notion elle-même mathématiquement suspecte, mais ici fort claire [*N.d.A.*].

sont des systèmes de signes inscrits dans une communauté sociale (il affirme « la pré-dominance du social sur l'individuel ») ; l'œuvre littéraire, qui est langage, ne peut donc être étudiée d'un point de vue étroitement linguistique. Mais il est aussi vain de vouloir en isoler le contenu : « **la forme et le contenu ne font qu'un** dans le discours compris comme phénomène social » (p. 64). « La forme artistique, c'est la forme d'un contenu, mais entièrement réalisée dans le matériau, et comme soudée à lui » (p. 69). Articulant ainsi linguistique et sociologie, Bakhtine définit le roman comme « un jeu proprement littéraire avec les langages sociaux » (p. 183).

C'est aussi une « catégorie de la forme et du contenu », le **chronotope**, qui « détermine l'unité artistique d'une œuvre littéraire dans ses rapports avec la réalité » (p. 384). Cette notion, librement empruntée à la théorie de la relativité d'Einstein, désigne « la corrélation essentielle des rapports spatio-temporels, telle qu'elle a été assimilée par la littérature » (p. 237) : une œuvre ou un genre sont caractérisés par leur façon de découper et d'ordonner le monde dans les catégories du temps et de l'espace. Différents chronotopes sont ainsi étudiés dans les œuvres de Balzac et Stendhal (le salon), de Flaubert (la petite ville de province) et surtout de Rabelais.

« Le chronotope de Rabelais »

Au début de ce chapitre, Bakhtine note d'abord que Rabelais établit une « proportionnalité directe », entre **la qualité et la quantité** : *tout ce qui a de la valeur tend à occuper l'espace et le temps, instaurant un nouvel ordre du monde. Celui-ci établit « des liens logiques inattendus » entre les choses et les idées, sous la forme de sept* séries *(du corps humain, du vêtement, de la nourriture, de la boisson, du sexe, de la mort, des excréments).*

Cette **nouvelle vision du monde** *rompt avec la conception eschatologique du Moyen Âge et postule une réévaluation de la vie terrestre, accordée à l'optimisme de la première Renaissance.*

Toutes les séries que nous avons passées en revue permettent à Rabelais de détruire l'ancien tableau du monde, produit d'une époque moribonde, et d'en créer un nouveau, qui a en son centre l'homme total, charnel et spirituel. En anéantissant les voisinages traditionnels des choses, des phénomènes, des idées et des mots, Rabelais parvient à des voisinages nouveaux, vrais, correspondant à la « nature » et à l'interrelation de tous les phénomènes de l'univers. Pour ce faire, il cherche et rassemble les images les plus insolites du grotesque fantastique. Dans ce torrent complexe et contradictoire (*productivement* contradictoire), des images de Rabelais, se produit le rétablissement de fort anciens voisinages entre les choses, et le torrent d'images rejoint l'un des plus gros cours de la thématique littéraire. Tout au long de ce cours coule ce torrent, gonflé de représentations, motifs, sujets, nourris aux sources du folklore primitif. Le voisinage immédiat de la nourriture, de la boisson, de la mort, du sexe, du rire (le bouffon) et de la naissance, dans l'image, le motif, le sujet, est le signe *extérieur* de ce torrent de la thématique littéraire. Tant les éléments eux-mêmes, dans l'ensemble de l'image, du motif, du sujet, que les fonctions littéraires et idéologiques de tout ce voisinage, changent radicalement, selon les divers stades de leur évolution. Derrière ce voisinage, comme derrière un signe extérieur, se dissimule avant tout une certaine forme du sentiment du temps et une certaine relation au monde de l'espace, c'est-à-dire, un certain chronotope.

Le problème de Rabelais consiste à rassembler, sur un nouveau fondement matériel, un monde qui se désagrège (comme résultat de la décomposition de la vision du monde médiéval). L'entité et le « fini » du monde médiéval (tels qu'ils vivaient encore dans l'œuvre de synthèse de Dante) étaient détruits. Détruite aussi était la conception historique médiévale (la Création, la Chute, le retour du Christ, la Rédemption, le second Avènement, le Jugement dernier), conception où le temps réel était tenu pour nul et dissous dans des catégories intemporelles.

Dans cette vision du monde, le temps n'était qu'un principe destructeur, anéantissant, non constructif. Le monde nouveau n'avait que faire de cette perception du temps. Il fallait trouver une nouvelle forme du temps et de sa nouvelle relation à l'espace, au nouvel espace terrestre (« Les cadres du vieil *orbis terrarum* étaient brisés ; en somme, c'est alors seulement que l'on découvrait la terre [1] »...). Il fallait un nouveau chronotope permettant de relier la vie réelle (l'Histoire) à la terre réelle. À l'eschatologie, il fallait opposer un temps de création fertile, un temps mesurable à l'aune de l'édification, de la croissance, non à celle de la destruction.

Mikhaïl BAKHTINE, *Esthétique et théorie du roman*,
© éd. Gallimard, 1978, pp. 349-350.

Notions clés : *Espace — Forme/Contenu — Langage — Société — Vision du monde.*

• L'œuvre de Rabelais invente une nouvelle perception du temps et de l'espace conforme à la vision du monde de la Renaissance.

45. Henri Mitterand
Zola. L'Histoire et la fiction (1990)

Éditeur des *Rougon-Macquart* (La Pléiade, 1960-1967) et des *Œuvres complètes* de Zola (Cercle du Livre Précieux, 1966-1970), Henri Mitterand, spécialiste du roman du XIXᵉ (*Le Discours du roman*, 1980), récuse les idées reçues qui réduisent les œuvres de Balzac, Flaubert, Zola et leurs épigones à des documents humains : il entend étudier la « **poétique* du réalisme et du naturalisme** » (*Le Regard et le signe*, 1987), produit d'une observation ethnographique, de la fiction narrative et des contraintes qui s'y attachent.

---

1. K. Marx et F. Engels, *Œuvres*, t. 20, p. 346 (en russe) [*N.d.A.*].

Dans cette perspective, il s'intéresse à « la manière dont Zola construit, compose et transforme son espace romanesque comme condition *a priori* de l'invention d'un personnel et d'une action romanesques ».

Espace et narration

Henri Mitterand remarque d'abord que l'espace, toujours soigneusement défini dans les dossiers préparatoires de Zola, produit deux effets contradictoires : par sa valeur mimétique*, il est un ressort de l'illusion réaliste ; mais il constitue aussi une forme abstraite, « un espace de jeu », adapté aux personnages et au « programme narratif ». La topographie n'est pas ici un simple décor, elle participe directement de la fonctionnalité romanesque.

Faisant référence aux personnages de La Curée *(Renée et Saccard),* Le Ventre de Paris *(Florent),* La Conquête de Plassans *(Marthe Mouret),* L'Assommoir *(Gervaise et Lantier) et* Nana*, il montre ensuite que les structures spatiales contribuent à définir les personnages (qui s'y intègrent ou en sont exclus) et leurs aventures (selon qu'ils maîtrisent ou non leur évolution dans un espace social hiérarchisé). Il signale enfin que cet univers poétique si rigoureusement ordonné est souvent menacé de désorganisation brutale : c'est, par exemple, le train fou de* Nana *ou la catastrophe minière de* Germinal*.*

Il existe en effet une cartographie soigneusement délimitée des lieux de chaque roman. On le sait bien, les dossiers préparatoires de plusieurs des *Rougon-Macquart* contiennent de véritables plans dessinés : le plan de Plassans dans *La Fortune des Rougon*, celui de Montsou dans *Germinal*, celui du quartier de la Goutte d'Or dans *L'Assommoir*. C'est pour le romancier le moyen de repérer et de mémoriser les stations et les déplacements des personnages. C'est aussi une procédure au service de l'illusion réaliste. Mais c'est encore, contradictoirement, un moyen de déréaliser l'œuvre, en tirant son espace de représentation du côté d'une forme close, épurée, abstraite (elle est quasi circulaire dans le cas de Plassans), coupée du monde, regardant vers son centre plus que vers l'extérieur : telle qu'un espace de jeu, ou bien un espace de manœuvre, au sens guerrier du terme. [...]
Terrain de jeu, terrain de lutte. Zola circonscrit et segmente toujours, ou en tout cas souvent, un terrain pour l'action, pour le *drama*. Et c'est bien la raison pour laquelle on ne saurait analyser et interpréter la structure dramatique des *Rougon-Macquart* sans prendre en compte la relation du programme narratif et de sa topographie. Le paysage n'y est pas une icône réaliste, impressionniste, symbolique, etc., mais plutôt un cadre régulateur, consubstantiel au système des personnages et à la logique des actions, comme l'échiquier aux pièces du jeu. La rigueur de cette fonc-

tionnalité me semble sans exemples équivalents en dehors de l'œuvre de Zola. Espace de jeu, espace d'enjeu. Espace, en allemand, du *Kriegspiel.* [...]

Les romans de Zola résultent ainsi d'une triple attention de l'écrivain aux structures spatiales : d'abord celle qu'il porte à l'être là, à l'habitus du sujet et en particulier aux situations de déracinement, de dépaysement, de déstabilisation, d'inadaptation, bref aux accidents et aux malaises d'espace qui peuvent frapper un sujet et le rendre étrange, ou étranger, à son milieu ou à lui-même : ainsi de Lantier, Florent, Renée, Marthe Mouret. Libre aux psychobiographes de s'interroger là aussi sur ce que cette curiosité peut puiser dans les souvenirs personnels.

En second lieu, l'intuition attentive des compartimentages de l'espace social, et notamment de l'espace urbain. Les acteurs du jeu social sont installés, malgré eux ou délibérément, dans un système d'espaces, avec deux possibilités : ou bien se laisser porter d'une halte à l'autre, selon la dégringolade hasardeuse d'une bille de flipper — c'est un peu l'image de Renée, de Gervaise ou de Nana — ou bien, si j'ose dire, exploiter le terrain (c'est ce qu'a fait Aristide Saccard, en tous les sens du terme), faire de l'espace assigné par le destin le champ clos d'une aventure qui prévoit et organise ses voies et ses points d'appui. Cette vision systématisée et dynamique de l'espace social contemporain s'accompagne bien entendu d'une intuition lucide du rôle qu'y jouent la propriété et le pouvoir, comme forces régulatrices mais aussi comme objets du désir de l'aventurier.

En troisième et dernier lieu, et non la moindre, une attention plus proprement poétique, et plus ironique, au désordre, à la négation ou à la dénégation subite de l'ordre institué, à la catastrophe, minime ou grandiose, qui anéantit le dispositif.

Henri MITTERAND, *Zola. L'Histoire et la fiction,*
© PUF, 1990, pp. 206-212.

Notions clés : *Espace — Forme — Illusion référentielle — Réalisme.*

• L'espace apparaît comme une structure fondamentale de l'imaginaire zolien.
• Il n'a pas pour seule fonction de représenter la réalité et d'y inscrire la fiction ; sa disposition conditionne les formes et les étapes de l'action.

➤ Charles GRIVEL, *Production de l'intérêt romanesque* : « La situation narrative de base comprend un lieu d'existence. [...] La localisation produit la véracité du texte. »

Le personnage

Support de l'action, support de l'analyse psychologique, **point nodal du récit**, le personnage apparaît comme un des vecteurs fondamentaux de l'intérêt romanesque (voir également le chapitre 17).

L'analyse traditionnelle l'appréhende comme un moyen, pour le lecteur, de reconnaître un certain nombre de **données psychologiques**, concentrées dans un être fictif mais fidèle à une réalité humaine qu'il condense et transcende en conciliant le général et le particulier et qu'il rend, ainsi, signifiante. C'est la fonction assignée au « **type** » (**46. Hugo**).

Cette approche psychologique est remise en cause, dans la littérature contemporaine, tant par certains romanciers que par de nombreux critiques. Si Robbe-Grillet considère le personnage comme **une des « notions périmées »** du roman traditionnel, affirmant dans *Pour un nouveau roman*, qu'il « appartient bel et bien au passé », les critiques, notamment les critiques structuralistes, l'envisagent à partir de présupposés radicalement différents des critères antérieurs essentiellement psychologiques.

Le personnage, en effet, est dorénavant analysé « non comme un être mais comme un participant », c'est-à-dire comme une **force agissante** au sein d'une série de rapports, définissant une sphère d'actions. Dès lors, apparaît une typologie fondée sur ce que « font » les personnages et non plus sur ce qu'ils « sont » (**47. Barthes**).

« **Concept sémiologique*** », le personnage est un signe, composé donc d'un signifié* et d'un signifiant* que le roman forme progressivement en établissant un « faisceau de relations » qui va, graduellement, par accumulation, par transformation ou opposition, remplir ce vide sémantique que constitue, initialement, l'apparition d'un personnage dans un roman (**48. Hamon**).

46. Victor Hugo
William Shakespeare (1864)

Dans l'approche traditionnelle qui est faite du personnage, qu'il soit personnage romanesque ou théâtral, l'important est sa valeur psychologique et son rôle. On le conçoit, en effet, comme un instrument de connaissance d'une nature humaine qu'il a pour fonction de condenser et de rendre analysable.

Le type

*Le type est « miroir », il est « leçon », mais leçon incarnée par une individualité « qui a un cœur pour aimer, des entrailles pour souffrir », « leçon donnée à l'homme par l'homme ». Balzac, dans la préface d'*Une ténébreuse affaire *définit également le type comme « un personnage qui résume en lui-même les traits caractéristiques de tous ceux qui lui ressemblent plus ou moins », comme « le modèle du genre ».*

Le type doit donc combiner, sous une forme individuelle, une pluralité de caractéristiques psychologiques formant une unité significative. « Il n'est pas un, il est tous », « il n'abrège pas, il condense ». **Il offre à l'homme son image parachevée, munie d'un sens, d'« une enseigne » :** *« l'homme est une prémisse, le type conclut ». Ainsi, le type, par sa nature à la fois synthétique et unitaire, échappe aux dangers de l'abstraction et vit dans les consciences et les mémoires d'une vie spécifique, il est « de l'idéal réel ».*

Un type ne reproduit aucun homme en particulier ; il ne se superpose exactement à aucun individu ; il résume et concentre sous une forme humaine toute une famille de caractères et d'esprits. Un type n'abrège pas, il condense. Il n'est pas un, il est tous.

Alcibiade n'est qu'Alcibiade, Pétrone n'est que Pétrone, Bassompierre n'est que Bassompierre, Buckingham n'est que Buckingham, Fronsac n'est que Fronsac, Lauzun n'est que Lauzun ; mais saisissez Lauzun, Fronsac, Buckingham, Bassompiere, Pétrone et Alcibiade, et pilez-les dans le mortier du rêve, il en sort un fantôme, plus réel qu'eux tous, don Juan. [...] Les hommes de plaisir ont raison de dire que pas un d'eux n'est don Juan. Aucune feuille d'oranger mâchée ne donne la saveur de l'orange. Pourtant il y a affinité profonde, intimité de racines, prise de sève à la même source, partage de la même ombre souterraine avant la vie. Le fruit contient le mystère de l'arbre, et le type contient le mystère de l'homme. De là cette vie étrange du type.

Car, et ceci est le prodige, le type vit. S'il n'était qu'une abstraction, les hommes ne le reconnaîtraient pas, et laisseraient cette ombre passer son chemin. La tragédie dite classique fait des larves ; le drame fait des types. Une leçon qui est un homme, un mythe à face humaine tellement plastique qu'il vous regarde, et que son regard est un miroir, une parabole qui vous donne un coup de coude, un symbole qui vous crie gare, une idée qui est nerf, muscle et chair, et qui a un cœur pour aimer, des entrailles pour souffrir, et des yeux pour pleurer, et des dents pour dévorer ou rire, une conception psychique qui a le relief du fait, et qui, si elle saigne, saigne du vrai sang, voilà le type. O puissance de la toute poésie ! les types sont des êtres. Ils respirent, ils palpitent, on entend leurs pas sur le plancher, ils existent. Ils existent d'une existence plus intense que n'importe qui, se croyant vivant, là, dans la rue. Ces fantômes ont plus de densité que l'homme. Il y a dans leur essence cette quantité d'éternité qui appartient aux chefs-d'œuvre, et qui fait que Trimalcion vit, tandis que M. Romieu est mort.

Les types sont des cas prévus par Dieu ; le génie les réalise. Il semble que Dieu aime mieux faire donner la leçon à l'homme par l'homme, pour inspirer confiance. Le poète est sur ce pavé des vivants ; il leur parle plus près de l'oreille. De là l'efficacité des types. L'homme est une prémisse, le type conclut ; Dieu crée le phénomène, le génie met l'enseigne ; Dieu ne fait que l'avare, le génie fait Harpagon ; Dieu ne fait que le traître, le génie fait Iago ; Dieu ne fait que la coquette, le génie fait Célimène ; Dieu ne fait que le bourgeois, le génie fait Chrysale ; Dieu ne fait que le roi, le génie fait Grandgousier. Quelquefois, à un moment donné, le type sort tout fait d'on ne sait quelle collaboration du peuple en masse avec un grand comédien naïf, réalisateur involontaire et puissant ; la foule est sage-femme ; d'une époque qui porte à l'une de ses extrémités Talleyrand et à l'autre Chodruc-Duclos, jaillit tout à coup, dans un éclair, sous la mystérieuse incubation du théâtre, ce spectre, Robert Macaire.

Les types vont et viennent de plain-pied dans l'art et dans la nature. Ils sont de l'idéal réel. Le bien et le mal de l'homme sont dans ces figures. De chacun d'eux découle, au regard du penseur, une humanité.

Victor HUGO, William Shakespeare, 1864.

Notions clés : *Morale — Psychologie — Type.*

• Le type condense, sous une forme individuelle, des traits caractéristiques de la nature humaine.
• Il est donc un outil d'analyse, une leçon donnés au lecteur.
• La notion de type a été remise en cause par les écrivains du Nouveau Roman (voir le texte 67).

➤ Charles GRIVEL, *Production de l'intérêt romanesque* : « Les éléments "psychologiques" sont tout juste destinés à couvrir des conduites exigées par le roman [...]

afin d'en procurer la légitimation. Le trait psychologique rend l'action romanesque *vraie*. Il s'agit là d'un faux semblant couvrant le mécanisme textuel. La facticité psychologique illusionne à propos de la facticité du livre désormais inaperçue. »

47. Roland Barthes
Poétique du récit (1977)

Dans un article intitulé « Analyse structurale des récits » publié dans un ouvrage collectif, Barthes se propose de « donner comme modèle fondateur à l'analyse structurale du récit, la linguistique elle-même ». Partant du constat selon lequel « la
linguistique s'arrête à la phrase », il propose une **linguistique du discours**, en postulant que « le récit est une grande phrase » où l'on retrouve « agrandies et transfor-
mées à sa mesure, les principales catégories du verbe : les temps, les aspects, les modes,
les personnes ». Le langage va donc tendre au discours « le miroir de sa propre structure ». Barthes distingue ainsi, dans l'œuvre narrative, trois niveaux de description :
celui des fonctions (ou unités de contenu), celui des actions (niveau où interviennent
les personnages conçus comme actants) et celui de la narration.

Le personnage comme participant

*La critique structuraliste, depuis les analyses de Vladimir Propp, considère
le personnage « non comme un être mais comme un participant ». On abandonne le personnage-personne, le type humain, pour ne plus envisager que
la fonction de « l'actant »* dans le récit, conçu comme « sphère d'actions ».
Greimas décrit ainsi les personnages, non plus en fonction de « ce qu'il sont »,
c'est-à-dire de caractéristiques psychologiques, mais en fonction de « ce qu'ils
font », de leur rôle au sein de l'action. Ce recentrement sur le personnage
envisagé comme agent permet d'établir un système typologique, une **syntaxe
des personnages**, fondée sur le modèle des catégories grammaticales que Barthes utilise comme structures organisatrices. Le système ainsi conçu fait intervenir trois couples d'actants distribués sur « trois grands axes sémantiques »
que nous représenterons ainsi :*

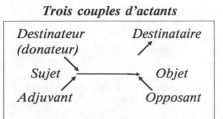

Trois couples d'actants	*Trois grands axes sémantiques*
Destinateur Destinataire (donateur)	= *axe de la communication* <small>(équivalent narratif du complément d'attribution)</small>
Sujet → Objet	= *axe du désir*
Adjuvant Opposant	= *axe de l'épreuve* <small>(équivalent narratif du complément circonstanciel)</small>

Vers un statut structural des personnages.

Dans la poétique aristotélicienne, la notion de personnage est secondaire, entièrement soumise à la notion d'action : il peut y avoir des fables sans « caractères », dit Aristote, il ne saurait y avoir de caractères sans fable. Cette vue a été reprise par les théoriciens classiques (Vossius). Plus tard, le personnage, qui jusque-là n'était qu'un nom, l'agent d'une action, a pris une consistance psychologique, il est devenu un individu, une « personne », bref un « être » pleinement constitué, alors même qu'il ne ferait rien, et bien entendu, avant même d'agir, le personnage a cessé d'être subordonné à l'action, il a incarné d'emblée une essence psychologique ; ces essences pouvaient être soumises à un inventaire, dont la forme la plus pure a été la liste des « emplois » du théâtre bourgeois (la coquette, le père noble, etc.). Dès son apparition, l'analyse structurale a eu la plus grande répugnance à traiter le personnage comme une essence, fût-ce pour la classer ; comme le rappelle T. Todorov, Tomachevski alla jusqu'à dénier au personnage toute importance narrative, point de vue qu'il atténua par la suite. Sans aller jusqu'à retirer les personnages de l'analyse, Propp les réduisit à une typologie simple, fondée, non sur la psychologie, mais sur l'unité des actions que le récit leur impartit (Donateur d'objet magique, Aide, Méchant, etc.).

Depuis Propp, le personnage ne cesse d'imposer à l'analyse structurale du récit le même problème : d'une part les personnages (de quelque nom qu'on les appelle : *dramatis personae* ou *actants*) forment un plan de description nécessaire, hors duquel les menues « actions » rapportées cessent d'être intelligibles, en sorte qu'on peut bien dire qu'il n'existe pas un seul récit au monde sans « personnages », ou du moins sans « agents » ; mais d'autre part ces « agents », fort nombreux, ne peuvent être ni décrits ni classés en termes de « personnes », soit que l'on considère la « personne » comme une forme purement historique, restreinte à certains genres (il est vrai les mieux connus de nous) et que par conséquent il faille réserver le cas, fort vaste, de tous les récits (contes populaires, textes contemporains) qui comportent des agents, mais non des personnes ; soit que l'on professe que la « personne » n'est jamais qu'une rationalisation critique imposée par notre époque à de purs agents narratifs. L'analyse structurale, très soucieuse de ne point définir le personnage en termes d'essences psychologiques, s'est efforcée jusqu'à présent, à travers des hypothèses diverses, de définir le personnage non comme un « être », mais comme un « participant ». Pour Cl. Bremond, chaque personnage peut être l'agent de séquences d'actions qui lui sont propres (*Fraude, Séduction*) ; lorsqu'une même séquence implique deux personnages (c'est le cas normal), la séquence comporte deux perspectives, ou, si l'on préfère, deux noms (ce qui est *Fraude* pour l'un est *Duperie* pour l'autre) ; en somme, chaque personnage, même secondaire, est le héros de sa propre séquence. T. Todorov, analysant un roman « psychologique » (*Les Liaisons dangereuses*), part, non des personnages-personnes, mais des trois grands rapports dans lesquels ils peuvent s'engager et qu'il appelle prédicats de base (amour, communication, aide) ; ces rapports sont soumis par l'analyse à deux sortes de règles : de *dérivation* lorsqu'il s'agit de rendre compte d'autres rapports et d'*action* lorsqu'il s'agit de décrire la transformation de ces rapports au cours de l'histoire : il y a beaucoup de personnages dans *Les Liaisons dangereuses*, mais « ce qu'on en dit » (leurs prédicats) se laisse classer. Enfin, A.J. Greimas a proposé de décrire et de classer les personnages du récit, non selon ce qu'ils sont, mais selon ce qu'ils font (d'où leur nom d'*actants*), pour autant qu'ils participent à trois grands axes sémantiques, que l'on retrouve d'ailleurs dans la phrase (sujet, objet, complément d'attribution, complément circonstanciel) et qui sont la communication, le désir (ou la quête) et l'épreuve ; comme cette participation s'ordonne par couples, le monde infini des personnages est lui aussi soumis à une structure paradigmatique (*Sujet/Objet, Donateur/Destinataire, Adjuvant/Opposant*), projetée le long du récit ; et comme l'actant définit une classe, il peut se remplir d'acteurs différents, mobilisés selon des règles de multiplication, de substitution ou de carence.

Ces trois conceptions ont beaucoup de points communs. Le principal, il faut le répéter, est de définir le personnage par sa participation à une sphère d'actions, ces sphères étant peu nombreuses, typiques, classables ; c'est pourquoi l'on a appelé ici le second niveau de description, quoique étant celui des personnages, niveau des Actions : ce mot ne doit donc pas s'entendre ici au sens des menus actes qui forment le tissu du premier niveau, mais au sens des grandes articulations de la *praxis* (désirer, communiquer, lutter).

Roland BARTHES, « Analyse structurale des récits », in *Poétique du récit*,
© éd. du Seuil, 1977, pp. 32-35.

Notions clés : *Actant — Personnage.*

• Le personnage est un actant, une force agissante au sein d'une sphère d'actions.
• On distingue trois couples d'actants : sujet / objet ; destinateur / destinataire ; adjuvant / opposant.

48. Philippe Hamon
Poétique du récit (1977)

L'analyse critique de Philippe Hamon a la particularité de porter sur des aspects spécifiques du roman : le personnage, dans sa thèse sur Zola, la description dans *Introduction à l'analyse du descriptif*, ou encore l'idéologie dans *Texte et idéologie*. L'article « Statut sémiologique du personnage », extrait de *Poétique du récit*, renouvelle l'analyse du personnage littéraire en la coupant de toute référence psychologique et en utilisant les données de la linguistique.

Le signifié* du personnage

Dans l'analyse structuraliste, le personnage est actant*, « unité de signification », il devient donc un « concept sémiologique » analysable selon les données de la linguistique. Signe*, il se définit comme « un morphème* doublement articulé » par « un signifiant* discontinu renvoyant à un signifié* discontinu ».

*Le signifié du personnage, c'est-à-dire « son sens, sa valeur », est « discontinu » car il est **l'aboutissement d'un certain nombre d'informations**, disséminées tout au long du récit, et rassemblées par l'activité de mémorisation du lecteur. Ces indices de signification, facilement repérables dans le récit traditionnel (portrait, définition du rôle social, identité), aboutissent à sa constitution psychologique et sociale.*

*Mais le personnage n'est pas seulement un caractère, une « qualification », il est aussi **un actant**, **« une fonction »**, définis par son rôle dans la sphère d'actions qui constitue le récit. Dépendant donc étroitement de ce rôle, son signifié « sera défini par un faisceau de relations » formé par les rapports que le personnage entretient avec d'autres actants, rapports de « ressemblance, d'opposition, de hiérarchie et d'ordonnancement » qui constituent sa « distribution », terme à prendre ici dans son sens linguistique de variantes combinatoires au sein du récit.*

*« Le personnage est donc, toujours, la collaboration d'un **effet de contexte** (soulignement de rapports sémantiques intra-textuels) et d'**une activité de mémorisation et de reconstruction** opérée par le lecteur. »*

Le signifiant du personnage

*Le personnage est « pris en charge et désigné sur la scène du texte par [...] **un ensemble dispersé de marques, que l'on pourrait appeler son étiquette »**, et qui constituent progressivement son signifiant. Ces marques sont variables en fonction des choix littéraires et esthétiques de l'écrivain : « paradigme* grammaticalement homogène et limité (je / me / moi) » dans l'autobiogra-*

phie, emploi du passé, de la troisième personne et d'un nom propre dans le récit traditionnel.

*La **récurrence de l'étiquette** et sa stabilité sont des éléments essentiels « de la cohérence et de la lisibilité du texte ». Cette stabilité est remise en cause par le roman moderne dans son entreprise de déconstruction du personnage traditionnel. La **richesse de l'étiquette** dépend de l'extension de son champ d'équivalences. Elle varie du déictique* ou de l'initiale au portrait, en passant par le nom propre, les périphrases, voire les illustrations ou les diagrammes. La **motivation de l'étiquette**, rapport plus ou moins étroit que le signifiant entretient avec le contenu sémantique du personnage qu'il désigne est construite sur plusieurs types de procédés : visuels, acoustiques ou morphologiques (les jeux onomastiques comme Bovary / bœuf, Gobseck / gobe sec).*

Le personnage est représenté, pris en charge et désigné sur la scène du texte par un signifiant discontinu, un ensemble dispersé de marques que l'on pourrait appeler son « étiquette ». Les caractéristiques générales de cette étiquette sont en grande partie déterminées par les choix esthétiques de l'auteur. Le monologue lyrique, ou l'autobiographie, peut se contenter d'une étiquette constituée d'un paradigme grammaticalement homogène et limité (je/me/moi par exemple). Dans un récit au passé et à la 3e personne, l'étiquette est en général centrée sur le nom propre, pourvu de sa marque typographique distinctive, la Majuscule, et se caractérisera par sa *récurrence* (marques plus ou moins fréquentes), par sa *stabilité* (marques plus ou moins stables), par sa *richesse* (étiquette plus ou moins étendue), par son degré de *motivation* [...].

Une étiquette peut être plus ou moins riche, plus ou moins homogène. Je/me/moi est une étiquette homogène grammaticalement, et pauvre. Il/Julien Sorel/ notre héros/le jeune homme, etc. est une étiquette homogène (linguistiquement) et hétérogène (grammaticalement et lexicalement) ; le personnage de bande dessinée, de roman illustré, de film, ou d'opéra, a une étiquette hétérogène linguistiquement (Don Juan/lui/monsieur, etc.) et sémiologiquement (elle est prise en charge par du texte, mais aussi par des couleurs, des leitmotive musicaux ou graphiques, une gestualité, etc.). L'étiquette intègre donc un paradigme d'*équivalences* qui peut balayer un champ étendu de marques allant de la plus économique (le *déictique* : lui, ça, eux ; la simple lettre (K. chez Kafka, le comte P., Madame N., dans certains textes du XVIIIe siècle) à la plus coûteuse (le « portrait », la description) en passant par le nom propre (nom, prénom, surnom) et toutes les variétés de la périphrase (« l'homme aux rubans verts »), de la titrologie officielle, des illustrations, ou des diagrammes (les arbres généalogiques que Zola joignait à certains de ses romans). Ces substituts divers intègrent en une même étiquette des serments textuels (ou iconiques) de longueur et de complexité phonétique variable. On pourrait donc définir le personnage comme *un système d'équivalences réglées destiné à assurer la lisibilité du texte*. On peut donc prévoir qu'un romancier « réaliste » (lisible) fera porter un effort particulier à la fois sur la *spécificité* et sur la *diversité* des étiquettes signifiantes de ses divers personnages en évitant, par exemple, les noms propres qui se ressembleraient trop phonétiquement. S'il s'agit de plusieurs membres d'une même famille, on diversifiera soigneusement les prénoms (le nom est alors le *radical* qui assure une permanence sémantique, le prénom ou le surnom apportant une flexion et une variation), et on s'efforcera d'éviter de puiser dans un matériel phonétique trop étroit.

Philippe HAMON, « Statut sémiologique du personnage », in *Poétique du récit*, © éd. du Seuil, 1977, p. 142-145.

Notions clés : *Actant — Lecteur — Personnage — Sémiologie.*

• Le signifiant du personnage est formé par une série de marques récurrentes qui constituent son étiquette.
• Celle-ci doit être stable, elle peut être plus ou moins riche et motivée.
• Le personnage est donc « un système d'équivalences réglées qui assure la lisibilité du texte ».

La description

Dans le premier chapitre de son ouvrage, *Introduction à l'analyse du descriptif*, Philippe Hamon constate que la description a longtemps été considérée uniquement « comme un moyen [...] de l'*amplificatio* [...] qui recouvre tous les moyens de « gagner du texte », de « faire du texte ». N'appartenant à aucun genre particulier (mais se retrouvant dans tous), ne constituant pas non plus une figure, « l'idée de description » apparaissait comme un **concept difficilement cernable**, ne possédant aucun statut théorique précis.

Lieu formel très codé, exprimant un savoir-faire rhétorique, exploitant un certain nombre de topoï*, elle semble également **non indispensable à l'économie du récit**. Elle a ainsi provoqué la méfiance, voire le refus, des théoriciens qui, de La Harpe à Valéry, l'ont perçue comme un ornement du discours, un procédé dont l'abus, monotone et contraire au bon goût, menace l'unité harmonieuse de l'œuvre par l'accumulation de détails. De façon normative, on a posé, alors, pour en circonscrire les dangers, une série de règles, visant à homogénéiser les descriptions au sein du texte dans lequel elles s'insèrent.

Les auteurs réalistes, au contraire, ont proclamé la légitimité du descriptif en insistant sur sa fonction : il ne faut pas décrire « pour décrire » mais concevoir la description comme le **lieu où se noue un sens**, celui des personnages et/ou celui du monde, objectif premier de l'œuvre. Elle acquiert ainsi une valeur et une fonction didactiques qui en font le support fondamental de « l'étude exacte du milieu » **(49. Zola)**. Toutefois, plus qu'à la « consciencieuse » description naturaliste, c'est au récit épique du réalisme balzacien que la critique marxiste attribue un **pouvoir d'élucidation du réel (50. Lukács)**.

Ainsi liée à cette quête analytique des profondeurs du monde et des êtres, finalité du roman traditionnel qui, selon Robbe-Grillet, cherche à venir à bout du réel « en lui assignant un sens », la description est remise en cause par le Nouveau Roman. La surface des choses ayant cessé d'être « le masque de leur cœur », on ne cherche plus, par le moyen du descriptif, à atteindre leur

« au-delà », leur sens profond. La description ne se conçoit plus comme le moyen de « reproduire, copier, transmettre » un monde dont elle affirmerait l'existence et le sens ; au contraire, **on valorise** « **sa fonction créatrice** ». Paradoxalement, elle « semble maintenant détruire les choses » au lieu de les montrer (**51. Robbe-Grillet**). Elle devient ainsi, pour le Nouveau Roman, un instrument privilégié sur « le chemin difficile d'un nouvel art romanesque ».

De nos jours, la description voit changer non seulement son statut et ses finalités romanesques mais également son statut critique et ses modalités d'analyse. Des critiques contemporains s'attachent à définir sa spécificité et les **particularités de son fonctionnement textuel** en la détachant de son objet, du « piège référentiel ». Elle est alors définie comme un « système d'équivalences » entre un terme générique, le « pantonyme », et une « expansion » constituée d'une nomenclature et d'un certain nombre de prédicats (**52. Hamon**).

49. Émile Zola
Le Roman expérimental (1880)

Dans ce qui apparaît comme le manifeste du naturalisme, Zola définit les visées et les procédés qui constituent la spécificité de cette nouvelle façon d'envisager le roman et son rapport au monde. Partant du modèle scientifique (l'*Introduction à la médecine expérimentale* de Claude Bernard), Zola dans son *Roman expérimental* envisage le romancier comme un « observateur » et un « expérimentateur ». La **description, lieu référentiel par excellence,** devient donc un enjeu romanesque de premier ordre.

Description et étude du milieu

Résultat de l'observation, instrument de l'expérimentation et de l'analyse, la description naturaliste n'a plus rien en commun avec les « exercice[s] de peintre » de la littérature traditionnelle, elle ne constitue plus « un plaisir de rhétoricien », elle ne cherche plus « le beau style », mais « l'étude exacte du milieu [...] la constatation des états du monde extérieur qui correspondent aux états intérieurs des personnages ». Elle peut donc être définie comme la restitution d'« un état du milieu qui détermine et complète l'homme ». D'où l'éloge des descriptions flaubertiennes, « peinture[s] nécessaire[s] du milieu chaque fois qu'il complète ou qu'il explique le personnage ».

[...] ce mot « description » est devenu impropre. Il est aujourd'hui aussi mauvais que le mot « roman », qui ne signifie plus rien, quand on l'applique à nos études naturalistes. Décrire n'est plus notre but ; nous voulons simplement compléter et déterminer. Par exemple, le zoologiste qui, en parlant d'un insecte particulier, se trouverait forcé d'étudier longuement la plante sur laquelle vit cet insecte, dont il tire son être, jusqu'à sa forme et sa couleur, ferait bien une description ; mais cette description entrerait dans l'analyse même de l'insecte, il y aurait là une nécessité de savant, et non un exercice de peintre. Cela revient à dire que nous ne décrivons plus pour décrire, par un caprice et un plaisir de rhétoricien. Nous estimons que l'homme ne peut être séparé de son milieu, qu'il est complété par son vêtement, par sa maison, par sa ville, par sa province ; et, dès lors, nous ne noterons pas un seul phénomène de son cerveau ou de son cœur, sans en chercher les causes ou le contre-coup dans le milieu. De là ce qu'on appelle nos éternelles descriptions.

Nous avons fait à la nature, au vaste monde, une place tout aussi large qu'à l'homme. Nous n'admettons pas que l'homme seul existe et que seul il importe, persuadés au contraire qu'il est un simple résultat, et que, pour avoir le drame humain réel et complet, il faut le demander à tout ce qui est. Je sais bien que ceci remue les philosophies. C'est pourquoi nous nous plaçons au point de vue scientifique, à ce point de vue de l'observation et de l'expérimentation, qui nous donne à l'heure actuelle les plus grandes certitudes possibles.

On ne peut s'habituer à ces idées, parce qu'elles froissent notre rhétorique séculaire. Vouloir introduire la méthode scientifique dans la littérature paraît d'un ignorant, d'un vaniteux et d'un barbare. Eh ! bon Dieu ! ce n'est pas nous qui introduisons cette méthode ; elle s'y est bien introduite toute seule, et le mouvement continuerait, même si l'on voulait l'enrayer. Nous ne faisons que constater ce qui a lieu dans nos lettres modernes. Le personnage n'y est plus une abstraction psychologique, voilà ce que tout le monde peut voir. Le personnage y est devenu un produit de l'air et du sol, comme la plante ; c'est la conception scientifique. Dès ce moment, le psychologue doit se doubler d'un observateur et d'un expérimentateur, s'il veut expliquer nettement les mouvements de l'âme. Nous cessons d'être dans les grâces littéraires d'une description en beau style ; nous sommes dans l'étude exacte du milieu, dans la constatation des états du monde extérieur qui correspondent aux états intérieurs des personnages.

Je définirai donc la description : un état du milieu qui détermine et complète l'homme. [...]

Gustave Flaubert est le romancier qui jusqu'ici a employé la description avec le plus de mesure. Chez lui, le milieu intervient dans un sage équilibre : il ne noie pas le personnage et presque toujours se contente de le déterminer. C'est même ce qui fait la grande force de *Madame Bovary* et de *L'Éducation sentimentale*. On peut dire que Gustave Flaubert a réduit à la stricte nécessité les longues énumérations de commissaire-priseur, dont Balzac obstruait le début de ses romans. Il est sobre, qualité rare ; il donne le trait saillant, la grande ligne, la particularité qui peint, et cela suffit pour que le tableau soit inoubliable. C'est dans Gustave Flaubert que je conseille d'étudier la description, la peinture nécessaire du milieu, chaque fois qu'il complète ou qu'il explique le personnage.

Émile ZOLA, « De la description », *Le Roman expérimental*, 1880, *Œuvres complètes*, Cercle du Livre précieux, t. X, pp. 1299-1301.

Notions clés : *Description — Naturalisme — Personnage.*

• La description naturaliste est un instrument d'analyse et de connaissance du monde et des êtres.

50. Georg Lukács
Problèmes du réalisme (1975)

Promoteur de la sociologie de la littérature d'inspiration marxiste mais adversaire du
« sociologisme vulgaire », Georg Lukács (1885-1971) met en relation les formes littéraires et les différentes phases de l'histoire sociale : ainsi « le roman est l'épopée d'un
monde sans dieux » parce qu'il met en scène un individu problématique dans un monde
contingent (*La Théorie du roman*, 1920). Plus précisément, dans un essai de 1936,
« Raconter ou décrire ? », il affirme : « **Tout style nouveau naît de la vie, sur la base
d'une nécessité socio-historique**, il est la résultante nécessaire du développement
social. » Balzac, Stendhal, Dickens, Tolstoï ont participé à la transformation de la
vieille société en société capitaliste ; leurs récits épiques et leurs personnages typiques
permettent au lecteur de distinguer l'essentiel dans l'imbroglio de la vie. Après 1848,
Flaubert et Zola ne sont plus que les « observateurs critiques » de la « société bourgeoise déjà instituée, achevée », ils substituent au récit une « méthode descriptive ».
Or, « le récit structure, la description nivelle » comme l'illustre la comparaison d'*Illusions perdues* (1837-1843) et de *Nana* (1880).

Description exhaustive et description dramatique

*Dans ces deux romans, la description du théâtre n'a pour Lukács ni le même
statut ni la même fonction. Chez Zola, elle prend la forme d'un « tableau »
qui ne fait pas progresser l'action ; visant à l'« exhaustivité monographique »,
elle constitue un morceau de bravoure dans lequel le romancier a mis tout
son métier et qui suscite l'admiration du lecteur. Chez Balzac, au contraire,
la description est au service du récit : le théâtre sert de cadre aux aventures
dramatiques du poète Lucien qui découvre que la société capitaliste ne reconnaît à la littérature qu'une valeur marchande. Le récit balzacien permet de
comprendre comment s'opère cette transformation, la description zolienne
se contente de montrer le résultat (négligeable :* caput mortuum*), le fait social
figé et comme naturalisé.*

*Au-delà d'une préférence marquée pour le réalisme balzacien, on peut
voir dans ce jugement sévère de Lukács sur Zola une défense du roman et
de ses pouvoirs : fondé sur la description d'un « milieu », le naturalisme tend
en effet à réduire la part des personnages et de la diégèse* alors que la fiction
est porteuse d'une vérité que ne peut fournir la seule exploitation des
documents.*

Prenons la description du théâtre dans le même roman de Zola et
comparons-la à celle de Balzac dans *Illusions perdues*. Extérieurement,
il y a plus d'une ressemblance. La création de la pièce par quoi commence
le roman de Zola décide de la carrière de Nana. Chez Balzac, la première

signifie un tournant dans la carrière de Lucien de Rubempré, son passage de la situation de poète méconnu à celle de journaliste à succès et dénué de scrupules.

De nouveau, chez Zola, le théâtre est décrit avec l'exhaustivité la plus consciencieuse. Cette fois, à vrai dire, seulement à partir de la salle. Tout ce qui se passe dans la salle, au foyer, dans les loges, l'aspect de la salle vue de là, tout est décrit avec un éblouissant talent d'écrivain. Et la soif d'exhaustivité monographique de Zola ne s'arrête pas là. Il consacre un autre chapitre de son roman à la description du théâtre vu de la scène, où dès lors les changements de décors, les loges avec les habilleuses, etc., pendant la représentation et les temps morts, font l'objet d'une description tout aussi éblouissante. Et pour compléter ce tableau, dans un troisième chapitre est décrite, de la même façon consciencieuse et éblouissante, la répétition d'une pièce.

Cette exhaustivité des objets matériels est absente chez Balzac. Pour lui, le théâtre, la représentation, n'est que la scène des drames intérieurs des hommes : l'ascension de Lucien, la carrière théâtrale de Coralie, la naissance de la passion entre Lucien et Coralie, les conflits ultérieurs de Lucien avec ses anciens amis du cénacle de d'Arthez, avec son actuel protecteur Lousteau, le début de sa campagne vengeresse contre madame de Bargeton, etc.

Mais qu'est-ce qui est figuré dans toutes ces luttes et tous ces conflits qui sont en rapport, direct ou indirect, avec le théâtre ? Le destin du théâtre sous le capitalisme : la subordination universelle et compliquée du théâtre au capital, du théâtre au journalisme, lui-même subordonné au capital ; les rapports du théâtre et de la littérature, du journalisme et de la littérature ; le caractère capitaliste de ces rapports qui unissent la vie des actrices à la prostitution ouverte et clandestine.

Ces problèmes sociaux apparaissent aussi chez Zola. Mais ils ne sont décrits que comme des faits sociaux, comme des résultats, comme *caput mortuum* du développement. Quand on lui parle de son établissement, le directeur de théâtre chez Zola répète sans cesse : « Dites mon bordel ! » Mais Balzac figure *la manière* dont, sous le capitalisme, le théâtre *est* prostitué. Le drame des personnages principaux est en même temps ici le drame de l'institution à laquelle ils collaborent, des choses dont ils vivent, du lieu où ils livrent leurs combats, des objets par lesquels s'expriment et sont médiatisées leurs relations.

Georg LUKÁCS, *Problèmes du réalisme*, trad. fr. C. Prévost et J. Guégan, © éd. de L'Arche, 1975, pp. 133-134.

Notions clés : *Description — Naturalisme — Réalisme — Récit — Roman — Société.*

• Selon Lukács, la description zolienne, en se substituant au récit, se définit comme un exercice de style et se prive du pouvoir d'éclairer en profondeur la société de son temps.

➤ Julien GRACQ, *En lisant, en écrivant* : « Toutes les maisons, tous les jardins, tous les mobiliers, tous les costumes des romans de Zola, à l'inverse de ceux de Balzac, sentent la fiche et le catalogue. ».

51. Alain Robbe-Grillet
Pour un nouveau roman (1963)

Au début de ce chapitre, Robbe-Grillet constate l'accueil peu favorable fait aux descriptions du Nouveau Roman, jugées « inutiles et confuses ». Ce jugement négatif s'explique, selon lui, par une méconnaissance des buts et du sens même de ces textes descriptifs que l'on juge avec des critères inadaptés « établis sur les grandes œuvres de nos pères » : la référence au roman traditionnel, élevé au rang de modèle normatif, fige la critique qui condamne les œuvres contemporaines « par référence au passé ».

Ainsi est-il amené à définir et à opposer, dans une sorte de parallèle analytique, la description pratiquée par les romans traditionnels et le mode de description spécifique au Nouveau Roman.

Le rejet de la description balzacienne

*À la **valeur mimétique** de la description traditionnelle, qui assure la **légitimation de la fiction**, le Nouveau Roman oppose une « image [...] mise en doute à mesure qu'elle se construit ». La description ne construit plus un ordre cohérent et stable, elle ne prétend donc plus reproduire et authentifier une réalité pré-existante, elle affirme « sa fonction créatrice ». Le monde romanesque ne se conçoit plus comme la réduplication du réel, c'est **un univers autonome** fonctionnant, non par similarité avec la réalité, mais par une vie spécifique issue de l'écriture et d'elle seule.*

Reconnaissons d'abord que la description n'est pas une invention moderne. Le grand roman français du XIXᵉ siècle en particulier, Balzac en tête, regorge de maisons, de mobiliers, de costumes, longuement, minutieusement décrits, sans compter les visages, les corps, etc. Et il est certain que ces descriptions-là ont pour but de faire voir et qu'elles y réussissent. Il s'agissait alors le plus souvent de planter un décor, de définir le cadre de l'action, de présenter l'apparence physique de ses protagonistes. Le poids des choses ainsi posées de façon précise constituait un univers stable et sûr, auquel on pouvait ensuite se référer, et qui garantissait par sa ressemblance avec le monde « réel » l'authenticité des événements, des paroles, des gestes que le romancier y ferait survenir. L'assurance tranquille avec laquelle s'imposaient la disposition des lieux, la décoration des intérieurs, la forme des habits, comme aussi les signes sociaux ou caractériels contenus dans chaque élément et par lesquels celui-ci justifiait sa présence, enfin le foisonnement de ces détails justes auquel il semblait que l'on puisse indéfiniment puiser, tout cela ne pouvait que convaincre de l'existence objective — hors de la littérature — d'un monde que le romancier paraissait seulement reproduire, copier, transmettre, comme si l'on avait affaire à une chronique, à une biographie, à un quelconque document.

Ce monde romanesque vivait bien de la même vie que son modèle : on y suivait même à la trace l'écoulement des années. Non seulement d'un chapitre à l'autre, mais souvent dès la première rencontre, il était aisé de reconnaître sur le plus modeste objet domestique, sur le moindre trait du visage, la patine apportée par l'usage, l'usure laissée par le temps.

Ainsi ce décor était-il déjà l'image de l'homme. [...] la place et le rôle de la description ont changé du tout au tout. Tandis que les préoccupations d'ordre descriptif envahissaient tout le roman, elles perdaient en même temps leur sens traditionnel. Il n'est plus question pour elles de définitions préliminaires. La description servait à situer les grandes lignes d'un décor, puis à en éclairer quelques éléments particulièrement révélateurs ; elle ne parle plus que d'objets insignifiants, ou qu'elle s'attache à rendre tels. Elle prétendait reproduire une réalité préexistante ; elle affirme à présent sa fonction créatrice. Enfin, elle faisait voir les choses et voilà qu'elle semble maintenant les détruire, comme si son acharnement à en discourir ne visait qu'à en brouiller les lignes, à les rendre incompréhensibles, à les faire disparaître totalement.

Il n'est pas rare en effet, dans ces romans modernes, de rencontrer une description qui ne part de rien ; elle ne donne pas d'abord une vue d'ensemble, elle paraît naître d'un menu fragment sans importance — ce qui ressemble le plus à un point — à partir duquel elle invente des lignes, des plans, une architecture ; et on a d'autant plus l'impression qu'elle les invente que soudain elle se contredit, se répète, se reprend, bifurque, etc. Pourtant, on commence à entrevoir quelque chose, et l'on croit que ce quelque chose va se préciser. Mais les lignes du dessin s'accumulent, se surchargent, se nient, se déplacent, si bien que l'image est mise en doute à mesure qu'elle se construit. Quelques paragraphes encore et, lorsque la description prend fin, on s'aperçoit qu'elle n'a rien laissé debout derrière elle : elle s'est accomplie dans un double mouvement de création et de gommage, que l'on retrouve d'ailleurs dans le livre à tous les niveaux et en particulier dans sa structure globale — d'où vient la *déception* inhérente aux œuvres d'aujourd'hui.

Alain ROBBE-GRILLET, « Temps et description dans le récit d'aujourd'hui »,
in *Pour un nouveau roman*,
© éd. de Minuit, 1963 ; éd. Gallimard, coll. « Idées », pp. 158-160.

Notions clés : *Description — Illusion référentielle — Mimésis — Nouveau Roman.*

• La description propre au Nouveau Roman refuse toute fonction didactique.
• Elle ne cherche plus à construire un ordre stable mais brouille volontairement l'image qu'elle produit.
• Elle apparaît, de ce fait, déceptive aux yeux du lecteur qui n'y retrouve plus les normes traditionnelles.

52. Philippe Hamon
Introduction à l'analyse du descriptif (1981)

Partant du constat selon lequel le texte descriptif, toujours plus ou moins inféodé au narratif, n'a pas de statut théorique défini, Philippe Hamon, évacuant « les pièges de l'approche référentielle », s'interroge sur ce qui constitue la spécificité de la description en cherchant à « **circonscrire un certain effet de texte** ».

Dans l'introduction de son ouvrage, il souligne la particularité du descriptif, lieu textuel où « se manifeste une utopie linguistique, celle de la langue comme nomenclature, celle d'une langue dont les fonctions se limiteraient à dénommer ou à désigner terme à terme le monde, d'une langue monopolisée par sa fonction référentielle d'étiquetage [du] monde ». Le texte descriptif induit donc du lecteur une attitude particulière, il tend à « solliciter prioritairement une certaine compétence linguistique [...], principalement lexicale, constituant toute description comme une sorte de mémento ou de mémorandum lexicologique ».

Le système descriptif

*Philippe Hamon définit le texte descriptif comme un **système de mises en équivalences**. Un mot, une « dénomination », désignant le référent, est posé comme équivalent à une série de termes, l'« expansion », termes eux-mêmes définis par une série de prédicats.*

*Le texte descriptif est également « un **lieu rhétorique particulièrement surdéterminé** » riche en figures de style (synecdoque, métonymie, métaphore). Ainsi, il ressortit à l'énoncé poétique tel que le définit Jakobson, un énoncé qui, « systématisant le principe de l'équivalence et du parallélisme, tend à disposer dans des dispositions équivalentes des unités équivalentes » (voir le texte 2).*

Un système descriptif (S.D.) est un jeu d'équivalences hiérarchisées : équivalence entre une *dénomination* (un mot) et une *expansion* (un stock de mots juxtaposés en liste, ou coordonnés et subordonnés en un texte) ; la dénomination, qui peut être simplement implicite, non actualisée dans la manifestation textuelle, assure la permanence et la continuité de l'ensemble, servant de terme à la fois régisseur, syncrétique, mis en facteur commun mémoriel à l'ensemble du système, de *pantonyme* (P.) à la description, et pouvant entrer dans des énoncés métalinguistiques du type : « Ce texte est la description de P » ; c'est « l'objet décrit », et le pantonyme peut entrer ensuite comme centre de référence, dans un réseau d'anaphoriques, et par sa simple répétition, économiser le rappel de la somme de ses parties dénombrables (P *est composée de :* N1, N2, N3, N4... Nn...), de la somme de ses qualité (P *est* Pr1, Pr2, Pr3, Pr4... Prn...), ou des deux à la fois, N jouant le rôle d'une structure-relai entre P et Pr (P est composé de N1 qui est Pr1, de N2 qui est Pr2, de N3 qui est Pr3... de Nn qui est Prn...) ; en tant que mot, le pantonyme est dénomination commune au système ; en tant que sens, il en est le dénominateur commun ; il est foyer (focalisé et focalisant) du système :

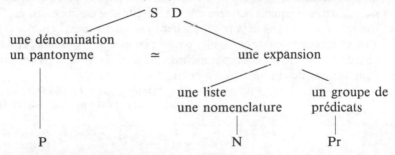

Chacune de ces unités (le pantonyme, la nomenclature, les prédicats) est facultative, l'ensemble constituant ce que l'on pourrait appeler la norme (construite) de tout système descriptif [...].

Toute description est donc la construction, sous forme d'un texte, d'un réseau sémantique à forte densité défini par une hiérarchie de relations (désignées dans le tableau ci-dessous par des flèches, ⟺ pour les relations principales, ↔ pour les relations secondaires) qui proposent autant de lignes de frayage pour les stratégies d'anticipation ou de rétroaction de l'activité de lecture :

P ⟹   N   ⟸ Pr
      n1 ↔ pr1
      n2 ↔ pr2
      n3 ↔ pr3
      n4 ↔ pr4
      nn   prn
      ...   ...

Ces stratégies peuvent être plus ou moins facilitées, pour chacune de ces relations, par la présence d'opérateurs de lisibilité, pantonymes, termes métalinguistiques, connotateurs de tonalité, termes syncrétiques, embrayeurs d'isotopies, mots-légendes, indicateurs de dominante synonymique, etc., qui, à intervalles plus ou moins rapprochés, en des places plus ou moins stratégiques, refocalisent, concentrent, synthétisent et polarisent l'information. Une description est donc, d'une part, un ensemble de « lignes », de paradigmes lexicaux en dérive associative centrifuge, plus ou moins saturés et expansés, et d'autre part de « nœuds », termes privilégiés, lieux de recentrement, lieux centripètes où se recompose l'information. D'autre part, elle est un lieu rhétorique particulièrement surdéterminé dans la mesure où tendent à s'y concentrer un certain nombre d'opérations fondamentales que l'on peut regrouper sous l'égide des principales figures de rhétorique : la synecdoque (N est le dénombrement des parties de P), la métonymie (N est le dénombrement d'objets juxtaposés), et la métaphore (Pr tend souvent à l'analogie : n1 est « comme » Pr1, n2 est « comme » Pr2, etc.). D'où « l'effet » rhétorique, l'effet de « poésie », que provoquent souvent chez le lecteur une description, et, formellement, nous l'avons déjà noté, ses liens privilégiés avec l'énoncé poétique au sens jakobsonien de ce dernier terme : énoncé qui, systématisant le principe de l'équivalence et du parallélisme, tend à disposer dans des positions équivalentes des unités équivalentes.

Philippe HAMON, *Introduction à l'analyse du descriptif*,
© éd. Hachette, 1981, pp. 140-141 et 167-168.

Notions clés : *Description — Style.*

• Un système descriptif est la mise en équivalence d'un *pantonyme* et d'une *expansion* constituée d'une liste et d'un certain nombre de *prédicats*.
• La description établit une série de relations qui permettent la circulation de l'information nécessaire à la constitution de sens par le lecteur.
• Le texte descriptif est riche en figures de rhétorique.

_____

Cinquième partie

Le roman

Longtemps considéré comme un genre inférieur, le roman intéresse aujourd'hui tous les publics et occupe une place dominante dans le champ littéraire. Valorisé par des prix et des adaptations cinématographiques, promu par les médias et diffusé comme un produit de grande consommation, il assure la consécration sociale que l'écrivain cherchait autrefois au théâtre (Balzac, Flaubert et Zola ont voulu s'imposer sur les scènes parisiennes).

Paradoxalement, il doit d'abord son succès au mépris qui l'a frappé. « Le roman, qui tient une place si importante à côté du poème et de l'histoire, est un genre bâtard dont le domaine est vraiment sans limites », écrivait déjà Baudelaire [1] : échappant à toute codification, se renouvelant sans cesse, il a pu prendre toutes les formes, concurrencer tous les autres genres et — progressivement — aborder tous les sujets. Mais il a surtout utilisé les relations particulières que, par l'intermédiaire de la narration [2], il établit entre la fiction et la réalité, permettant ainsi au lecteur de satisfaire aussi bien son goût de l'extraordinaire et du dépaysement que celui de l'observation et de la réflexion [3]. C'est en articulant ces trois notions, auxquelles il faut ajouter celle de personnage, que l'on peut définir la problématique propre d'un genre souvent contesté.

La légitimité du roman (chapitre 14) n'a pas toujours paru évidente. Le mot *roman* en effet, plus encore que celui de *littérature*, peut prendre une connotation péjorative, être associé d'une part à l'artifice, au mensonge, à l'inauthentique, d'autre part à la facilité. Face à cette remise en cause, les romanciers modernes ont affirmé que le roman est travail sur le langage et que le « feint » entre dans un rapport dialectique avec le « vrai ». **Le réalisme** (chapitre 15) chez les grands romanciers du XIXe siècle — et déjà chez Diderot — a aussi servi à légitimer le roman en lui donnant la caution du « réel ». Les notions de fiction et de vérité s'articulent aussi dans l'analyse de la **narration** (chapitre 16) et du **personnage** (chapitre 17).

---

1. Charles Baudelaire, *Théophile Gauthier*, 1859, *Œuvres complètes*, Pléiade, t. II, p. 119.

2. « Nous comprenons mieux, maintenant, à la lumière de la critique moderne, la nature du roman, dont les contraintes profondes sont celles de la narration et de la fiction » (H. Mitterand, *Le Regard et le signe*, p. 75).

3. Il faudrait y ajouter l'inscription du récit et des personnages dans le temps et dans l'espace. Nous avons abordé cette question dans le chapitre 11.

Chapitre 14

Le roman en procès

Le roman a longtemps été méprisé au nom d'une double exigence d'authenticité et de qualité artistique : quel crédit accorder à un ouvrage d'imagination dans lequel l'écrivain semble ne rien mettre de lui-même et quelle valeur reconnaître à des récits qui imitent platement la réalité la plus insignifiante ? C'est en vertu d'un impératif moral que le groupe surréaliste a ainsi définitivement condamné ce genre (**53. Breton**) et ceux de ses membres qui voulaient le pratiquer.

Nombreux sont donc les romanciers qui justifient leurs choix esthétiques et d'abord le recours à la fiction. Certains montrent que « la conscience du réel » est inhérente au roman et que le détour par l'imagination, le mensonge, est la condition d'une vérité supérieure (**54. Aragon**). D'autres affirment que la fiction romanesque satisfait un besoin ontologique de l'homme en proie à « la fièvre de l'unité » (**55. Camus**).

Sur le plan de la forme artistique, le style a pu fournir une légitimation : défini comme un art de la prose, ce genre neuf est appelé à connaître des développements qui en feront l'égal de la poésie (**56. Flaubert**). En outre, la spécificité du roman a été cherchée dans sa polyphonie, dans sa capacité à faire dialoguer harmonieusement divers langages sociaux (**57. Bakhtine**).

53. André Breton
Manifeste du surréalisme (1924)

Poète et théoricien du surréalisme, dont il attendait « la résolution des principaux pro-blèmes de la vie » et « la récupération totale de notre force psychique », André Bre-ton n'a pas cultivé la littérature pour elle-même. Pour lui, l'écriture est **une expérience authentique**, vitale ; autobiographique, **le récit est quête de soi** : « Qui suis-je ? », se demande-t-il ainsi au début de *Nadja* (1928) avant de chercher une réponse dans les divers *signaux* que lui offre un épisode de sa vie. On comprend donc le mépris jeté sur « la littérature psychologique à affabulation romanesque », sur « tous les empi-riques du roman qui prétendent mettre en scène des personnages distincts d'eux-mêmes » : « Je ne m'intéresse qu'aux livres qu'on laisse battants comme des portes, et desquels on n'a pas à chercher la clé » (*Nadja*).

Plus largement, cette condamnation radicale et définitive du roman s'inscrit dans « le procès de l'attitude matérialiste » par lequel s'ouvre le *Manifeste* : en 1924, le surréalisme naissant s'élabore en réaction **contre le positivisme*** qui, en privilégiant « la vie *réelle* » et le rationalisme, a amputé l'homme d'une partie de lui-même et réduit les ressources de son esprit : « la seule imagination me rend compte de ce qui *peut être* ».

Contre le roman réaliste

Le réalisme, essentiellement représenté ici par le roman, est rejeté pour des raisons esthétiques et morales.

*Esthétiquement, il ne produit que **des œuvres médiocres**, adaptées aux « goûts les plus bas » du public : l'observation du réel ne fournit que des « images de catalo-gues », des « lieux communs ».*

*Moralement, il correspond à **un divertissement stérile**, les caractères et les aven-tures des personnages étant toujours préalablement définis par l'auteur selon des for-mes stéréotypées (qui limitent d'ailleurs la liberté du lecteur). Aussi gratuite et stérile qu'une « partie d'échecs », la fiction romanesque n'a rien à voir avec la véritable ima-gination, et les romanciers sont d'ailleurs sans ambition. Anatole France, qui faisait alors figure d'écrivain officiel, est ici désigné comme le symbole de ces romanciers. Les surréalistes venaient de publier un pamphlet contre lui au moment de ses funé-railles nationales (Un cadavre, 1924).*

*C'est au nom de l'excellence de la forme poétique que Valéry condamne le roman (« le comble de la grossièreté », « l'arbitraire »), représenté ici par cette phrase type, gratuite et sans valeur esthétique. Le romancier Julien Gracq s'est employé à la justifier en montrant qu'elle serait légitime et nécessaire si elle était intégrée dans une véritable structure narrative. « **Le mécanisme romanesque** est tout aussi précis et subtil que le mécanisme d'un poème, seu-lement, à cause des dimensions de l'ouvrage, il décourage le travail critique exhaustif que l'analyse d'un sonnet parfois ne rebute pas. [...] Il n'y a pas* *plus de "détail" dans le roman que dans aucune œuvre d'art, bien que sa masse le suggère (parce qu'on se persuade avec raison que l'artiste en effet n'a pu tout contrôler) »* (En lisant, en écrivant, *Corti, 1981, p. 121).*

La position de Valéry (et de Breton...) suppose donc **une méconnaissance de la forme romanesque.**

L'attitude réaliste, inspirée du positivisme, de saint Thomas à Anatole France, m'a bien l'air hostile à tout essor intellectuel et moral. Je l'ai en horreur, car elle est faite de médiocrité, de haine et de plate suffisance. C'est elle qui engendre aujourd'hui ces livres ridicules, ces pièces insultantes. Elle se fortifie sans cesse dans les journaux et fait échec à la science, à l'art, en s'appliquant à flatter l'opinion dans ses goûts les plus bas ; la clarté confinant à la sottise, la vie des chiens. L'activité des meilleurs esprits s'en ressent ; la loi du moindre effort finit par s'imposer à eux comme aux autres. Une conséquence plaisante de cet état de choses, en littérature par exemple, est l'abondance des romans. Chacun y va de sa petite « observation ». Par besoin d'épuration, M. Paul Valéry proposait dernièrement de réunir en anthologie un aussi grand nombre que possible de débuts de romans, de l'insanité desquels il attendait beaucoup. Les auteurs les plus fameux seraient mis à contribution. Une telle idée fait encore honneur à Paul Valéry qui, naguère, à propos des romans, m'assurait qu'en ce qui le concerne, il se refuserait toujours à écrire : *La marquise sortit à cinq heures.* Mais a-t-il tenu parole ?

Si le style d'information pure et simple, dont la phrase précitée offre un exemple, a cours presque seul dans les romans, c'est, il faut le reconnaître, que l'ambition des auteurs ne va pas très loin. Le caractère circonstanciel, inutilement particulier, de chacune de leurs notations, me donne à penser qu'ils s'amusent à mes dépens. On ne m'épargne aucune des hésitations du personnage : sera-t-il blond, comment s'appellera-t-il, irons-nous le prendre en été ? Autant de questions résolues une fois pour toutes, au petit bonheur ; il ne m'est laissé d'autre pouvoir discrétionnaire que de fermer le livre, ce dont je ne me fais pas faute aux environs de la première page. Et les descriptions ! Rien n'est comparable au néant de celles-ci ; ce n'est que superpositions d'images de catalogue, l'auteur en prend de plus en plus à son aise, il saisit l'occasion de me glisser ses cartes postales, il cherche à me faire tomber d'accord avec lui sur des lieux communs. [...]

Holà, j'en suis à la psychologie, sujet sur lequel je n'aurais garde de plaisanter.

L'auteur s'en prend à un caractère, et, celui-ci étant donné, fait pérégriner son héros à travers le monde. Quoi qu'il arrive, ce héros, dont les actions et les réactions sont admirablement prévues, se doit de ne pas déjouer, tout en ayant l'air de les déjouer, les calculs dont il est l'objet. Les vagues de la vie peuvent paraître l'enlever, le rouler, le faire descendre, il relèvera toujours de ce type humain *formé*. Simple partie d'échecs dont je me désintéresse fort, l'homme, quel qu'il soit, m'étant un médiocre adversaire.

André BRETON, *Manifeste du surréalisme*, 1924,
© J.J. Pauvert ; Gallimard, coll. « Idées », pp. 14 à 18.

Notions clés : *Description — Personnage — Psychologie — Réalisme — Style.*

• La fiction romanesque qui prétend restituer la vie n'en donne qu'une image convenue.
• L'auteur ne met rien de lui-même dans ces divertissements méprisables qui ne recherchent que le succès immédiat auprès d'un public peu exigeant.

➤ Paul VALÉRY, *Mauvaises pensées et autres*, 1941 : « Le roman voit les choses et les hommes exactement comme le regard ordinaire les voit. Il les grossit, les simplifie, etc... Il ne les transperce ni ne les transcende. ».

---

54. Louis Aragon
Postface aux *Cloches de Bâle* (1965)

En 1932, Aragon rompt avec Breton et les surréalistes et se consacre au roman sur lequel ses anciens amis avaient jeté un véritable interdit. Il publie de 1934 à 1951 *Les Cloches de Bâle*, *Les Beaux Quartiers*, *Les Voyageurs de l'impériale*, *Aurélien* et *Les Communistes*. Il s'est prononcé pour le **réalisme socialiste*** mais revendique une totale liberté d'invention (un « réalisme sans rivages », selon l'expression de Garaudy). Ainsi compris, le roman doit permettre d'arriver à la connaissance intuitive du réel (selon une « méthode poétique ») car « il n'a jamais suffi à l'art de montrer ce qu'on voit sans lui » (postface aux *Communistes*, 1967).

Le roman comme moyen de connaissance

La postface des Cloches de Bâle *s'ouvre sur un plaidoyer en quatre points en faveur du roman réaliste.*

1. Le roman postule toujours l'existence du réel (on pourrait parler de sa fonction référentielle).

2. Il satisfait un besoin essentiel de l'homme en lui permettant de comprendre les aspects les plus secrets du monde et de ses variations ; aussi son avenir n'est-il pas menacé.

3. Ceux qui comme ses « compagnons » surréalistes condamnent la fiction romanesque confondent le roman de consommation (« pour femme de chambre ») *avec celui qui remplit vraiment sa fonction de dévoilement du réel. C'est une « démarche anti-philosophique ».*

4. *Paradoxalement, le détour par la fiction est indispensable à la révélation de la vérité qui, présentée directement, effraierait le lecteur. L'opposition habituelle entre mensonge et vérité est ici dépassée selon **une problématique du « mentir-vrai »*** [1] *particulière à Aragon qui a souvent utilisé l'invention romanesque pour dire les déchirements de sa vie sentimentale et politique.*

Pourquoi la décision réaliste, la conscience du réel fondent-elles la nécessité du roman ? Tout roman n'est pas réaliste. Mais tout roman fait appel en la croyance au monde tel qu'il est, même pour s'y opposer. Le roman, et peut-être à le maudire y avait-il cohérence à qui n'en voulait accepter les conséquences et le bien-fondé, le roman est une machine inventée par l'homme pour l'appréhension du réel dans sa complexité. Qu'on ait ensuite perverti la machine est une autre affaire. À chaque génération, il y a des esprits qui se spécialisent dans le « désespoir du roman », si j'ose dire. Cela dure depuis le Moyen Âge, mes compagnons ne faisaient que reprendre la démarche qui, au nom de la religion ou au nom de l'art de siècle en siècle, condamna les histoires contées. Mais si Cervantès bafouait le roman de chevalerie ou Stendhal le roman pour femme de chambre, il en sortait Don Quichotte et Julien Sorel. Prétendre que c'en est fini ou que cela va en finir du roman, c'est vouloir considérer la réalité humaine comme fixée, immuable. Il y aura toujours des romans parce que la vie des hommes changera toujours, et qu'elle exigera donc des hommes à venir qu'ils s'expliquent ces changements, car c'est une nécessité impérieuse pour l'homme de faire le point dans un monde toujours variant, de comprendre la loi de cette variation : au moins, s'il veut demeurer l'être humain, dont il a, au fur et à mesure que sa condition se complique, une idée toujours plus haute et plus complexe.

L'extraordinaire du roman, c'est que pour comprendre le réel objectif, il invente d'inventer. Ce qui est *menti* dans le roman libère l'écrivain, lui permet de montrer le réel dans sa nudité. Ce qui est menti dans le roman est l'ombre sans quoi vous ne verriez pas la lumière. Ce qui est menti dans le roman sert de substratum à la vérité. On ne se passera jamais du roman, pour cette raison que la vérité fera toujours peur, et que le mensonge romanesque est le seul moyen de tourner l'épouvante des ignorantins dans le domaine propre au romancier. Le roman, c'est la clef des chambres inter-

---

1. « Le mentir-vrai » est le titre d'une nouvelle de 1964 dans laquelle Aragon évoque sa propre enfance en imaginant la vie du petit Pierre, « pauvre gosse dans le miroir » et comme lui enfant illégitime (voir le texte 16a).

dites de notre maison. Les prophètes qui annoncent un monde sans romans pour demain ou après-demain imaginent-ils ce que cela serait, un monde sans romans ? Je les en défie bien. En tout cas, ce sont des briseurs de machines. Ils rêvent d'en revenir à l'ignorance romanesque, d'anéantir ce moyen de connaissance qu'est le roman, de faire comme s'il n'avait jamais été. Supposons un instant que cette démarche anti-philosophique soit possible, et même que par je ne sais quelle conspiration, quelle conjuration de forces, elle puisse se poursuivre un laps de temps tel qu'on oublie vraiment le roman, un siècle peut-être, que se passerait-il ensuite ? On réinventerait le roman, voilà tout.

> Louis ARAGON, Postface aux *Cloches de Bâle*, *Œuvres romanesques croisées d'Elsa Triolet et Aragon*, © éd. Gallimard, 1965, pp. 14-15.

Notions clés : *Fonction du roman — Mensonge/Vérité romanesques — Réalisme.*

• Le roman appréhende le réel secret et mouvant dans toute sa complexité.
• Seule la fiction lui permet de remplir cette fonction essentielle à l'homme.

➤ Charles GRIVEL : *Production de l'intérêt romanesque* : « La vraisemblabilisation est essentielle au roman. Le roman ne peut que s'astreindre au procédé "réaliste" (programmatiquement presque toujours et narrativement nécessairement). "Réalisme" et roman ont un sort lié. »

---

55. Albert Camus
L'Homme révolté (1951)

On place souvent l'œuvre de Camus sous le signe de l'absurde et de la négation : à l'homme moderne qui s'interroge sur le mal et la mort, le monde ne donne pas de réponse. Or l'écrivain a lui-même signalé qu'au cycle de l'absurde (*L'Étranger*, roman, 1942 ; *Le Mythe de Sisyphe*, essai, 1942 ; *Caligula*, théâtre, 1944) il avait fait succéder le cycle de la révolte, qui implique l'action (*La Peste*, roman, 1947 ; *Les Justes*, théâtre, 1950 ; *L'Homme révolté*, essai, 1951). Pour Camus, « la contradiction est celle-ci : l'homme refuse le monde tel qu'il est, sans accepter de lui échapper » (*L'Homme révolté*, p. 326). Cette même ambivalence caractérise l'attitude de l'artiste : « L'art est aussi ce mouvement qui exalte et nie en même temps. "Aucun artiste ne tolère le réel", dit Nietzsche. Il est vrai ; mais aucun artiste ne peut se passer du réel » (p. 317).

C'est particulièrement vrai du romancier qui permet à l'homme de satisfaire « un besoin métaphysique », celui de posséder le monde, d'en avoir une perception complète, de saisir sa vie comme un destin.

Roman et destin

C'est là la justification profonde de la fiction romanesque, si catégorique-
ment condamnée par Breton : à l'homme qui vit dans le déchirement de ne
pouvoir donner une forme au « monde éparpillé », le roman offre des per-
sonnages qui lui ressemblent à cette différence près qu'ils « courent jusqu'au
bout de leur destin » justement parce qu'ils sont imaginaires. Le roman s'enra-
cine donc au plus profond de la condition humaine en proie à la dispersion,
*à l'absence de limites, à **la nostalgie de l'unité**.*

Qu'est-ce que le roman, en effet, sinon cet univers où l'action trouve sa
forme, où les mots de la fin sont prononcés, les êtres livrés aux êtres, où
toute vie prend le visage du destin [1]. Le monde romanesque n'est que la
correction de ce monde-ci, suivant le désir profond de l'homme. Car il
s'agit bien du même monde. La souffrance est la même, le mensonge et
l'amour. Les héros ont notre langage, nos faiblesses, nos forces. Leur univers n'est ni plus beau ni plus édifiant que le nôtre. Mais eux, du moins,
courent jusqu'au bout de leur destin et il n'est même jamais de si boule-
versants héros que ceux qui vont jusqu'à l'extrémité de leur passion, Kirilov et Stavroguine, Mme Graslin, Julien Sorel ou le prince de Clèves [2].
C'est ici que nous perdons leur mesure, car ils finissent alors ce que nous
n'achevons jamais. [...]
    Voici donc un monde imaginaire, mais créé par la correction de celui-
ci, un monde où la douleur peut, si elle le veut, durer jusqu'à la mort,
où les passions ne sont jamais distraites, où les êtres sont livrés à l'idée
fixe et toujours présents les uns aux autres. L'homme s'y donne enfin à
lui-même la forme et la limite apaisante qu'il poursuit en vain dans sa condition. Le roman fabrique du destin sur mesure. C'est ainsi qu'il concurrence la création et qu'il triomphe, provisoirement, de la mort. Une analyse
détaillée des romans les plus célèbres montrerait, dans des perspectives chaque fois différentes, que l'essence du roman est dans cette correction perpétuelle, toujours dirigée dans le même sens, que l'artiste effectue sur son
expérience. Loin d'être morale ou purement formelle, cette correction vise
d'abord à l'unité et traduit par là un besoin métaphysique. Le roman, à

---

1. « Si même le roman ne dit que la nostalgie, le désespoir, l'inachevé, il crée encore la forme
et le salut. Nommer le désespoir, c'est le dépasser. La littérature désespérée est une contradiction dans les termes. » *[N.d.A.]*

2. Camus cite ici des personnages de Dostoïevski (*Les Possédés* : Kirilov et Stavroguine), Balzac (*Le Curé de village* : Mme Graslin), Stendhal (*Le Rouge et le Noir* : Julien Sorel) et Mme
de La Fayette (*La Princesse de Clèves*).

ce niveau, est d'abord un exercice de l'intelligence au service d'une sensibilité nostalgique ou révoltée.

Albert CAMUS, *L'Homme révolté*,
© éd. Gallimard, 1951, coll. « Folio Essais », 1990, pp. 328-330.

Notions clés : *Fonction du roman — Mensonge/Vérité romanesques — Personnage — Réel.*

• Le roman satisfait « un besoin métaphysique » de l'homme en lui offrant l'image d'un monde qui a la cohérence rassurante d'un destin.

➤ Milan KUNDERA, *L'Art du roman* : « Le roman n'examine pas la réalité mais l'existence. [...] Les romanciers dessinent *la carte de l'existence* en découvrant telle ou telle possibilité humaine. »

56. Gustave Flaubert
Correspondance (1852)

On connaît les ambitions de Flaubert en matière de style, sa constante recherche d'une adéquation parfaite entre l'expression et la pensée (voir notre texte 22). Dans cette perspective, la prose romanesque devient un art aussi accompli — et plus difficile — que la poésie : « La prose, art plus immatériel (qui s'adresse moins aux sens, à qui tout manque de ce qui fait plaisir), a besoin d'être bourrée de choses et sans qu'on les aperçoive. Mais en vers les moindres paraissent » (lettre du 30 septembre 1853).

En matière de style, l'anti-modèle est Lamartine qui venait de publier un ouvrage autobiographique, Graziella. *À ce romantisme efféminé, Flaubert oppose un idéal fait de classicisme et de modernité :*

— classicisme puisque Flaubert définit un **idéal de justesse***, à la fois musicale et scientifique : la belle phrase qui allie la solidité de la composition (« muscles saillants et cambrés »), la sensualité de la sonorité et la précision de la pensée doit proprement enlever — et élever — le lecteur (dans une lettre du 30 septembre 1853, Flaubert se réfère au « vieux père Boileau [...] un maître homme et un grand écrivain ») ;*

— modernité dans la mesure où au nom de la liberté, de l'affranchissement de toute convention, l'œuvre d'art est maintenant définie par les seules contraintes que l'artiste s'est données. « S'éthérisant », se purifiant, l'art répudie aussi toute hiérarchie des sujets et réside dans le traitement qu'il leur impose. **Le roman devient ainsi poésie.**

56a. Pour une prose poétique
(extrait d'une lettre à Louise Colet, 24 avril 1852)

Je reviens à *Graziella*. Il y a un paragraphe d'une grande page tout en infinitifs : « se lever matin, etc. » L'homme qui adopte de pareilles tournures a l'oreille fausse. — Ce n'est pas un écrivain. Jamais de ces vieilles phrases à muscles saillants, cambrés, et dont le talon sonne. J'en conçois pourtant un, moi, un style : un style qui serait beau, que quelqu'un fera à quelque jour, dans dix ans, ou dans dix siècles, et qui serait rythmé comme le vers, précis comme le langage des sciences, et avec des ondulations, des ronflements de violoncelle, des aigrettes de feux, un style qui vous entrerait dans l'idée comme un coup de stylet, et où votre pensée enfin voguerait sur des surfaces lisses, comme lorsqu'on file dans un canot avec bon vent arrière. La prose est née d'hier, voilà ce qu'il faut se dire. Le vers est la forme par excellence des littératures anciennes. Toutes les combinaisons prosodiques ont été faites, mais celles de la prose, tant s'en faut.

56b. « Un livre sur rien »
(extrait d'une lettre à Louise Colet, 16 janvier 1852)

Ce qui me semble beau, ce que je voudrais faire, c'est un livre sur rien, un livre sans attache extérieure, qui se tiendrait de lui-même par la force interne de son style, comme la terre sans être soutenue se tient en l'air, un livre qui n'aurait presque pas de sujet ou du moins où le sujet serait invisible, si cela se peut. Les œuvres les plus belles sont celles où il y a le moins de matière ; plus l'expression se rapproche de la pensée, plus le mot colle dessus et disparaît, plus c'est beau. Je crois que l'avenir de l'Art est dans ces voies. Je le vois, à mesure qu'il grandit, s'éthérisant tant qu'il peut, depuis les pylônes égyptiens jusqu'aux lancettes gothiques, et depuis les poèmes de vingt mille vers des Indiens jusqu'aux jets de Byron. La forme, en devenant habile, s'atténue ; elle quitte toute liturgie, toute règle, toute mesure ; elle abandonne l'épique pour le roman, le vers pour la prose ; elle ne se connaît plus d'orthodoxie et est libre comme chaque volonté qui la produit. Cet affranchissement de la matérialité se retrouve en tout et les gouvernements l'ont suivi, depuis les despotismes orientaux jusqu'aux socialismes futurs.

C'est pour cela qu'il n'y a ni beaux ni vilains sujets et qu'on pourrait presque établir comme axiome, en se posant au point de vue de l'Art pur, qu'il n'y en a aucun, le style étant à lui tout seul une manière absolue de voir les choses.

Notions clés : *Poésie — Style.*

• L'avenir de la littérature est dans le développement d'une prose romanesque et poétique.

➤ Louis ARAGON, *Écrit au seuil*, préface à l'*Œuvre poétique* : « Je parlais des vers et de la prose, au fond, pour en dire que je n'y ai jamais vu différence. »

57. Mikhaïl Bakhtine
Esthétique et théorie du roman (1975)

Pour Bakhtine « l'objet principal du genre romanesque qui le "spécifie", qui crée son originalité stylistique, c'est *l'homme qui parle et sa parole* », sachant que le discours du locuteur est toujours un langage social au sein duquel s'harmonisent des éléments issus de divers langages. Ainsi, le roman est **polyphonie**, dialogue de langages divers qui renvoient aux différents discours définissant une culture (ce **dialogisme** peut être analysé en terme d'intertextualité*), il correspond à « un affinement de notre perception des différenciations socio-linguistiques ».

Un système de langues

Ces notions de polyphonie et de dialogisme ont depuis fait l'objet d'un approfondissement. Le linguiste Oswald Ducrot a esquissé « une théorie polyphonique de l'énonciation* » (Le Dire et le dit, éd. de Minuit, 1984, pp. 171 à 233) *qui considère que « le sens d'un énoncé, [...] c'est une description de son énonciation ». Ainsi « l'énoncé signale, dans son énonciation, la superposition de plusieurs voix » : celle d'un « locuteur », qui n'est pas le sujet parlant mais une fiction discursive présentée dans l'énoncé (et éventuellement désignée par* je*) et celle d'« énonciateurs » dont les points de vue sont exprimés à travers l'énonciation. Cette double énonciation apparaît au théâtre (voir le texte 86), dans les énoncés ironiques et plus largement dans tout énoncé. Cette théorie n'invalide pas l'analyse de Bakhtine : si tout énoncé est polyphonique, seul le roman travaille cette polyphonie à des fins esthétiques.*

Sans la mettre en cause, Daniel Delas considère que « les textes poétiques s'ouvrent à la dimension dialogique, voire polyphonique parce qu'ils recourent à un moment ou à un autre à la distanciation ironique ou argumentative ou à la narrativisation avec personnages ». En revanche, partant de l'idée que « rien n'est jamais monologique dans le langage », Henri Meschonnic refuse l'opposition que Bakhtine établit entre le roman polyphonique et la poésie monologique [1].

---

1. *Le Français aujourd'hui*, n° 98, « Le point de vue », juin 1992.

Le roman pris comme un tout, c'est un phénomène pluristylistique, pluri-lingual, plurivocal. L'analyste y rencontre certaines unités stylistiques hété-rogènes, se trouvant parfois sur des plans linguistiques différents et soumises à diverses règles stylistiques.

Voici les principaux types de ces unités compositionnelles et stylisti-ques, formant habituellement les diverses parties de l'ensemble roma-nesque :

1) La narration directe, littéraire, dans ses variantes multiformes.

2) La stylisation des diverses formes de la narration orale tradition-nelle, ou récit direct.

3) La stylisation des différentes formes de la narration écrite, semi-littéraire et courante : lettres, journaux intimes, etc.

4) Diverses formes littéraires, mais ne relevant pas de *l'art littéraire*, du discours d'auteur : écrits moraux, philosophiques, digressions savan-tes, déclamations rhétoriques, descriptions ethnographiques, comptes ren-dus, et ainsi de suite.

5) Les discours des personnages, stylistiquement individualisés.

Ces unités stylistiques hétérogènes s'amalgament, en pénétrant dans le roman, y forment un système littéraire harmonieux, et se soumettent à l'unité stylistique supérieure de l'ensemble, qu'on ne peut identifier avec aucune des unités qui dépendent de lui.

L'originalité stylistique du genre romanesque réside dans l'assemblage de ces unités dépendantes, mais relativement autonomes (parfois même plurilingues) dans l'unité suprême du « tout » : le style du roman, c'est un assemblage de styles ; le langage du roman, c'est un système de « lan-gues ». Chacun des éléments du langage du roman est défini relativement aux unités stylistiques dans lesquelles il s'intègre directement : discours stylistiquement individualisé du personnage, récit familier du narrateur, lettres, etc. C'est cette unité qui détermine l'aspect linguistique et stylisti-que (lexicologique, sémantique, syntaxique) de l'élément donné, qui par-ticipe en même temps que son unité stylistique la plus proche, participe au style de l'ensemble, en porte l'accent, fait partie de la structure et de la révélation de la signification unique de cet ensemble.

Le roman c'est la diversité sociale de langages, parfois de langues et de voix individuelles, diversité littérairement organisée. Ses postulats indis-pensables exigent que la langue nationale se stratifie en dialectes sociaux, en maniérismes d'un groupe, en jargons professionnels, langages des gen-res, parler des générations, des âges, des écoles, des autorités, cercles et modes passagères, en langages des journées (voire des heures) sociales, poli-tiques (chaque jour possède sa devise, son vocabulaire, ses accents) ; cha-que langage doit se stratifier intérieurement à tout moment de son existence historique. Grâce à ce plurilinguisme et à la plurivocalité qui en est issue, le roman orchestre tous ses thèmes, tout son univers signifiant, représenté et exprimé. Le discours de l'auteur et des narrateurs, les genres intercalaires, les paroles des personnages, ne sont que les unités compositionnelles de base, qui permettent au plurilinguisme de pénétrer dans le roman. Chacune d'elles admet les multiples résonances des voix sociales et leurs diverses liaisons et corrélations, toujours plus ou moins dialogisées. Ces liaisons, ces corrélations spéciales entre les énoncés et les langages, ce mouvement du thème qui passe à travers les langages et les discours, sa fragmentation en courants et gouttelettes, sa dialogisation, enfin, telle se présente la singularité première de la stylistique du roman.

Mikhaïl BAKHTINE, *Esthétique et théorie du roman*, 1975,
trad. fr. D. Olivier © éd. Gallimard, 1978, pp. 88-89.

Notions clés : *Dialogisme — Énonciation — Langage.*

• « Le roman c'est la diversité sociale de langages, parfois de langues et de voix individuelles, diversité littérairement organisée. »

Roman et réel : le réalisme en question

« Par un roman, on a entendu jusqu'à ce jour un tissu d'événements chimériques et frivoles, dont la lecture était dangereuse pour le goût et pour les mœurs », écrivait Diderot dans son *Éloge de Richardson* (1762). Le genre *romanesque* a longtemps souffert du discrédit jeté sur l'imagination ; aussi a-t-on vu de nombreux romanciers, de Diderot aux réalistes du XIXe siècle, affirmer la valeur historique ou scientifique de leurs œuvres. En se réclamant de la conformité au réel, ils se sont élevés contre la fiction et ses formes gratuites ou convenues (**58. Stendhal, Balzac, Zola**), mais ils ont été aussi les premiers à revendiquer d'autres qualités que la seule observation, la personnalité par exemple (**59. Zola**).

On a pu montrer aussi que l'illusion référentielle était inhérente au roman, qui emploie toutes ses ressources à faire passer la fiction pour la vie même (**60. Diderot**). Ce jeu entre fiction et réalité définit le roman comme « un genre œdipien » dans lequel l'illusion est mise au service d'un apprentissage de la vie (**61. Robert**).

58. Stendhal, Balzac, Zola
L'affirmation du réalisme au XIXe siècle

« *All is true* », assure le narrateur du *Père Goriot*. Chez les réalistes du XIXe siècle, ce processus de légitimation du roman par la vérité ou le réel (ces deux notions ne sont pourtant pas identiques) s'exprime à travers les métaphores du miroir, de l'historien et du savant.

Le roman est « miroir », reflet fidèle et complet du réel. C'est, pour Stendhal, une façon commode de réfuter par avance toute accusation d'immoralité (58a).

La métaphore de l'histoire, déjà utilisée par Diderot dans *Jacques le Fataliste* (« Je n'aime pas les romans, à moins que ce ne soient ceux de Richardson. Je fais l'histoire. [...] Mon projet est d'être vrai »), est reprise par Balzac qui se définit comme le « secrétaire » de « l'historien » que constitue à ses yeux « la Société française ». La création romanesque se réduirait ainsi à l'élaboration de personnages types (58b).

Balzac disait suivre la voie de Buffon et Geoffroy Saint-Hilaire et caractériser les « Espèces sociales » sur le modèle des « Espèces zoologiques » (*Avant-propos*, p. 8). Zola, théoricien du naturalisme, s'autorise de son exemple pour définir un roman scientifique. Son modèle est alors Claude Bernard qui a constitué la médecine en science par le recours systématique à la méthode expérimentale : l'observation et l'expérimentation, déjà utilisées dans *La Cousine Bette*, doivent permettre une étude scientifique des passions (58c).

58a. Stendhal

Un roman est un miroir qui se promène sur une grande route. Tantôt il reflète à vos yeux l'azur des cieux, tantôt la fange des bourbiers de la route. Et l'homme qui porte le miroir dans sa hotte sera par vous accusé d'être immoral ! Son miroir montre la fange, et vous accusez le miroir ! Accusez bien plutôt le grand chemin où est le bourbier, et plus encore l'inspecteur des routes qui laisse l'eau croupir et les bourbiers se former.

Le Rouge et le Noir, 1831, II, 19

58b. Honoré de Balzac

La Société française allait être l'historien, je ne devais être que le secrétaire. En dressant l'inventaire des vices et des vertus, en rassemblant les principaux faits des passions, en peignant les caractères, en choisissant les événements principaux de la Société, en composant des types par la réunion des traits de plusieurs caractères homogènes, peut-être pouvais-je arriver à écrire l'histoire oubliée par tant d'historiens, celle des mœurs.

Avant-propos de 1842 à *La Comédie humaine*

58c. Émile Zola

[...] le romancier est fait d'un observateur et d'un expérimentateur. L'observateur chez lui donne les faits tels qu'il les a observés, pose le point de départ, établit le terrain solide sur lequel vont marcher les personnages et se développer les phénomènes. Puis l'expérimentateur paraît et institue l'expérience, je veux dire fait mouvoir les personnages dans une histoire particulière, pour y montrer que la succession des faits y sera telle que l'exige le déterminisme des phénomènes mis à l'étude. C'est presque toujours ici une expérience « pour voir », comme l'appelle Claude Bernard. Le romancier part à la recherche d'une vérité. Je prendrai comme exemple la figure du baron Hulot, dans *La Cousine Bette*, de Balzac. Le fait général observé par Balzac est le ravage que le tempérament amoureux d'un homme amène chez lui, dans sa famille et dans la société. Dès qu'il a eu choisi son sujet, il est parti des faits observés, puis il a institué son expérience en soumettant Hulot à une série d'épreuves, en le faisant passer par certains milieux, pour montrer le fonctionnement du mécanisme de sa passion. Il est donc évident qu'il n'y a pas seulement là observation, mais qu'il y a aussi expérimentation, puisque Balzac ne s'en tient pas strictement en photographe aux faits recueillis par lui, puisqu'il intervient d'une façon directe pour placer son personnage dans des conditions dont il reste le maître. Le problème est de savoir ce que telle passion, agissant dans tel milieu et dans telles circonstances, produira au point de vue de l'individu et de la société ; et un roman expérimental, *La Cousine Bette* par exemple, est simplement le procès-verbal de l'expérience, que le romancier répète sous les yeux du public. En somme, toute l'opération consiste à prendre les faits dans la nature, puis à étudier le mécanisme des faits, en agissant sur eux par les modifications des circonstances et des milieux, sans jamais s'écarter des lois de la nature. Au bout, il y a la connaissance de l'homme, la connaissance scientifique, dans son action individuelle et sociale.

Sans doute, nous sommes loin ici des certitudes de la chimie et même de la physiologie. Nous ne connaissons point encore les réactifs qui décomposent les passions et qui permettent de les analyser. Souvent, dans cette étude, je rappellerai ainsi que le roman expérimental est plus jeune que la médecine expérimentale, laquelle pourtant est à peine née. Mais je n'entends pas constater les résultats acquis, je désire simplement exposer clairement une méthode. Si le romancier expérimental marche encore à tâtons dans la plus obscure et la plus complexe des sciences, cela n'empêche pas cette science d'exister. Il est indéniable que le roman naturaliste, tel que nous le comprenons à cette heure, est une expérience véritable que le romancier fait sur l'homme, en s'aidant de l'observation.

Émile ZOLA, *Le Roman expérimental*, 1880,
Œuvres complètes, Cercle du Livre précieux, t. X, pp. 1178-1179.

Notions clés : *Morale — Personnage — Réel — Science.*

• Soucieux de combattre l'image d'un roman futile et immoral, les réalistes du XIXᵉ siècle entendent donner à leurs œuvres un contenu scientifique.

➤ Marthe ROBERT, *Roman des origines et origine du roman* : « Le roman se distingue de tous les autres genres littéraires, et peut-être de tous les autres arts, par son aptitude non pas à reproduire la réalité, comme il est reçu de le penser, mais à remuer la vie pour lui recréer sans cesse de nouvelles conditions et en redistribuer les éléments. »

59. Émile Zola
Le « tempérament »

Vanter la perfection de l'observation, c'est risquer de nier le roman en tant qu'œuvre d'art. Les détracteurs du réalisme ne s'en sont pas fait faute qui ont prolongé la métaphore du miroir par celle de la photographie, considérée alors comme dépourvue de toute valeur esthétique. Or les réalistes — on l'oublie trop souvent — ont été les premiers à revendiquer leur qualité d'artistes, Balzac en mettant en évidence le don de « seconde vue » qui caractérise le romancier de génie (voir le texte 17), Flaubert en travaillant sa phrase (voir le texte 56), Zola en précisant que « le sens du réel » ne dispense pas de « l'expression personnelle ». (Avec ces formules, qui correspondent aux titres de deux chapitres du *Roman expérimental*, Zola retrouve les mêmes catégories que Balzac dans la préface à *La Peau de chagrin*.)

De son côté, Maupassant reprend une argumentation comparable dans son étude sur *Le Roman* (in *Pierre et Jean*, 1888). Selon lui, le réaliste, comme tout individu, se fait une image personnelle du monde mais il sait la faire accepter au public par des artifices esthétiques : les réalistes de talent ne sont pas des photographes mais des « illusionnistes ».

59a. *Le Roman expérimental* (1880)

*Dans une lettre du 18 août 1864, Zola conseille à l'écrivain Valabrègue de « donn[er] toute son expansion à [son] tempérament » car le roman réaliste (qu'il compare à un écran sur lequel vient se refléter la nature) « doit avoir en lui des propriétés particulières qui déforment les images, et qui, par conséquent, font de ces images des œuvres d'art ». Plus tard, dans ses manifestes les plus polémiques, il valorise toujours la « **personnalité d'artiste** » et précise bien que l'observation et l'expérimentation ne constituent que la première phase du travail, dans laquelle*

[...] l'écrivain n'est encore qu'un homme de science. Sa personnalité d'artiste s'affirme ensuite par le style. C'est ce qui constitue l'art. On nous répète cet argument stupide que nous ne reproduisons jamais la nature dans son exactitude. Eh ! sans doute, nous y mêlerons toujours notre humanité, notre façon de rendre. Seulement, il y a un abîme entre l'écrivain naturaliste qui va du connu à l'inconnu, et l'écrivain idéaliste qui a la prétention d'aller de l'inconnu au connu. Si nous ne donnons jamais la nature tout entière, nous vous donnerons au moins la nature vraie, vue à travers notre humanité ; tandis que les autres compliquent les déviations de leur optique personnelle par les erreurs d'une nature imaginaire, qu'ils acceptent empiriquement comme étant la nature vraie. En somme, nous ne leur demandons que de reprendre l'étude du monde à l'analyse première, sans rien abandonner de leur tempérament d'écrivain.

Émile ZOLA, *Œuvres complètes*, Cercle du Livre précieux, t. X, p. 1225.

59b. Lettre à Henry Céard, 22 mars 1885

À propos de Germinal, *Zola analyse lui-même son « tempérament lyrique », qu'il explique par « le mécanisme de [son] œil » : sa vision hyperbolique et symbolique déforme le réel, mais c'est pour mieux le dévoiler, le « mensonge » est au service du vrai.*

J'agrandis, cela est certain ; mais je n'agrandis pas comme Balzac, pas plus que Balzac n'agrandit comme Hugo. Tout est là, l'œuvre est dans les conditions de l'opération. Nous mentons tous plus ou moins, mais quelle est la mécanique et la mentalité de notre mensonge ? Or — c'est ici que je m'abuse peut-être — je crois encore que je mens pour mon compte dans le sens de la vérité. J'ai l'hypertrophie du détail vrai, le saut dans les étoiles sur le tremplin de l'observation exacte. La vérité monte d'un coup d'aile jusqu'au symbole. Il y aurait là beaucoup à dire.

Notions clés : *Personnalité de l'écrivain — Réel — Style.*

• La réalité est filtrée et éclairée par la personnalité de l'artiste.

60. Denis Diderot
Pour un roman « vrai »

Diderot a fait profession de foi de *réalisme* bien avant les théoriciens et romanciers du XIXᵉ siècle qui ont popularisé le mot dans son acception esthétique. *Jacques le Fataliste*, à la fois roman somme et anti-roman, critique les conventions et inventions des « faiseurs de romans » d'aventures et prétend rapporter des histoires vraies. Ses idées en matière d'esthétique romanesque sont synthétisées dans l'*Éloge de Richardson* et dans *les Deux amis de Bourbonne*.

60a. *Éloge de Richardson* (1762)

Diderot célèbre en l'auteur de *Pamela ou la Vertu récompensée* (1740) et de *Clarisse Harlowe* (1748) l'écrivain qui, renonçant à exploiter le goût du public pour le *romanesque* (aventures exotiques, « féerie », « biais chimériques ») et la « débauche », a donné ses lettres de noblesse au roman. Désormais, celui-ci se voit attribuer un double programme, qui est à la fois sa légitimation et la condition de son succès auprès des lecteurs.

Pouvoir se reconnaître et s'instruire

*Il doit d'abord se faire **roman de mœurs** et représenter « le monde où nous vivons ». En outre, se situant dans une perspective classique qui postule l'existence d'une nature humaine éternelle, Diderot assigne au roman le but de peindre des « caractères » et des « passions » : il admire chez Richardson une profonde **vérité psychologique**.*

*Ainsi, dans le même mouvement, le roman peut **passionner le lecteur** (qui se reconnaît dans des « personnages [qui] ont toute la réalité possible ») et l'**instruire** mieux que l'histoire, accusée de pallier par l'invention les lacunes de sa documentation alors que le romancier copie toujours d'après nature.*

On notera que pour Diderot cette imitation n'exclut pas l'art, qui est toujours illusion.

Cet auteur ne fait point couler le sang le long des lambris ; il ne vous transporte point dans des contrées éloignées ; il ne vous expose point à être dévoré par des sauvages ; il ne se renferme point dans les lieux clandestins de la débauche ; il ne se perd jamais dans les régions de la féerie. Le monde où nous vivons est le lieu de la scène ; le fond de son drame est vrai ; ses personnages ont toute la réalité possible ; ses caractères sont pris du milieu de la société ; ses incidents sont dans les mœurs de toutes les nations policées ; les passions qu'il peint sont telles que je les éprouve en moi ; ce sont les mêmes objets qui les émeuvent, elles ont l'énergie que je leur connais ; les traverses et les afflictions de ses personnages sont de la nature de celles qui me menacent sans cesse ; il me montre le cours général des choses qui m'environnent. Sans cet art, mon âme se pliant avec peine à des biais chimériques, l'illusion ne serait que momentanée, et l'impression faible et passagère.

[...] Ô Richardson ! j'oserai dire que l'histoire la plus vraie est pleine de mensonges, et que ton roman est plein de vérités ; l'histoire peint quelques individus ; tu peins l'espèce humaine ; l'histoire attribue à quelques individus ce qu'ils n'ont ni dit, ni fait ; tout ce que tu attribues à l'homme, il l'a dit et fait, l'histoire n'embrasse qu'une portion de la durée, qu'un point de la surface du globe ; tu as embrassé tous les lieux et tous les temps. Le cœur humain, qui a été, est et sera toujours le même, est le modèle d'après lequel tu copies. Si l'on appliquait au meilleur historien une critique sévère, y en a-t-il un qui la soutînt comme toi ? Sous ce point de vue, j'oserai dire que souvent l'histoire est un mauvais roman ; et que le roman, comme tu l'as fait, est une bonne histoire. Ô peintre de la nature, c'est toi qui ne mens jamais.

60b. *Les Deux Amis de Bourbonne* (1770)

Diderot distingue « trois sortes de contes » (nous dirions plutôt *récits*) selon leur degré de conformité au réel. Il oppose au « conte historique » (le récit réaliste), d'une part « le conte merveilleux » à la manière d'Homère, qui présente une nature « exagérée », d'autre part « le conte plaisant à la façon de La Fontaine [...] où le conteur ne se propose ni l'imitation de la nature, ni la vérité, ni l'illusion ». L'art le plus réaliste est donc toujours séduction, illusion. George Sand voyait dans l'œuvre de Balzac « la réalité la plus complète dans la plus complète fiction » (cité par Madeleine Fargeaud, *La Comédie humaine*, « La Pléiade », t. I, p. 6).

Théorie et pratique de l'illusion réaliste

Le conte historique, tel qu'il est écrit dans les Nouvelles de Scarron, de Cervantes, de Marmontel [...] se propose de vous tromper ; il est assis au coin de votre âtre ; il a pour objet la vérité rigoureuse ; il veut être cru ; il veut intéresser, toucher, entraîner, émouvoir, faire frissonner la peau et couler les larmes ; effet qu'on n'obtient point sans éloquence et poésie. Mais l'éloquence est une sorte de mensonge, et rien de plus contraire à l'illusion que la poésie ; l'une et l'autre exagèrent, surfont, amplifient, inspirent la méfiance : comment s'y prendra donc ce conteur-ci pour vous tromper ? Le voici. Il parsèmera son récit de petites circonstances si liées à la chose, de traits si simples, si naturels, et toutefois si difficiles à imaginer, que vous serez forcé de vous dire en vous-même : Ma foi, cela est vrai : on n'invente pas ces choses-là. C'est ainsi qu'il sauvera l'exagération de l'éloquence et de la poésie ; que la vérité de la nature couvrira le prestige de l'art ; et qu'il satisfera à deux conditions qui semblent contradictoires, d'être en même temps historien et poète, véridique et menteur.

Notions clés : *Fonction du roman — Mensonge/Vérité romanesques — Psychologie — Réalisme — Vérité.*

• Le romancier réaliste donne l'illusion de la réalité en masquant son art par des détails faussement naturels.
• Mieux que l'historien, il atteint à la vérité humaine.

61. Marthe Robert
Roman des origines et origine du roman (1972)

Spécialiste de littérature allemande (notamment de Kafka) et de psychanalyse, Marthe Robert entend ici élaborer une théorie du roman qui rende compte de la diversité de ses réalisations. Or le roman, qui ne respecte aucune convention, ne peut être défini par des formes littéraires. Son unité est à chercher dans un « noyau primitif », **une structure psychique inconsciente** que Freud appelle le *roman familial*, biographie fabuleuse que s'invente le petit enfant confronté à la nécessité de se détacher de ses parents.

Dans un premier stade (narcissique et pré-œdipien), il s'attribue le rôle de *l'enfant trouvé* qui va rejeter ses parents adoptifs roturiers pour vivre avec sa vraie famille dans un autre monde, radicalement différent. À cet âge psychique correspond le roman fantaisiste ou fantastique (*Tristan et Yseult, Don Quichotte, Aurélia*, etc.).

Au stade œdipien, l'enfant se rêve *bâtard*, fils d'une mère adultère et d'un père puissant mais inconnu, il s'engage dans le monde pour y conquérir sa vraie place. Ce scénario inspire les romanciers réalistes qui « retouchent leur propre histoire en stimulant le rythme et le grouillement de la vie ».

Ainsi, les « deux attitudes romanesques possibles » relèvent d'un désir « préhistorique » (universel, comme le complexe d'Œdipe) de « refaire la vie dans des conditions idéales » : **la réalité qu'évoque le roman est toujours fictive.**

L'illusion romanesque

S'il est vrai qu'à cause de son désir en quelque sorte préhistorique de refaire la vie dans des conditions idéales (ce qui ne veut pas dire que les vies représentées soient nécessairement meilleures ou plus belles que les vraies, il suffit qu'en les écrivant l'auteur ait le sentiment de corriger la sienne), le roman est recherche du temps perdu, éducation sentimentale, années d'apprentissage et de formation, c'est-à-dire du temps et de l'espace *mis en œuvre*, il semble toutefois qu'il reste libre de régler ses rapports avec les données de l'expérience sensible, ou plus exactement, avec l'illusion sur quoi se fondent ses effets. En gros, et sans tenir compte des innombrables formes transitoires, l'illusion romanesque peut être traitée de deux façons : ou bien l'auteur fait *comme si* elle n'existait pas du tout, et l'œuvre passe pour réaliste, naturaliste ou simplement fidèle à la vie ; ou bien il exhibe le *comme si* qui est sa principale arrière-pensée, et dans ce cas l'œuvre est dite onirique, fantastique, subjective, ou encore rangée sous la rubrique plus large du symbolique. Il y a donc deux types de roman, l'un qui prétend prélever sa matière sur le vif pour devenir un « tranche de vie » ou le fameux « miroir qu'on promène sur un chemin » ; l'autre qui, avouant de prime abord n'être qu'un jeu de formes et de figures, se tient quitte de toute obligation qui ne découle pas immédiatement de son projet. Des deux naturellement c'est le premier qui trompe le plus sûrement puisqu'il met tous ses soins à escamoter l'illusion ; par surcroît il fait ressortir la tromperie du second, car si l'écrit et le vivant présentent entre eux non pas des analogies, mais bel et bien des degrés de passage que tout auteur peut espérer franchir jusqu'au dernier, le roman de pure fantaisie est nécessairement ressenti comme faux ou tout au moins comme attardé au niveau de la pure distraction (c'est déjà l'argument des *curés* et des *barbiers* contre les romans de chevalerie [1]).

> Marthe ROBERT, *Roman des origines et origine du roman,*
> © éd. Grasset, 1972 ; éd. Gallimard, coll. « Tel », 1977, pp. 69-70.

Notions clés : *Fonction du roman — Illusion référentielle — Inconscient — Psychologie — Réel.*

• Le roman ne donne jamais qu'une image, plus ou moins illusoire, du réel.
• Ce recours à la fiction, au fantasme, satisfait chez l'homme le désir inconscient de corriger son histoire individuelle et de refaire le monde.

➤ Bernard PINGAUD, préface à *Pierre et Jean* : « Le domaine du roman est celui du fantasme, c'est-à-dire d'une organisation inconsciente qui forme la réalité en la déformant et que, par conséquent, aucun critère de vraisemblance, d'objectivité ne saurait invalider. »

---

1. Dans le roman de Cervantes, le curé et le barbier tentent de soustraire Don Quichotte à l'influence nocive des romans de chevalerie.

Roman et récit

Le roman, objet de consommation pour le grand public, souvent transformé en scénario de cinéma, est facilement réduit à un récit d'aventures : « le fond du roman, sa raison d'être, ce qu'il y a dedans, serait simplement l'histoire qu'il raconte », ironise le théoricien du Nouveau Roman. De fait, le récit — une certaine forme, chronologique, de récit — contribue largement à donner au lecteur l'illusion de la réalité, à masquer l'invention romanesque. Il est attaché à une époque, le XIXe siècle bourgeois, à sa croyance naïve à un monde ordonné et intelligible, il ne convient plus aux recherches des romanciers modernes (**62. Robbe-Grillet**). La notion d'*aventure* elle-même ne va pas de soi : elle est totalement étrangère à la vie, elle n'existe pas en dehors d'une structure narrative qui seule donne cohérence et finalité à une existence humaine soumise à la contingence (**63. Sartre**).

Sur le plan esthétique, le récit ne peut rendre compte de la valeur d'un roman, il ne peut d'ailleurs être isolé de l'ensemble de l'œuvre, à moins de céder, encore une fois, à « l'illusionnisme » qui voit dans l'art une simple reproduction du réel (**64. Malraux**).

62. Alain Robbe-Grillet
Pour un nouveau roman (1963)

Pour Robbe-Grillet, théoricien du Nouveau Roman (voir le texte 42), « l'histoire » est une des « notions périmées » sur lesquelles se fonde le roman réaliste : « le fond du roman, sa raison d'être, ce qu'il y a dedans, serait simplement l'histoire qu'il raconte ». Or une telle conception du roman lui paraît inacceptable pour des raisons d'ordre philosophique et esthétique.

On peut remarquer que cette mise en question des formes narratives suppose des lecteurs actifs et capables de s'intéresser à des romans déceptifs comme *La Jalousie* où l'on chercherait vainement une intrigue progressant d'un nœud à un dénouement.

Le refus du récit traditionnel

L'écriture, comme toute forme d'art, est [...] une intervention. Ce qui fait la force du romancier, c'est justement qu'il invente, qu'il invente en toute liberté, sans modèle. Le récit moderne a ceci de remarquable : il affirme de propos délibéré ce caractère, à tel point même que l'invention, l'imagination, deviennent à la limite le sujet du livre.

Et sans doute une pareille évolution ne constitue-t-elle qu'un des aspects du changement général des relations que l'homme entretient avec le monde dans lequel il vit. Le récit, tel que le conçoivent nos critiques académiques — et bien des lecteurs à leur suite — représente un ordre. Cet ordre, que l'on peut en effet qualifier de naturel, est lié à tout un système, rationaliste et organisateur, dont l'épanouissement correspond à la prise du pouvoir par la classe bourgeoise. En cette première moitié du XIXe siècle, qui vit l'apogée — avec *La Comédie humaine* — d'une forme narrative dont on comprend qu'elle demeure pour beaucoup comme un paradis perdu du roman, quelques certitudes importantes avaient cours : la confiance en particulier dans une logique des choses juste et universelle.

Tous les éléments techniques du récit — emploi systématique du passé simple et de la troisième personne, adoption sans condition du déroulement chronologique, intrigues linéaires, courbe régulière des passions, tension de chaque épisode vers une fin, etc. —, tout visait à imposer l'image d'un univers stable, cohérent, continu, univoque, entièrement déchiffrable. Comme l'intelligibilité du monde n'était même pas mise en question, raconter ne posait pas de problème. L'écriture romanesque pouvait être innocente.

Mais voilà que, dès Flaubert, tout commence à vaciller. Cent ans plus tard, le système entier n'est plus qu'un souvenir ; et c'est à ce souvenir, à ce système mort, que l'on voudrait à toute force tenir le roman enchaîné. Pourtant, là encore, il suffit de lire les grands romans du début de notre siècle pour constater que, si la désagrégation de l'intrigue n'a fait que se préciser au cours des dernières années, elle avait déjà cessé depuis long-temps de constituer l'armature du récit. Les exigences de l'anecdote sont sans aucun doute moins contraignantes pour Proust que pour Flaubert, pour Faulkner que pour Proust, pour Beckett que pour Faulkner... Il s'agit désormais d'autre chose. Raconter est devenu proprement impossible.

Alain ROBBE-GRILLET, *Pour un nouveau roman*,
© éd. de Minuit, 1963 ; éd. Gallimard, coll. « Idées », pp. 36-37.

Notions clés : *Récit — Temporalité.*

• Le récit réaliste linéaire constitue une forme narrative datée et inadaptée à la situation de l'homme dans le monde moderne.

63. Jean-Paul Sartre
La Nausée (1938)

À l'articulation de la philosophie et de la littérature, Sartre a rédigé une œuvre immense comprenant des essais philosophiques sur l'existentialisme et le matérialisme dialecti-que (dont *L'Être et le Néant*, 1943 ; *Critique de la raison dialectique*, 1960), des récits (*Le Mur*, nouvelles, 1938 ; *Les Chemins de la liberté*, 1945-1949 ; *Les Mots*, autobio-graphie, 1964), des pièces de théâtre (notamment *Les Mouches*, 1943 ; *Huis clos*, 1944 ; *Les Mains sales*, 1948 ; *Le Diable* et *le Bon Dieu*, 1951), des essais critiques et politi-ques (études sur Baudelaire, Genet et Flaubert ; série des *Situations*, de 1947 à 1976).

Bien qu'il les ait toujours distinguées en théorie, son œuvre philosophique et son œuvre littéraire sont unies par diverses correspondances. D'une part, ses récits littérai-res concernent des notions comme la liberté, l'existence, la contingence ; d'autre part, comme il l'a dit lui-même à propos de la temporalité chez Faulkner, « une technique romanesque renvoie toujours à **la métaphysique du romancier** » (*Situations I*, p. 71).

La Nausée, son premier roman, se présente comme le journal intime d'un per-sonnage qui s'englue dans une vie morne, dans un présent sans perspectives. Cette crise existentielle lui révèle la contingence fondamentale de l'existence humaine.

Le récit et la vie

Quand on vit, il n'arrive rien. Les décors changent, les gens entrent et sor-tent, voilà tout. Il n'y a jamais de commencements. Les jours s'ajoutent aux jours sans rime ni raison, c'est une addition interminable et mono-tone. De temps en temps, on fait un total partiel : on dit : voilà trois ans que je voyage, trois ans que je suis à Bouville. Il n'y a pas de fin non plus :

on ne quitte jamais une femme, un ami, une ville en une fois. Et puis tout se ressemble : Shanghaï, Moscou, Alger, au bout d'une quinzaine, c'est tout pareil. Par moments — rarement — on fait le point, on s'aperçoit qu'on s'est collé avec une femme, engagé dans une sale histoire. Le temps d'un éclair. Après ça, le défilé recommence, on se remet à faire l'addition des heures et des jours. Lundi, mardi, mercredi. Avril, mai, juin. 1924, 1925, 1926.

Ça, c'est vivre. Mais quand on raconte la vie, tout change ; seulement c'est un changement que personne ne remarque : la preuve c'est qu'on parle d'histoires vraies. Comme s'il pouvait y avoir des histoires vraies ; les événements se produisent dans un sens et nous les racontons en sens inverse. On a l'air de débuter par le commencement : « C'était par un beau soir de l'automne de 1922. J'étais clerc de notaire à Marommes. » Et en réalité c'est par la fin qu'on a commencé. Elle est là, invisible et présente, c'est elle qui donne à ces quelques mots la pompe et la valeur d'un commencement. « Je me promenais, j'étais sorti du village sans m'en apercevoir, je pensais à mes ennuis d'argent. » Cette phrase, prise simplement pour ce qu'elle est, veut dire que le type était absorbé, morose, à cent lieues d'une aventure, précisément dans ce genre d'humeur où on laisse passer les événements sans les voir. Mais la fin est là, qui transforme tout. Pour nous, le type est déjà le héros de l'histoire. Sa morosité, ses ennuis d'argent sont bien plus précieux que les nôtres, ils sont tout dorés par la lumière des passions futures. Et le récit se poursuit à l'envers : les instants ont cessé de s'empiler au petit bonheur les uns sur les autres, ils sont happés par la fin de l'histoire qui les attire et chacun d'eux attire à son tour l'instant qui le précède : « Il faisait nuit, la rue était déserte. » La phrase est jetée négligemment, elle a l'air superflue ; mais nous ne nous y laissons pas prendre et nous la mettons de côté : c'est un renseignement dont nous comprendrons la valeur par la suite. Et nous avons le sentiment que le héros a vécu tous les détails de cette nuit comme des annonciations, comme des promesses, ou même qu'il vivait seulement ceux qui étaient des promesses, aveugle et sourd pour tout ce qui n'annonçait pas l'aventure. Nous oublions que l'avenir n'était pas encore là ; le type se promenait dans une nuit sans présages, qui lui offrait pêle-mêle ses richesses monotones et il ne choisissait pas.

Jean-Paul SARTRE, La Nausée,
© éd. Gallimard, 1938, pp. 61-62.

Notion clé : *Récit.*

• Tout récit recompose le réel pour lui donner la cohérence d'un destin.

➤ Charles GRIVEL, *Production de l'intérêt romanesque* : « Un roman est dès le début le mot de sa fin. » « Commencement et fin sont [...] donnés en même temps, comme parties intégrantes, indissociables, d'une cohérence perçue globalement par le lecteur à chaque endroit du texte. »

64. André Malraux
L'Homme précaire et la littérature (1977)

Malraux a érigé en principe **l'autonomie de l'art** : pour lui, une œuvre s'inspire non de la réalité mais de l'ensemble des œuvres qui l'ont précédée (de « la Bibliothèque » ; voir le texte 13). « Ce que veut tout auteur, avant de raconter l'histoire de Mme de Clèves ou de Coupeau, c'est : écrire-un-chef-d'œuvre » (p. 152). Cette définition du romancier comme artiste, créateur de formes et de relations nouvelles, a deux conséquences importantes.

Roman et histoire

*Malgré les proclamations des réalistes du XIXe siècle, le roman ne reproduit pas le réel (même déformé par « un tempérament ») : **le romancier invente un monde** (« une coordination » entre les choses) qui lui est propre et qui est la marque de son génie (voir 7. Proust). Malraux critique ici « l'illusionnisme » réducteur qui se fonde sur une conception simpliste de la création artistique : celle-ci ne met pas en jeu la seule observation mais des opérations « tantôt gouvernées et tantôt instinctives » (voir sur ce point le chapitre 4). Le roman n'est pas l'interprétation d'une partition qui serait l'histoire, « il n'y a pas de partition » : **on ne peut isoler l'histoire*** de la forme qu'elle prend dans l'écriture et la composition sans détruire la valeur artistique du roman. « Le génie du romancier est dans la part du roman qui ne peut être ramenée au récit » (p. 142).*

*Ces deux observations sont liées. Le récit traditionnel (« balzacien ») est le principal facteur de l'illusion réaliste, que critique aussi Robbe-Grillet : « Bien raconter, c'est [...] faire ressembler ce que l'on écrit aux schémas préfabriqués dont les gens ont l'habitude, c'est-à-dire à l'idée toute faite qu'ils ont de la réalité » (*Pour un nouveau roman*, p. 34).*

Nous regardons la narration, réalisme compris, comme on regardait la peinture, réalisme compris, en 1850 : l'illusionnisme y va de soi. Tout spectacle peut devenir en peinture ce qu'il devient dans un miroir, toute succession d'événements peut devenir, en littérature, le développement de son résumé. Depuis « le miroir promené le long d'un chemin » [1], définition du roman prêtée par Stendhal à Saint-Réal, jusqu'à « la nature vue à travers un tempérament » [2], définition de la fin du siècle, on n'est passé que du miroir

---

1. « Un roman : c'est un miroir qu'on promène le long du chemin. Saint-Réal » (épigraphe du *Rouge et le Noir*, I, XIII ; voir le texte 58a).

2. Pour Zola, « une œuvre d'art est un coin de la création vu à travers un tempérament » (« Proudhon et Courbet », 1865, in *Mes haines*). « La réalité exacte est donc impossible dans une œuvre d'art. [...] Il y a déformation de ce qui existe. Il y a mensonge » (lettre à Valabrègue, 18 août 1864 ; voir le texte 59a).

fidèle au miroir déformant. Alors qu'il ne s'agit pas de déformer, mais de former : d'inventer une autre coordination. Le lecteur voit, dans le romancier, l'interprète d'une histoire qu'il raconte, en raison d'une image puissante comme l'évidence : celle du musicien que chacun voit interpréter sa partition. L'évidence cesse lorsque la caméra nous demande : *quelle est la partition ?* [...]

Nous parlons de l'élément spécifique d'un chef-d'œuvre, qui appartient à sa totalité — qu'on l'appelle musique, parfum, palette, ou de tout autre mot allusif — comme s'il était *transcrit*, s'il avait un modèle. Quelque part, fût-ce dans l'imagination de Stendhal, aurait existé une Parme que celui-ci eût reproduite. Mort sans avoir jamais écrit, il eût emporté avec lui *La Chartreuse de Parme*, violettes funèbres. Or, il n'existe pas plus de *Chartreuse*, non écrite, que de symphonie imaginaire ou de modèle d'un tableau cubiste. Le livre est le résultat d'une élaboration, d'une suite de parties, tantôt gouvernées et tantôt instinctives, dont chacune se répercute ; dans lesquelles le grand romancier trouve une coordination qui lui appartient comme le timbre de sa voix. Stendhal, Tolstoï, n'inventent pas mieux que d'autres leur intrigue, ne racontent pas mieux leur histoire. Ces critères s'appliquent aux romans narratifs (entre tous, aux romans policiers) et la création n'en a cure. Même si la survie doit un jour abandonner Stendhal, elle n'a pas retenu pour nous l'histoire de Berthet ni même celle de Julien, elle a retenu *Le Rouge et le Noir*. Pas l'histoire du prince André, mais *Guerre et Paix*. Il n'y a pas de partition.

André MALRAUX, *L'Homme précaire et la littérature*,
© éd. Gallimard, 1977, pp. 146-148.

Notions clés : *Chef-d'œuvre — Création littéraire — Illusion référentielle — Récit.*

• La création romanesque ne reproduit pas le réel, elle instaure de nouveaux rapports entre les choses qui définissent le génie du romancier.
• Elle ne se limite donc pas à l'invention d'une histoire.

➤ Pierre REVERDY, *Self defence. Critique — Esthétique* : « Œuvre indivisible dont on ne peut transporter l'anecdote nue d'un côté, les idées d'un autre en laissant l'art ailleurs. Qu'on l'ait sous les yeux ou devant sa mémoire l'œuvre ne doit jamais se présenter que comme un ensemble qu'on ne peut dessouder.
Une œuvre littéraire ne peut être conçue en bloc autrement qu'écrite. »

Roman et personnage

Il n'y a pas de roman sans personnage : « la situation narrative de base comprend le personnage » (Grivel, *Production de l'intérêt romanesque*, p. 111). C'est pourquoi le personnage de roman est souvent perçu comme une entité « naturelle », et de fait il joue un rôle essentiel dans la création de l'illusion réaliste : en lui donnant un nom, une activité sociale, une psychologie, en le situant dans l'espace, le temps, l'histoire, le roman tend à faire de lui un être vivant (ainsi au début de *Bel-Ami*, le héros de Maupassant se détache progressivement des « vrais » promeneurs des grands boulevards comme s'il était tiré directement de la vie). Pourtant même chez les classiques, les grands réalistes du XIXᵉ siècle et leurs successeurs, le *personnage* n'est pas confondu avec une *personne* réelle : il est au contraire une abstraction et c'est ce qui lui permet de toucher l'intelligence et la sensibilité du lecteur (**65. Proust**). En outre, selon une dialectique du feint et du vrai, il est défini comme une imitation, une stylisation de l'humain. Sans ce grossissement, ce « trucage » inhérent à l'art, il n'atteindrait aucune vérité psychologique et le roman perdrait toute légitimité (**66. Mauriac**).

Mais avec le développement des sciences humaines, il est apparu que les catégories superficielles qui définissaient les *types* et leurs sentiments ne correspondaient plus à la conception d'un moi divisé et morcelé : les *nouveaux romanciers* ont ainsi répudié la notion même de personnage sur le plan théorique comme dans leur pratique d'écrivain (**67. Sarraute**). Parallèlement, cette notion a été soumise à des analyses nouvelles : les personnages sont des êtres de papier, des constructions du texte et on peut les caractériser comme un ensemble de signes et de fonctions (voir le chapitre 12). La lecture projective semble désormais impossible.

L'identification au personnage a pourtant été à nouveau réhabilitée dans une perspective humaniste comme le processus élémentaire de l'expérience romanesque qui permet au lecteur de se détacher de soi pour mieux se comprendre (**68. Sallenave**).

65. Marcel Proust
Du côté de chez Swann (1913)

Dès le premier tome de la *Recherche*, le narrateur évoque sa relation à la littérature :
à son coucher l'enfant écoute sa mère lui lire George Sand, ou bien il s'isole dans
le jardin de Combray pour lire des romans. L'acte de lecture se fait selon un double
mouvement : dans le domaine de la pensée, le jeune lecteur cherche à s'approprier
« la richesse philosophique » et « la beauté du livre » que lui ont conseillé un professeur ou un ami ; dans le domaine des émotions, il participe intensément à l'action
dramatique que vivent les personnages. Ce deuxième point conduit à analyser la nature
du personnage de roman.

« Ces êtres d'un genre nouveau »

*Contrairement à un préjugé populaire — c'est ici l'opinion de la domestique
Françoise — qui dénie tout intérêt aux êtres de fiction, Proust montre que
c'est justement parce qu'ils ne sont pas réels qu'ils plaisent au lecteur. Ce
paradoxe s'appuie sur une conception de la nature humaine selon laquelle
nos sens ne nous donnent pas accès aux émotions d'autrui : nous ne les par-
tageons que si nous pouvons nous les représenter sous forme d'« images ».*
  Ce texte a le mérite de dépasser l'opposition entre **réalité** *et* **fiction** *: ce
qui est* **vrai**, *ce sont les sentiments du lecteur, que seuls peuvent faire naître
des* **êtres fictifs**. *Il ouvre la voie à une réflexion moderne sur le personnage
en montrant qu'il n'est qu'un ensemble de représentations et qu'il ne se constitue que dans l'intelligence et la sensibilité du lecteur.*

Ces après-midi-là étaient plus remplis d'événements dramatiques que ne
l'est souvent toute une vie. C'était les événements qui survenaient dans
le livre que je lisais ; il est vrai que les personnages qu'ils affectaient
n'étaient pas « réels », comme disait Françoise. Mais tous les sentiments
que nous font éprouver la joie ou l'infortune d'un personnage réel ne se
produisent en nous que par l'intermédiaire d'une image de cette joie ou
de cette infortune ; l'ingéniosité du premier romancier consista à comprendre que dans l'appareil de nos émotions, l'image étant le seul élément essentiel, la simplification qui consisterait à suprimer purement et simplement
les personnages réels serait un perfectionnement décisif. Un être réel, si
profondément que nous sympathisions avec lui, pour une grande part est
perçu par nos sens, c'est-à-dire nous reste opaque, offre un poids mort que
notre sensibilité ne peut soulever. Qu'un malheur le frappe, ce n'est qu'en
une petite partie de la notion totale que nous avons de lui que nous pour-
rons en être émus ; bien plus, ce n'est qu'en une partie de la notion totale

qu'il a de soi qu'il pourra l'être lui-même. La trouvaille du romancier a été d'avoir l'idée de remplacer ces parties impénétrables à l'âme par une quantité égale de parties immatérielles, c'est-à-dire que notre âme peut s'assimiler. Qu'importe dès lors que les actions, les émotions de ces êtres d'un nouveau genre nous apparaissent comme vraies, puisque nous les avons faites nôtres, puisque c'est en nous qu'elles se produisent, qu'elles tiennent sous leur dépendance, tandis que nous tournons fiévreusement les pages du livre, la rapidité de notre respiration et l'intensité de notre regard ? Et une fois que le romancier nous a mis dans cet état, où comme dans tous les états purement intérieurs toute émotion est décuplée, où son livre va nous troubler à la façon d'un rêve mais d'un rêve plus clair que ceux que nous avons en dormant et dont le souvenir durera davantage, alors, voici qu'il déchaîne en nous pendant une heure tous les bonheurs et tous les malheurs possibles dont nous mettrions dans la vie des années à connaître quelques-uns, et dont les plus intenses ne nous seraient jamais révélés parce que la lenteur avec laquelle ils se produisent nous en ôte la perception.

Marcel PROUST, *Du côté de chez Swann*,
éd. Gallimard, « La Pléiade », t. 1, pp. 84-85.

Notions clés : *Lecture — Personnage — Plaisir*.

• Le personnage de roman n'est qu'un composé d'images affectives.
• C'est pourquoi il touche directement la sensibilité du lecteur, qui peut croire ainsi à son existence.

66. François Mauriac
Le Romancier et ses personnages (1933)

Mauriac a d'abord connu la consécration (élection à l'Académie française en 1933) avec une série de romans (*Genitrix*, 1923 ; *Le Désert de l'Amour*, 1925 ; *Thérèse Desqueyroux*, 1927, etc.) qui donnent une image sombre de la condition humaine déchirée entre les exigences du monde et de la chair et le souci de la grâce. Mais les interrogations du moraliste et du chrétien ne l'ont pas écarté des problèmes politiques et sociaux : depuis la guerre il a déployé aussi une grande activité d'essayiste et de journaliste marquée par des choix nettement affirmés (la Résistance, la décolonisation, le gaullisme).

Sa réflexion sur le romancier et ses personnages se fonde sur deux principes :
— les pouvoirs du romancier sont limités, il ne crée pas « une humanité de chair et d'os », mais « une image transposée et stylisée » qui ignore les déterminations de l'inconscient et ne peut « faire concurrence à la vie » ;
— la légitimité du roman ne vient donc pas de sa capacité à reproduire le réel mais de sa portée morale : il contribue à « **la connaissance du cœur humain** ».

Des êtres fictifs pour mieux se connaître

Notre extrait articule nettement les deux notions de **mensonge** *et* **vérité roma-**
nesques. *Il précise d'abord que les personnages sont artificiels, truqués,*
puisqu'ils vont jusqu'au bout d'une passion qui est à travers eux clairement
analysée. Et c'est, paradoxalement, dans la mesure où ils échappent à l'insi-
gnifiance de la vie réelle que ces fantômes constituent des types riches d'ensei-
gnement pour les vivants en leur permettant de « voi[r] plus clair dans leur
propre cœur » et de mieux comprendre leurs semblables.

Cette conception classique du personnage et du roman a été critiquée par
Sartre, qui prenait plutôt comme modèle le roman anglo-américain. Dans un
article de 1939, il reproche à Mauriac de ne laisser aucune liberté à ses per-
sonnages (« avant d'écrire il forge leur essence ») en adoptant « le point de
vue de Dieu » alors qu'« un roman est une action racontée de différents points
de vue » (« M. François Mauriac et la liberté », repris dans Situations I, *1947).*

On ne pense pas assez que le roman qui serre la réalité du plus près possible est déjà tout de même menteur par cela seulement que les héros s'expliquent et se racontent. Car, dans les vies les plus tourmentées, les paroles
comptent peu. Le drame d'un être vivant se poursuit presque toujours et
se dénoue dans le silence. L'essentiel, dans la vie, n'est jamais exprimé.
Dans la vie, Tristan et Yseult parlent du temps qu'il fait, de la dame qu'ils
ont rencontrée le matin, et Yseult s'inquiète de savoir si Tristan trouve
le café assez fort. Un roman tout à fait pareil à la vie ne serait finalement
composé que de points de suspension. Car, de toutes les passions, l'amour,
qui est le fond de presque tous nos livres, nous paraît être celle qui s'exprime
le moins. Le monde des héros de roman vit, si j'ose dire, dans une autre
étoile, — l'étoile où les êtres humains s'expliquent, se confient, s'analy-
sent la plume à la main, recherchent les scènes au lieu de les éviter, cernent leurs sentiments confus et indistincts d'un trait appuyé, les isolent
de l'immense contexte vivant et les observent au microscope.

Et cependant, grâce à tout ce trucage, de grandes vérités partielles
ont été atteintes. Ces personnages fictifs et irréels nous aident à nous mieux
connaître et à prendre conscience de nous-mêmes. Ce ne sont pas les héros
de roman qui doivent servilement être comme dans la vie, ce sont, au
contraire, les êtres vivants qui doivent peu à peu se conformer aux leçons
que dégagent les analyses des grands romanciers. Les grands romanciers
nous fournissent ce que Paul Bourget, dans la préface d'un de ses premiers livres, appelait des planches d'anatomie morale. Aussi vivante que
nous apparaisse une créature romanesque, il y a toujours en elle un sentiment, une passion que l'art du romancier hypertrophie pour que nous
soyons mieux à même de l'étudier ; aussi vivants que ces héros nous appa-

raissent, ils ont toujours une significatîon, leur destinée comporte une leçon, une morale s'en dégage qui ne se trouve jamais dans une destinée réelle toujours contradictoire et confuse.

Les héros des grands romanciers, même quand l'auteur ne prétend rien prouver ni rien démontrer, détiennent une vérité qui peut n'être pas la même pour chacun de nous, mais qu'il appartient à chacun de nous de découvrir et de s'appliquer. Et c'est sans doute notre raison d'être, c'est ce qui légitime notre absurde et étrange métier que cette création d'un monde idéal grâce auquel les hommes vivants voient plus clair dans leur propre cœur et peuvent se témoigner les uns aux autres plus de compréhension et plus de pitié.

François MAURIAC, Le Romancier et ses personnages, 1933
© éd. Buchet/Chastel, pp. 155-158.

Notions clés : *Fonction du roman — Mensonge/Vérité romanesques — Personnages — Points de vue narratifs.*

• Les personnages de roman sont des êtres fabriqués pour permettre aux hommes de mieux se comprendre.

➤ Georg LUKACS, *Balzac et le réalisme français* : « Seule l'invention de personnages tout à fait hors du commun permettait à Stendhal de représenter de façon parfaitement typique [...] la critique de la bassesse, du mensonge et de l'hypocrisie de la Restauration. »

67. Nathalie Sarraute
L'Ère du soupçon (1956)

Depuis son premier ouvrage (*Tropismes*, 1939), Nathalie Sarraute s'intéresse à ces « mouvements indéfinissables, qui glissent très rapidement aux limites de notre conscience ; ils sont à l'origine de nos gestes, de nos paroles, des sentiments que nous manifestons, que nous croyons éprouver et qu'il est possible de définir ». Cette recherche l'a amenée à renouveler les techniques romanesques, notamment à **rejeter le personnage de type balzacien** et « la vieille analyse des sentiments ». Elle s'est reconnue ensuite dans le « nouveau roman » dont *L'Ère du soupçon* constitue le premier manifeste.

Selon elle, le personnage romanesque ne paraît plus crédible au lecteur moderne qui, depuis « Joyce, Proust et Freud », connaît « **le foisonnement infini de la vie psychologique** » et les vastes régions encore à peine défrichées de l'inconscient ». Réciproquement, soucieux de rendre « la complexité de la vie psychologique, l'écrivain, en toute honnêteté, parle de soi » et renonce aux « types littéraires » et au « ton impersonnel ». Ce « nouveau roman », qui récuse la notion de personnage au nom des acquis de la psychologie moderne, suppose **un lecteur actif et même créateur**, prêt à se rendre « sur le terrain de l'auteur » (p. 90).

Le personnage type est un trompe-l'œil

Le lecteur, en effet, même le plus averti, dès qu'on l'abandonne à lui-même, c'est plus fort que lui, typifie.

Il le fait — comme d'ailleurs le romancier, aussitôt qu'il se repose — sans même s'en apercevoir, pour la commodité de la vie quotidienne, à la suite d'un long entraînement. Tel le chien de Pavlov, à qui le tintement d'une clochette fait sécréter de la salive, sur le plus faible indice il fabrique des personnages. Comme au jeu des « statues », tous ceux qu'il touche se pétrifient. Ils vont grossir dans sa mémoire la vaste collection de figurines de cire que tout au long de ses journées il complète à la hâte et que, depuis qu'il a l'âge de lire, n'ont cessé d'enrichir d'innombrables romans.

Or, nous l'avons vu, les personnages, tels que les concevait le vieux roman (et tout le vieil appareil qui servait à les mettre en valeur), ne parviennent plus à contenir la réalité psychologique actuelle. Au lieu, comme autrefois, de la révéler, ils l'escamotent.

Aussi, par une évolution analogue à celle de la peinture — bien qu'infiniment plus timide et plus lente, coupée de longs arrêts et de reculs — l'élément psychologique, comme l'élément pictural, se libère insensiblement de l'objet avec lequel il faisait corps. Il tend à se suffire à lui-même et à se passer le plus possible de support. C'est sur lui que tout l'effort de recherche du romancier se concentre, et sur lui que doit porter tout l'effort d'attention du lecteur.

Il faut donc empêcher le lecteur de courir deux lièvres à la fois, et puisque ce que les personnages gagnent en vitalité facile et en vraisemblance, les états psychologiques auxquels ils servent de support le perdent en vérité profonde, il faut éviter qu'il disperse son attention et la laisse accaparer par les personnages, et, pour cela, le priver le plus possible de tous les indices dont, malgré lui, par un penchant naturel, il s'empare pour fabriquer des trompe-l'œil.

Nathalie SARRAUTE, *L'Ère du soupçon*,
© éd. Gallimard, 1956, coll. « Idées », pp. 86-88.

Notions clés : *Impersonnalité — Lecteur — Psychologie.*

• Le personnage balzacien se fonde sur des conceptions psychologiques dépassées.
• Les recherches des nouveaux romanciers excluent la création de types et exigent un lecteur actif.

➤ Alain ROBBE-GRILLET, *Pour un nouveau roman* : « Le roman de personnages appartient bel et bien au passé, il caractérise une époque : celle qui marqua l'apogée de l'individu. »

68. Danièle Sallenave
Le Don des morts. Sur la littérature (1991)

Pour Danièle Sallenave, **l'expérience littéraire est une expérience vitale** qui donne accès à un monde revisité. Le roman, ainsi, a pour sujet « nous-mêmes, notre existence dans le monde », grâce à lui nous échappons à notre condition et mettons à l'épreuve des situations fictives. Cette analyse de la lecture romanesque s'appuie sur deux concepts d'Aristote : la fiction représente la réalité (c'est la *mimesis**) ; mais en la transfigurant, en la tenant à distance, notamment par le dialogue entre narrateur et personnages, elle nous permet de « comprendre le sens de nos actions et de nos passions » (c'est la *catharsis**, « l'allégement des passions passées par le filtre de la raison »).

Cela suppose **une réévaluation du rôle du personnage.** Le refus de la « psychologie vieillotte » de « la littérature d'assouvissement » ne doit pas conduire à faire des personnages « de simples "figures de papier" » : l'œuvre n'est pas pur langage, elle fait toujours référence au monde et engage dans une « quête du sens » et l'auteur qui produit le texte et le lecteur qui se l'approprie. Cette conception de la littérature se fonde sur une conception de l'homme défini, dans la tradition des Lumières, comme « sujet libre qui réfléchit sur sa vie afin de la gouverner ».

« Être autre »

Il faut le dire et le redire sans compter : il y a un lien indestructible entre le roman et le personnage ; qui attente au second ne peut que porter atteinte au premier. La *catharsis* ne peut se passer du personnage. C'est une énigme, et c'est un fait : nous avons besoin de projection, de transfert, d'identification. Pour que la fiction opère, nous avons besoin de croire à l'existence d'un personnage en qui se résument et se concentrent les actions qu'organise la fable. Le fonctionnement même du texte le veut : sa vérité est obligée de passer par des simulacres de mots ; et la vie même et l'âme de l'auteur de se couler vivantes dans la figure de papier qui le représente. Et qui, dans le même temps, le sauve [...].

Est-ce à dire que notre lecture hallucinée oublie de voir dans le personnage un être de fiction, et nous fait croire à son existence hors du texte ? Non pas. Le personnage vit, sans doute : mais nous savons fort bien de quelle vie. C'est la vie d'une illusion. Ni plus ni moins. Le personnage existe, mais dans la fiction, d'une existence *fictive*. Comme le roi Lear « existe » sur la scène, d'une existence scénique.

L'illusion littéraire suppose un consentement à la croyance temporaire dans la réalité imaginaire des choses fictives. « Héros » d'Homère ou personnage de Balzac, ou simple voix, sans corps ni sexe, de la fiction moderne, le personnage est « entre deux mondes », issu de l'expérience imaginaire ou réelle de l'auteur, et de l'agencement « mimétique » de ses actions, le personnage vient vers le lecteur comme une proposition de sens à achever. Pour parvenir à cette fin, l'auteur a dû lui-même se métamorphoser en un être de fiction, en une figure de pensée, le narrateur, qui se constitue dans l'ordre même qu'il impose à ses objets. L'auteur, en un sens, est devenu un personnage de son propre roman, il se met lui aussi à exister « entre deux mondes », entre le monde de la fiction et le monde vrai auquel il appartient encore un temps. C'est sur ce modèle que le lecteur va plus tard se couler.

Ce battement du réel et de l'imaginaire qui nous saisit pendant la lecture est l'essence de la fiction dramatique ou épique. Une feinte, tout entière au service de la création romanesque, du bonheur du lecteur, du fonctionnement de la fiction. Car l'essentiel est là : le relais maintenant peut être pris ; c'est au lecteur d'agir. La pensée s'est emparée de son objet, les actions (et les passions) ; elle en a constitué la figuration nécessaire pour que nous puissions y entendre notre voix, et tenter, espérer, d'y « *éclairer notre énigme* ». À la compréhension des causes s'adjoint alors l'allégement des passions passées par le filtre de la raison.

Le personnage me fait accéder à mon tour au grand règne des métamorphoses. C'est par lui que le roman peut se faire expérience du monde, en m'obligeant à devenir moi aussi un être imaginaire. En lisant, je me livre, je m'oublie ; je me compare ; je m'absorbe, je m'absous. Sur le modèle et à l'image du personnage, je deviens autre. Comme disait Aragon :

« *Être ne suffit pas à l'homme / Il lui faut / Être autre* » (Théâtre/ Roman).

Autre par la médiation du personnage, autre, afin de devenir moi-même et, passant par ma propre absence, ayant fait le deuil de moi-même, capable de comprendre ce qu'il en est de ma vie. C'est ce que Sartre appelait la « *générosité* » du lecteur : cette mort feinte, cette transmutation provisoire par quoi j'accède au sens, à la compréhension.

Grâce à la fiction, chacun porte une tête multiple sur ses épaules ; il se fait une âme ouverte ; un cœur régénéré.

Danièle SALLENAVE, *Le Don des morts. Sur la littérature*, © éd. Gallimard, 1991, pp. 132-134.

Notions clés : *Catharsis — Fonction de la littérature — Humanisme — Lecteur — Mimesis — Narrateur — Personnage.*

• Être de fiction, le personnage de roman s'offre à l'identification mais aussi à la compréhension du lecteur.
• Il lui permet ainsi de mieux se connaître et de se libérer de ses passions.

Sixième partie

La poésie

La poésie est toujours apparue comme un genre noble, un mode d'expression doté de caractéristiques et de pouvoirs spécifiques conférant d'emblée à son auteur le statut d'artiste promis à la postérité. À la facilité supposée du roman, prose informe et multiforme, histoire divertissante oscillant entre les deux pôles de la fantaisie débridée et de la simple imitation du réel, la poésie opposait en effet une forme socialement reconnue, codifiée, définie comme le produit d'une élaboration artistique et l'expression authentique de la sensibilité ou de la sagesse d'un homme. Son succès se mesure à l'importance des mythes illustrant et expliquant les mystères de la création (les Muses et l'inspiration), les pouvoirs et la fonction du poète (Orphée, le mage hugolien, Rimbaud et le poète maudit). À ces questions anciennes, que les poètes modernes se sont eux aussi posées, s'ajoute aujourd'hui une réflexion plus étroitement linguistique sur la spécificité du langage poétique et de sa réception.

Le langage poétique (chapitre 18) revêt un caractère de nécessité parce qu'il prend en compte le signifiant*. Ainsi, selon Valéry, « l'apparence de couler librement d'une source est donnée à un discours plus riche, plus réglé, plus relié et composé que la nature immédiate n'en peut offrir à personne. C'est à un tel discours que se donne le nom d'inspiré » (*Rhumbs*). Se pose alors le problème des contraintes dans **la création poétique** et **la lecture du poème** (chapitres 19 et 20). Reconnaître la polysémie structurelle de la poésie (tout poème étant à lire « littéralement et dans tous les sens ») ne réduit pourtant pas **la fonction du poète** (chapitre 21).

Chapitre 18

Le langage poétique

La spécificité du langage poétique est le plus souvent définie, au plan de ses modes de fonctionnement, par comparaison avec la prose.

Selon Valéry, la prose est subordonnée à l'idée, au sens, dont elle a pour fonction d'assurer la formulation et la transmission. Elle n'est qu'un vecteur de concrétisation variable et aléatoire, elle « expire à peine entendue », puisque le sens « est l'objet, la loi, la limite d'existence de la prose pure ». Au contraire, « c'est [...] la forme unique qui ordonne et survit » dans le langage poétique. Fondé sur le son, le rythme, les « rapprochements physiques des mots », il ne se réduit pas au sens à transmettre. C'est donc la forme, « unique et nécessaire expression de l'état ou de la pensée, [...] qui est le ressort de la puissance poétique » (**69. Valéry**).

Sartre part du même constat : la poésie n'utilise pas les mots « de la même manière » que la prose. « Les poètes sont des hommes qui refusent d'utiliser le langage » comme « instrument », qui considèrent « les mots comme des choses et non comme des signes », ou des « conventions utiles, des outils ». Si le mot, pour le poète, est toujours signification, il est signification « naturelle », « coulée dans le mot, absorbée par sa sonorité ou par son aspect visuel » ; le mot n'est plus le « signe » d'un aspect du monde mais son « image », une image qui « représente la signification plutôt qu'[elle] ne l'exprime ». Le langage poétique établit ainsi « entre le mot et la chose signifiée un double rapport réciproque de ressemblance magique et de signification » (**70. Sartre**).

Le langage poétique, on le voit, n'est pas réductible à la versification. Le poème en prose, en apparence anarchique, élabore une forme aboutie en travaillant le langage et en lui donnant des lois. Le poème devient ainsi « un appareil » formel, et les mots des objets esthétiques. Ponge entend leur donner « une condition plus noble que celle de simples désignations », d'où l'attention portée à leur matérialité graphique et sonore ; d'où aussi le désir de leur restituer, par la recherche de l'*impropriété*, une chaleur et une sensualité dont les prive, dans la communication courante, leur réduction à une signification abstraite (**71. Ponge**).

69. Paul Valéry
Commentaires de *Charmes* (1936)

Il ne semble pas possible de définir la poésie indépendamment d'une théorie du langage. C'est cette nécessité qui a amené Valéry à élaborer une véritable théorie des fonctions du langage en rapport avec ses recherches poétiques. Il oppose la prose et la poésie, en tant qu'utilisations radicalement différentes du langage, tant au plan de leurs modes de fonctionnement que de leurs finalités. On retrouve ici la spécificité de **la fonction poétique du langage** telle que la définit Jakobson dans ses *Essais de linguistique générale* : « l'accent mis sur le message pour son propre compte est ce qui caractérise la fonction poétique du langage » (voir le texte 2). Valéry semble considérer que cette fonction poétique est radicalement étrangère à la prose, ce qui explique son mépris pour le roman (voir le texte 53).

Une forme unique

La poésie n'a pas le moins du monde pour objet de communiquer à quelqu'un quelque notion déterminée, — à quoi la prose doit suffire. Observez seulement le destin de la prose, comme elle expire à peine entendue, et expire de l'être, — c'est-à-dire d'être toute remplacée dans l'esprit attentif par une idée ou figure finie. Cette idée, dont la prose vient d'exciter les conditions nécessaires et suffisantes, s'étant produite, aussitôt les moyens sont dissous, le langage s'évanouit devant elle. C'est un phénomène constant dont voici un double contrôle ; notre mémoire nous répète le discours que nous n'avons pas compris. La répétition répond à l'incompréhension. *Elle nous signifie que l'acte du langage n'a pu s'accomplir.* Mais au contraire, et comme par symétrie, si nous avons compris, nous sommes en possession d'exprimer sous d'autres formes l'idée que le discours avait composée en nous. L'acte du langage accompli nous a rendus maîtres du point central qui commande la multiplicité des expressions possibles d'une idée acquise. En somme, le sens, qui est la tendance à une substitution mentale uniforme, unique, résolutoire, est l'objet, la loi, la limite d'existence de la prose pure.

Tout autre est la fonction de la poésie. Tandis que le fond unique est exigible de la prose, c'est ici la forme unique qui ordonne et survit. C'est le son, c'est le rythme, ce sont les rapprochements physiques des mots, leurs effets d'induction ou leurs influences mutuelles qui dominent, aux dépens de leur propriété de se consommer en un sens défini et certain. Il faut donc que dans un poème le sens ne puisse l'emporter sur la forme et la détruire sans retour ; c'est au contraire le retour, la forme conservée, ou plutôt exactement reproduite comme unique et nécessaire expression de l'état ou de la pensée qu'elle vient d'engendrer au lecteur, qui est le ressort de la puissance poétique. *Un beau vers renaît indéfiniment de ses cendres*, il redevient, — comme l'effet de son effet, — cause harmonique de soi-même.

Paul VALÉRY, « Commentaires de *Charmes* », 1936,
© éd. Gallimard, *Œuvres*, « La Pléiade », I, pp. 1509-1510.

Notions clés : *Forme/Sens — Polysémie — Survie de l'œuvre.*

• Le langage poétique accorde une place prépondérante au signifiant qui détermine le discours.
• La forme constitue donc le ressort de la puissance et de la beauté poétiques.

	Prose	**Poésie**
	« Est prose l'écrit qui a un but exprimable par un autre écrit ». (*Tel quel*)	« POÈTE. Ton espèce de matérialisme verbal » (*Calepin d'un poète*)
Forme (Signifiant)	« multiplicité des expressions possibles » fonction utilitaire (référentielle) : absence de valeur esthétique → le message compris, la forme s'évanouit.	« unique et nécessaire expression » fonction poétique : valeur esthétique → la forme se conserve, se répète, charme.
Sens (Signifié)	« fond unique » : « un sens défini et certain »	polysémie.

➤ Claude ROY, *Défense de la littérature* : « Poète est celui-là qui d'abord a foi dans les mots, croit avoir tout perdu quand le mot lui échappe, et la respiration des mots, et tout conquis quand le mot juste et plein vient couronner sa quête et combler son attente ».

---

70. Jean-Paul Sartre
Qu'est-ce que la littérature ? (1948)

L'activité critique de Sartre est centrée sur la recherche de l'intentionnalité consciente ou inconsciente de l'auteur, sur l'analyse des rapports que le lecteur entretient avec le texte. Il s'agit de définir la spécificité de l'acte d'écrire et de lire. Ses études sur Baudelaire, Flaubert ou Genet mettent en jeu des éléments d'interprétation très divers, aussi bien de type marxiste que psychanalytique, qui contribuent à dépasser l'interrogation biographique traditionnelle.

Au lendemain de la Seconde Guerre mondiale, Sartre affirme la nécessité de l'**engagement** (voir le texte 103). Peu après, il précise que cette notion n'a pas de sens en poésie compte tenu de la spécificité du langage poétique.

L'usage poétique des mots

La poésie ne se sert pas des mots, « elle les sert ». Alors que « le parleur » les utilise pour nommer et modifier le monde, qu'il perçoit à travers les struc-

*tures conventionnelles du langage (il est « investi par les mots »), le poète « voit les mots à l'envers », il est sensible à leur forme sonore et visuelle et les considère comme des images du monde : il établit entre signifiant et signi- fié **une relation motivée** (et non plus arbitraire), « un double rapport de res- semblance magique et de signification ». Jouant sur les consonances du mot (« Florence est ville et fleur et femme », « fleuve », « or » et « décence »), le poète invente **un langage polysémique** à travers lequel il se révèle.*

Les poètes sont des hommes qui refusent d'*utiliser* le langage. Or, comme c'est dans et par le langage conçu comme une certaine espèce d'instru- ment que s'opère la recherche de la vérité, il ne faut pas s'imaginer qu'ils visent à discerner le vrai ni à l'exposer. Ils ne songent pas non plus à *nom- mer* le monde et, par le fait, ils ne nomment rien du tout, car la nomina- tion implique un perpétuel sacrifice du nom à l'objet nommé ou pour parler comme Hegel, le nom s'y révèle l'inessentiel, en face de la chose qui est essentielle. Ils ne parlent pas ; ils ne se taisent pas non plus : c'est autre chose. On a dit qu'ils voulaient détruire le verbe par des accouplements monstrueux, mais c'est faux ; car il faudrait alors qu'ils fussent déjà jetés au milieu du langage utilitaire et qu'ils cherchassent à en retirer les mots par petits groupes singuliers, comme par exemple « cheval » et « beurre » en écrivant « cheval de beurre ». Outre qu'une telle entreprise réclame- rait un temps infini, il n'est pas concevable qu'on puisse se tenir sur le plan à la fois du projet utilitaire, considérer les mots comme des ustensi- les et méditer de leur ôter leur ustensilité. En fait, le poète s'est retiré d'un seul coup du langage-instrument ; il a choisi une fois pour toutes l'atti- tude poétique qui considère les mots comme des choses et non comme des signes. Car l'ambiguïté du signe implique qu'on puisse à son gré le traver- ser comme une vitre et poursuivre à travers lui la chose signifiée ou tour- ner son regard vers sa *réalité* et le considérer comme objet. L'homme qui parle est au-delà des mots, près de l'objet ; le poète est en deçà. Pour le premier, ils sont domestiques ; pour le second, ils restent à l'état sauvage. Pour celui-là, ce sont des conventions utiles, des outils qui s'usent peu à peu et qu'on jette quand ils ne peuvent plus servir ; pour le second, ce sont des choses naturelles qui croissent naturellement sur la terre comme l'herbe et les arbres.

Mais s'il s'arrête aux mots, comme le peintre fait aux couleurs et le musicien aux sons, cela ne veut pas dire qu'ils aient perdu toute significa- tion à ses yeux ; c'est en effet la signification seule qui peut donner aux mots leur unité verbale ; sans elle ils s'éparpilleraient en sons ou en traits de plume. Seulement elle devient naturelle, elle aussi ; ce n'est plus le but toujours hors d'atteinte et toujours visé par la transcendance humaine ; c'est une propriété de chaque terme, analogue à l'expression d'un visage, au petit sens triste ou gai des sons et des couleurs. Coulée dans le mot, absorbée par sa sonorité ou par son aspect visuel, épaissie, dégradée, elle est chose, elle aussi, incréée, éternelle ; pour le poète, le langage est une structure du monde extérieur. Le parleur est *en situation* dans la langage, investi par les mots ; ce sont les prolongements de ses sens, ses pinces, ses antennes, ses lunettes ; il les manœuvre du dedans, il les sent comme son corps, il est entouré d'un corps verbal dont il prend à peine conscience et qui étend son action sur le monde. Le poète est hors du langage, il voit les mots à l'envers, comme s'il n'appartenait pas à la condition humaine et que, venant vers les hommes, il rencontrât d'abord la parole comme une barrière. Au lieu de connaître d'abord les choses par leur nom, il semble qu'il ait d'abord un contact silencieux avec elles puis que, se retournant vers cette autre espèce de choses que sont pour lui les mots, les touchant, les tâtant, les palpant, il découvre en eux une petite luminosité propre et des affinités particulières avec la terre, le ciel et l'eau et toutes les choses créées. Faute de savoir s'en servir comme *signe* d'un aspect du monde, il voit dans le mot l'*image* d'un de ces aspects. Et l'image verbale qu'il choisit pour sa ressemblance avec le saule ou le frêne n'est pas nécessairement le mot que nous utilisons pour désigner ces objets. Comme il est déjà dehors, au lieu que les mots lui soient des indicateurs qui le jettent hors de lui, au milieu des choses, il les considère comme un piège pour attraper une réalité fuyante ; bref, le langage tout entier est pour lui le Miroir du monde. Du coup, d'importants changements s'opèrent dans l'économie interne du mot. Sa sonorité, sa longueur, ses désinences masculines ou féminines, son aspect visuel lui composent un visage de chair qui *représente* la signification plutôt qu'il ne l'exprime. Inversement, comme la signification est *réalisée*, l'aspect physique du mot se reflète en elle et elle fonctionne à son tour comme image du corps verbal. Comme son signe aussi, car elle a perdu sa prééminence et, puisque les mots sont incréés, comme les choses, le poète ne décide pas si ceux-là existent pour celles-ci ou celles-ci pour ceux-là. Ainsi s'établit entre le mot et la chose signifiée un double rapport réciproque de ressemblance magique et de signification. Et comme le poète n'*utilise* pas le mot, il ne choisit pas entre des acceptions diverses et chacune d'elles, au lieu de lui paraître une fonction autonome, se donne à lui comme une qualité matérielle qui se fond sous ses yeux avec les autres acceptions.

Jean-Paul SARTRE, *Qu'est-ce que la littérature ?*, © éd. Gallimard, 1948, coll. « Idées », pp. 17-21.

Notions clés : *Engagement — Langage poétique — Signe linguistique.*

• Le langage poétique n'utilise pas les mots comme outils mais comme objets.
• Contrairement au langage ordinaire, il fonde des rapports entre le signifié et le signifiant et établit entre le mot et la chose un rapport de ressemblance et de signification.

➤ Paul VALÉRY, *Rhumbs* : « Le poème — cette hésitation prolongée entre le son et le sens ».

71. Francis Ponge
Proêmes (1948)

Poète, essayiste, critique d'art, Ponge a acquis la célébrité avec un petit recueil de poèmes en prose, *Le Parti pris des choses* (1942), dans lequel Sartre voyait « les bases d'une Phénoménologie* de la Nature ». Il est l'inventeur d'une langue poétique qui entend **prendre le parti des choses** dans leur matérialité, leur mystère et leur évidence, les amener à l'expression **en explorant toutes les ressources du langage**. « En somme voici le point important : PARTI PRIS DES CHOSES *égale* COMPTE TENU DES MOTS. » Le poème ainsi conçu doit « donn[er] à jouir à ce sens qui se place dans l'arrière-gorge : à égale distance de la bouche (de la langue) et des oreilles. Et qui est **le sens de la formulation**, du Verbe » (*My Creative Method*). Dans *Proêmes* (1948), *La Rage de l'expression* (1952), *Méthodes* (dans *Le Grand Recueil*, 1961), *La Fabrique du Pré* (1971), Ponge n'a pas cessé de réfléchir sur sa pratique poétique.

Caractères, objets mystérieux

Dans les poèmes, « assemblages de l'art littéraire », les mots sont des « objets mystérieux perceptibles par deux sens seulement », la vue et l'ouïe.

Avant tout traitement poétique, le poète apprécie leur réalité graphique, « parterres de voyelles colorées », « boucles superbes de la consonne », « fioritures des points et des signes brefs ».

L'aspect phonique des mots (ces « quelques profonds mouvements de l'air au passage des sons ») est aussi source de plaisir émotionnel et esthétique.

Ainsi par sa volonté de les « rapprocher de la substance et [de] les éloigner de la qualité », de prendre en compte leur forme autant que leur signification, le poète leur donne une « condition plus noble » : rompant avec leur emploi strictement utilitaire et définitionnel, il entend « [les] faire aimer pour [eux]-mêmes ».

Jeu sur le signifiant, la poésie est aussi **jeu sur le signifié*** : réactivant des sens oubliés, « l'impropriété des termes » redonne la chaleur de la mémoire à ces signes que l'usage ordinaire du langage réduit à des abstractions et permet une « nouvelle induction de l'humain ».*

Ô draperies des mots, assemblages de l'art littéraire, ô massifs, ô pluriels, parterres de voyelles colorées, décors des lignes, ombres de la muette, boucles superbes des consonnes, architectures, fioritures des points et des signes brefs, à mon secours ! au secours de l'homme qui ne sait plus danser, qui ne connaît plus le secret des gestes, et qui n'a plus le courage ni la science de l'expression directe par les mouvements.

Cependant, grâce à vous, réserves immobiles d'élans sentimentaux, réserves de passions communes sans doute à tous les civilisés de notre Âge, je veux le croire, on peut me comprendre, je suis compris. Concentrez, détendez vos puissances, — et que l'éloquence à la lecture imprime autant de troubles et de désirs, de mouvements commençants, d'impulsions, que le microphone le plus sensible à l'oreille de l'écouteur. Un appareil, mais profondément sensible.

Divine nécessité de l'imperfection, divine présence de l'imparfait, du vice et de la mort dans les écrits, apportez-moi aussi votre secours. Que l'*impropriété* des termes permette une nouvelle induction de l'humain parmi des signes déjà trop détachés de lui et trop desséchés, trop prétentieux, trop plastronnants. Que toutes les abstractions soient intérieurement minées et comme fondues par cette secrète chaleur du vice, causée par le temps, par la mort, et par les défauts du génie. Enfin qu'on ne puisse croire sûrement à nulle existence, à nulle réalité, mais seulement à quelques profonds mouvements de l'air au passage des sons, à quelque merveilleuse décoration du papier ou du marbre par la trace du stylet.

Ô traces humaines à bout de bras, ô sons originaux, monuments de l'enfance de l'art, quasi imperceptibles modifications physiques, CARACTÈRES, objets mystérieux perceptibles par deux sens seulement et cependant plus réels, plus sympathiques que des signes, — je veux vous rapprocher de la substance et vous éloigner de la qualité. Je veux vous faire aimer pour vous-mêmes plutôt que pour votre signification. Enfin vous élever à une condition plus noble que celle de simples désignations.

Francis PONGE, « La promenade dans nos serres », 1919,
in *Proêmes*, © éd. Gallimard, 1948.

Notions clés : *Fonction de la poésie — Langage — Signe linguistique.*

• Le langage poétique exploite la réalité phonique et graphique des mots.
• Visant un autre but que la simple communication, il cultive une forme d'imperfection et se charge d'une riche expérience humaine.

➤ Roman JAKOBSON, *Questions de poétique* : « La poésie ne consiste pas à ajouter au discours des ornements rhétoriques : elle implique une réévaluation totale du discours et de ses composantes. »

Chapitre 19

La création poétique

Sujet souvent controversé que celui de la création poétique... Inspiration ou travail ? Génie ou labeur ?

Pour Platon, « ce n'est pas grâce à un art que les poètes profèrent leurs poèmes, mais grâce à une puissance divine » : ces « chanteurs d'oracles » ne sont que des intermédiaires entre les hommes et les Dieux (**72. Platon**). Ronsard, poète de la Pléiade et homme de la Renaissance, reprend la thèse platonicienne : le poète est « prophète », il est « touché » par le « don de Poésie ». Cependant, Ronsard voit dans cette « fureur d'esprit » octroyée par les Dieux l'origine d'un clivage entre le poète et les hommes qui ne comprennent pas le génie poétique (**73. Ronsard**). Le mythe littéraire du poète maudit trouvera son plein épanouissement au XIXᵉ siècle.

Valéry défend la thèse adverse. L'inspiration, sans être totalement niée, voit son rôle restreint puisqu'elle n'est plus qu'« une sorte d'énergie individuelle propre au poète » qui n'apparaît que par « instants » : les poèmes sont des « produits de la volonté et de l'analyse ». Cette remise en question n'est pas, pour autant, une désacralisation du poète : ce sont les tenants de l'inspiration divine qui le « réduisent à un rôle misérablement passif », celui d'un « médium momentané » (**74. Valéry**).

Rimbaud affirme la possibilité, pour le poète, de « cultiver » sa nature spécifique « par un long, immense et raisonné dérèglement de tous les sens ». Mais s'il « assiste à l'éclosion de [sa] pensée », si « le cuivre s'éveille clairon » sans qu'il y ait « rien de sa faute », le poète garde néanmoins un pouvoir sur sa création puisqu'il « se fait voyant », puisqu'il « cherche lui-même », qu'il « épuise en lui tous les poisons » et qu'il « a cultivé son âme, déjà riche, plus qu'aucun » (**75. Rimbaud**).

Breton, quant à lui, analyse le processus de création poétique au travers du surgissement des images dans la conscience du poète. « C'est du rapprochement [...] fortuit des deux termes [que] jaillit une lumière particulière, [la] lumière de l'image ». Ainsi, les deux termes qui la constituent ne sont pas « déduits l'un de l'autre par l'esprit en vue de l'étincelle à produire », ils sont, au contraire, la résultante inattendue de « l'activité surréaliste » dont « la raison se born[e] à constater et à apprécier le phénomène » (**76. Breton**).

72. Platon
Ion (vers 380 avant J.-C.)

Disciple de Socrate, dont il a repris les principaux thèmes philosophiques, Platon a abordé dans ses dialogues certains problèmes métaphysiques en utilisant aussi bien les ressources de l'allégorie que celles du discours rationnel. Dans *République* (X), il fait **le procès de la poésie** : accusée d'être une imitation (mimésis*) très éloignée de la vérité, de flatter les passions de l'âme et par là de ruiner la cité, qui devrait être soumise à la raison et à la loi, elle est bannie de l'État idéal.

Cette critique apparaît aussi, sous une forme plus ambiguë, dans l'*Ion*. Socrate y démontre d'abord que les rhapsodes (chargés de réciter et commenter les poèmes épiques) agissent non en détenteurs d'un art mais en instruments d'« **une puissance divine** » : le rhapsode Ion, par exemple, est inspiré pour parler d'Homère mais muet sur les autres poètes. Le philosophe aborde alors le phénomène de la création poétique.

Le poète n'est qu'un instrument des dieux

Selon Platon, le poète ne crée que quand il est possédé par le dieu et « dépossédé de l'intelligence qui est en lui » : la création poétique est donc l'effet d'« une faveur divine » dont tout homme peut bénéficier.

La doctrine platonicienne a été ensuite soit développée par ceux qui ont vu dans les poètes des « prophètes » apportant la vérité aux hommes (Ronsard), soit récusée par ceux qui, ne voulant pas « rougir d'être la Pythie », ont vu dans les poèmes « des monuments d'intelligence et de travail soutenu » (Valéry).

Tous les poètes, auteurs de vers épiques — je parle des bons poètes — ne sont pas tels par l'effet d'un art, mais c'est inspirés par le dieu et possédés par lui qu'ils profèrent tous ces beaux poèmes. La même chose se produit aussi chez les poètes lyriques, chez ceux qui sont bons. Comme les Corybantes qui se mettent à danser dès qu'ils ne sont plus en possession de leur raison, ainsi font les poètes lyriques : c'est quand ils n'ont plus leur raison qu'ils se mettent à composer ces beaux poèmes lyriques. Davantage, dès qu'ils ont mis le pied dans l'harmonie et dans le rythme, aussitôt ils sont pris de transports bacchiques et se trouvent possédés. Tout comme les Bacchantes qui vont puiser aux fleuves du miel et du lait quand elles sont possédées du dieu, mais non plus quand elles ont recouvré leur raison. C'est bien ce que fait aussi l'âme des poètes lyriques, comme ils le disent eux-mêmes. Car les poètes nous disent à nous — tout le monde sait cela —, que, puisant à des sources de miel alors qu'ils butinent sur certains jardins et vallons des Muses, ils nous en rapportent leurs poèmes lyriques et, comme les abeilles, voilà que eux aussi se mettent à voltiger.

Là, ils disent la vérité. Car c'est chose légère que le poète, ailée, sacrée ; il n'est pas en état de composer avant de se sentir inspiré par le dieu, d'avoir perdu la raison et d'être dépossédé de l'intelligence qui est en lui. Mais aussi longtemps qu'il garde cette possession-là, il n'y a pas un homme qui soit capable de composer une poésie ou de chanter des oracles.

Or comme ce n'est pas grâce à un art que les poètes composent et énoncent tant de beautés sur les sujets dont ils traitent — non plus que toi quand tu parles d'Homère — mais que c'est par une faveur divine, chaque poète ne peut faire une belle composition que dans la voie où la Muse l'a poussé : tel poète, dans les dithyrambes, tel autre, dans les éloges, celui-ci dans les chants de danse, celui-là dans les vers épiques, un dernier, dans les iambes. Autrement, quand ces poètes s'essaient à composer dans les autres genres poétiques, voilà que chacun d'eux redevient un poète médiocre. Car ce n'est pas grâce à un art que les poètes profèrent leurs poèmes, mais grâce à une puissance divine. En effet, si c'était grâce à un art qu'ils savaient bien parler dans un certain style, ils sauraient bien parler dans tous les autres styles aussi.

Mais la raison pour laquelle le dieu, ayant ravi leur raison, les emploie comme des serviteurs, pour faire d'eux des chanteurs d'oracles et des devins inspirés des dieux, est la suivante : c'est pour que nous, qui les écoutons, nous sachions que ce ne sont pas les poètes, qui n'ont plus leur raison, qui disent ces choses d'une si grande valeur, mais que c'est le dieu lui-même qui parle et qui, par l'intermédiaire de ces hommes, nous fait entendre sa voix.

PLATON, *Ion*, trad. de M. Canto,
© éd. Flammarion, 1989, pp. 100-103.

Notions clés : *Fonction du poète — Inspiration.*

• Le poète crée sous l'emprise d'une inspiration divine qui le possède totalement.
• La poésie tire sa valeur de son origine divine et non de l'art du poète, simple intermédiaire entre les dieux et les hommes.

---

73. Pierre de Ronsard
« Hymne de l'automne » (1564)

Les *Hymnes*, poèmes d'inspiration mythique et cosmique, célèbrent le monde dans sa variété et sa diversité. L'« Hymne de l'Automne » s'ouvre sur un prélude dans lequel Ronsard, alternant considérations générales et confidence biographique, retrace sa destinée poétique.

Le don de poésie

*Poète de la Pléiade, humaniste, Ronsard est fidèle ici à la théorie platoni-
cienne : le « démon qui préside aux Muses » lui « donna pour partage
une fureur d'esprit » ainsi que « l'art de bien coucher [s]a verve par écrit ».
Le poète reprend implicitement **la doctrine des « quatre fureurs »** que
Marsile Ficin, traducteur et commentateur des dialogues de Platon, avait
élaborée, à partir de la théorie platonicienne, et exposée dans son* Commentaire. *La « fureur divine » est l'affection par laquelle Dieu enlève l'âme à
sa condition déchue pour l'élever progressivement jusqu'à lui. La première
fureur est **la fureur poétique ou don des Muses** ; la seconde l'intelligence
des mystères et des secrets des religions ; la troisième est le prophétisme,
la quatrième, l'amour. Les quatre fureurs s'enchaînent l'une à l'autre
dans une sorte de gradation, la fonction de la poésie étant d'apaiser les
contradictions de l'âme humaine. Les poètes français, tel Ronsard ici,
feront prévaloir la fureur poétique, **l'enthousiasme** (délire d'inspiration
divine).*

Le jour que je fus né, le Démon [1] qui préside
Aux Muses me servit en ce Monde de guide,
M'anima d'un esprit gaillard et vigoureux,
Et me fit de science et d'honneur amoureux.
    En lieu des grands trésors et de richesses vaines,
Qui aveuglent les yeux des personnes humaines,
Me donna pour partage une fureur d'esprit,
Et l'art de bien coucher ma verve par écrit.
Il me haussa le cœur, haussa la fantaisie [2],
M'inspirant dedans l'âme un don de Poésie,
Que Dieu n'a concédé qu'à l'esprit agité
Des poignants aiguillons de sa divinité.
    Quand l'homme en est touché, il devient un prophète,
Il prédit toute chose avant qu'elle soit faite,
Il connaît la nature, et les secrets des cieux,
Et d'un esprit bouillant s'élève entre les Dieux.
Il connaît la vertu des herbes et des pierres,
Il enferme les vents, il charme les tonnerres,
Sciences que le peuple admire, et ne sait pas
Que Dieu les va donnant aux hommes d'ici-bas,

---

1. Divinité.

2. L'imagination.

Quand ils ont de l'humain les âmes séparées,
Et qu'à telle fureur elles sont préparées,
Par oraison, par jeûne, et pénitence aussi,
Dont aujourd'hui le monde a bien peu de souci.
　　Car Dieu ne communique aux hommes ses mystères
S'ils ne sont vertueux, dévots et solitaires,
Éloignés des tyrans, et des peuples qui ont
La malice[3] en la main, et l'impudence au front,
Brûlés d'ambition, et tourmentés d'envie,
Qui leur sert de bourreau tout le temps de leur vie.
([...] Ronsard raconte ensuite son initiation à la poésie par Euterpe, Muse
de la musique.)
　　La gentille Euterpe ayant ma dextre prise,
Pour m'ôter le mortel par neuf fois me lava,
De l'eau d'une fontaine où peu de monde va[4],
Me charma[5] par neuf fois, puis d'une bouche enflée
(Ayant dessus mon chef son haleine soufflée)
Me hérissa le poil de crainte et de fureur,
Et me remplit le cœur d'ingénieuse erreur,
En me disant ainsi : Puisque tu veux nous suivre,
Heureux après la mort nous te ferons revivre,
Par longue renommée, et ton los[6] ennobli
Accablé du tombeau n'ira point en obli.
　　Tu seras du vulgaire appelé frénétique,
Insensé, furieux, farouche, fantastique,
Maussade, mal plaisant, car le peuple médit
De celui qui de mœurs aux siennes contredit.
　　Mais courage, Ronsard, les plus doctes poètes,
Les Sibylles, Devins, Augures et Prophètes,
Hués, sifflés, moqués des peuples ont été :
Et toutefois, Ronsard, ils disaient vérité.

Pierre de RONSARD, « Hymne de l'automne »,
vers 1 à 76, *Nouvelles Poésies*, 1564.

---

3. La méchanceté.

4. La fontaine Hippocrène, consacrée aux Muses, sur le mont Hélicon.

5. Me dota d'un pouvoir magique.

6. Louange, gloire.

Notions clés : *Fonction du poète — Inspiration.*

- Le talent poétique est un don.
- Il implique de celui qui le possède un devoir de type moral, la poésie se conçoit comme une mission, un sacerdoce.
- Le poète est rejeté par ses semblables irrités par cette différence qu'ils ne comprennent pas.

74. Paul Valéry
« Propos sur la poésie », *Variété* (1957)

« Quelle honte d'écrire, sans savoir ce que sont langage, verbe, métaphore, changements d'idées, de ton ; ni concevoir la structure de la durée de l'ouvrage, ni les conditions de sa fin ; à peine le pourquoi, et pas du tout le comment ! Rougir d'être la Pythie !... » Comme ici dans *Tel quel*, Valéry a souvent condamné les théories qui font de l'inspiration le principe même de la création poétique et insisté, au contraire, sur le rôle et la valeur du travail, de la recherche, de la volonté et de l'analyse. Ne pas prendre en compte ces données, c'est être, en quelque sorte, dupe de la perfection artistique, c'est oublier que « l'objet même de l'art et le principe de ses artifices, est précisément de communiquer l'impression d'un état idéal dans lequel l'homme qui l'obtiendrait serait capable de produire spontanément, sans effort, sans faiblesse, une expression magnifique et merveilleusement ordonnée de sa nature et de nos destins ».

Des chefs-d'œuvre de labeur

Effleurons cependant cette difficile question :

Faire des vers...

Mais vous savez tous qu'il existe un moyen fort simple de faire des vers.

Il suffit d'être *inspiré*, et les choses vont toutes seules. Je voudrais bien qu'il en fût ainsi. La vie serait supportable. Accueillons, toutefois, cette réponse naïve, mais examinons-en les conséquences.

Celui qui s'en contente, il lui faut consentir ou bien que la production poétique est un pur effet du hasard, ou bien qu'elle procède d'une sorte de communication surnaturelle ; l'une et l'autre hypothèse réduisent le poète à un rôle misérablement passif. Elles font de lui ou une sorte d'*urne* en laquelle des millions de billes sont agitées, ou une *table parlante* dans laquelle un *esprit* se loge. Table ou cuvette, en somme, mais point un dieu, — le contraire d'un dieu, le contraire d'un *Moi*.

Et le malheureux auteur, qui n'est donc plus auteur, mais signataire, et responsable comme un gérant de journal, le voici contraint de se dire :

« Dans tes ouvrages, cher poète, ce qui est bon n'est pas de toi, ce qui est mauvais t'appartient sans conteste. »

Il est étrange que plus d'un poète se soit contenté, — à moins qu'il ne se soit enorgueilli, — de n'être qu'un instrument, un *médium* momentané.

Or l'expérience comme la réflexion nous montrent, au contraire, que les poèmes dont la perfection complexe et l'heureux développement imposeraient le plus fortement à leurs lecteurs émerveillés l'idée de miracle, de coup de fortune, d'accomplissement surhumain (à cause d'un assemblage extraordinaire des vertus que l'on peut désirer mais non espérer trouver réunies dans un ouvrage), sont aussi des chefs-d'œuvre de labeur, sont, d'autre part, des monuments d'intelligence et de travail soutenu, des produits de la volonté et de l'analyse, exigeant des qualités trop multiples pour pouvoir se réduire à celles d'un appareil enregistreur d'enthousiasmes ou d'extases. On sent bien devant un beau poème de quelque longueur, qu'il y a des chances infimes pour qu'un homme ait pu improviser sans retours, sans autre fatigue que celle d'écrire ou d'émettre ce qui lui vient à l'esprit, un discours singulièrement sûr de soi, pourvu de ressources continuelles, d'une harmonie constante et d'idées toujours heureuses, un discours qui ne cesse de charmer, où ne se trouvent point d'accidents, de marques de faiblesse et d'impuissance, où manquent ces fâcheux incidents qui rompent l'enchantement et ruinent l'univers poétique dont je vous parlais tout à l'heure.

Ce n'est pas qu'il ne faille, pour faire un poète, quelque chose d'autre, quelque *vertu* qui ne se décompose pas, qui ne s'analyse pas en actes définissables et en heures de travail. Le *Pégase-Vapeur*, le *Pégase-Heure* ne sont pas encore des unités légales de puissance poétique.

Il y a une qualité spéciale, une sorte d'*énergie* individuelle propre au poète. Elle paraît en lui et le révèle à soi-même dans certains instants d'un prix infini.

Mais ce ne sont que des instants, et cette énergie supérieure (c'est-à-dire telle que toutes les autres énergies de l'homme ne la peuvent composer et remplacer), *n'existe ou ne peut agir que par brèves et fortuites manifestations*.

Paul VALÉRY, « Propos sur la poésie », in *Variété*, 1957,
© éd. Gallimard, « La Pléiade », I, pp. 1375-1377.

Notions clés : *Inspiration — Langage poétique.*

• Le poète n'est pas un médium qui parlerait sous l'emprise de l'inspiration.
• La perfection artistique est la preuve même du travail, de la volonté consciente du poète.

➤ Paul ÉLUARD, *Avenir de la poésie*, 1937 : « Le poète est celui qui inspire bien plus que celui qui est inspiré. »

75. Arthur Rimbaud
Lettre à Paul Demeny (15 mai 1871)

L'ambition poétique de Rimbaud apparaît clairement dans sa correspondance. Le 13 mai 1871, il écrit à son professeur Izambard : « Je veux être poète, et je travaille à me rendre *Voyant* », programme qu'il détaille deux jours plus tard dans la lettre dite « du Voyant » (au jeune poète Paul Demeny). Il y développe ses idées sur la création poétique et « l'avenir de la poésie », après avoir condamné toute la poésie classique (« prose rimée », « jeu » de « versificateurs ») à l'exception de la poésie grecque, de Racine (« le Divin Sot ») et du romantisme.

Selon Rimbaud, la poésie est devenue un divertissement gratuit, artificiel, coupé de la vie, produit par « des fonctionnaires, des écrivains ». C'est pourquoi il a choisi de se faire véritablement « auteur, créateur, poète » et d'engager **une réflexion sur l'exercice et la fonction de la poésie.**

« Je est un autre »

Rimbaud redéfinit d'abord la notion d'auteur en affirmant que la création poétique échappe à la conscience claire du poète : « Je est un autre », le moi qui vit n'est pas le moi qui crée, il « assiste à l'éclosion de [sa] pensée ». Cette **dualité du poète,** *présentée ici comme une vérité d'évidence, a été ignorée par les Romantiques qui se sont crus égoïstement les maîtres de leur création alors que leur poésie (que Rimbaud distingue de la médiocrité générale) prouve que « la chanson » est rarement « la pensée chantée et comprise du chanteur ». Cette prise de conscience de la puissance et du* **mystère de la création poétique** *est un préalable absolu (« je me suis reconnu poète », déclare Rimbaud à Izambard), mais l'inspiration seule ne suffit pas à définir le génie poétique.*

Le poète doit cultiver ce don « par un long, immense et raisonné **dérèglement de tous les sens** *». Cette* **démarche méthodique, organisée et finalisée** *consiste à expérimenter des sentiments, à en épuiser « tous les poisons pour n'en garder que les quintessences », matière même de sa création : « il s'agit de faire l'âme monstrueuse » et, par cette ascèse qui peut conduire à la folie et à la mort, de « se faire voyant ».*

Le poète se met ainsi au ban de la société, mais il se définit comme un « travailleur », « **le suprême Savant** *» chargé de révéler aux hommes « l'inconnu ».*

On n'a jamais bien jugé le romantisme ; qui l'aurait jugé ? Les critiques ! ! Les romantiques, qui prouvent si bien que la chanson est si peu souvent l'œuvre, c'est-à-dire la pensée chantée *et comprise* du chanteur ?

Car Je est un autre. Si le cuivre s'éveille clairon, il n'y a rien de sa faute. Cela m'est évident : j'assiste à l'éclosion de ma pensée : je la regarde, je l'écoute : je lance un coup d'archet : la symphonie fait son remuement dans les profondeurs, ou vient d'un bond sur la scène.

Si les vieux imbéciles n'avaient pas trouvé du Moi que la signification fausse, nous n'aurions pas à balayer ces millions de squelettes qui, depuis un temps infini, ! ont accumulé les produits de leur intelligence borgnesse, en s'en clamant les auteurs !

En Grèce, ai-je dit, vers et lyres *rythment l'Action*. Après, musique et rimes sont jeux, délassements. L'étude de ce passé charme les curieux : plusieurs s'éjouissent à renouveler ces antiquités : — c'est pour eux. L'intelligence universelle a toujours jeté ses idées, naturellement ; les hommes ramassaient une partie de ces fruits du cerveau : on agissait par, on en écrivait des livres : telle allait la marche, l'homme ne se travaillant pas, n'étant pas encore éveillé, ou pas encore dans la plénitude du grand songe. Des fonctionnaires, des écrivains : auteur, créateur, poète, cet homme n'a jamais existé !

La première étude de l'homme qui veut être poète est sa propre connaissance, entière ; il cherche son âme, il l'inspecte, il la tente, l'apprend. Dès qu'il la sait, il doit la cultiver ; cela semble simple : en tout cerveau s'accomplit un développement naturel ; tant d'*égoïstes* se proclament auteurs ; il en est bien d'autres qui *s*'attribuent leur progrès intellectuel ! — Mais il s'agit de faire l'âme monstrueuse : à l'instar des comprachicos [1], quoi ! Imaginez un homme s'implantant et se cultivant des verrues sur le visage.

Je dis qu'il faut être *voyant*, se faire *voyant*.

Le Poète se fait *voyant* par un long, immense et raisonné *dérèglement* de *tous les sens*. Toutes les formes d'amour, de souffrance, de folie ; il cherche lui-même, il épuise en lui tous les poisons, pour n'en garder que les quintessences. Ineffable torture où il a besoin de toute la foi, de toute la force surhumaine, où il devient entre tous le grand malade, le grand criminel, le grand maudit, — et le suprême Savant ! — Car il arrive à l'*inconnu !* Puisqu'il a cultivé son âme, déjà riche, plus qu'aucun ! Il arrive à l'*inconnu*, et quand, affolé, il finirait par perdre l'intelligence de ses visions, il les a vues ! Qu'il crève dans son bondissement par les choses inouïes et innommables : viendront d'autres horribles travailleurs ; ils commenceront par les horizons où l'autre s'est affaissé !

Arthur RIMBAUD, Lettre du 15 mai 1871 à Paul Demeny.

---

1. « Acheteurs d'enfants » qui exhibaient dans des foires des créatures monstrueusement défigurées, comme le héros de *L'Homme qui rit* de Victor Hugo (1869).

Notions clés : *Auteur — Fonction du poète — Inspiration — Personnalité de l'artiste — Romantisme.*

• L'acte poétique échappe à la volonté du poète, qui « assiste à l'éclosion de [sa] pensée ».
• Mais, après s'être découvert poète, il doit cultiver son pouvoir par « un long, immense et raisonné dérèglement de tous les sens ».
• Cette ascèse qui le mène à « *l'inconnu* » le met au ban de la société.

76. André Breton
Manifeste du surréalisme (1924)

La création poétique, les rapports qu'elle entretient avec le langage, le rôle qu'y joue l'inconscient, constituent une des préoccupations majeures d'André Breton. Dans ces pages du *Manifeste* il cherche à définir le surréalisme poétique au travers des « effets mystérieux » et [des] jouissances particulières qu'il peut engendrer ». Il en vient ainsi à analyser l'image surréaliste et son processus de surgissement.

L'image poétique

Breton place son analyse sous le signe d'une référence baudelairienne, rapprochant les images surréalistes des images, provoquées par l'opium, que « l'homme n'évoque plus » mais qui « s'offrent à lui spontanément », sans intervention de sa volonté. L'image poétique relèverait donc uniquement de processus inconscients, de surgissements fortuits.

Breton utilise ici un article de Reverdy, publié dans la revue Nord-Sud, *définissant l'image poétique comme une « création pure de l'esprit », le « rapprochement de deux réalités plus ou moins éloignées », non assimilable à la comparaison. L'affirmation de Reverdy est, selon lui, la preuve même de* **l'aspect inconscient de la création poétique** *puisqu'il ne semble pas possible de rapprocher volontairement ce qu'il appelle « deux réalités distantes ».* **L'image surgit donc de façon fortuite et arbitraire.**

La valeur poétique de l'image *dépend de la déflagration produite par ce rapprochement, « la plus forte [étant] celle qui présente le degré d'arbitraire le plus élevé ». On note ici une sorte de radicalisation de la pensée de Reverdy puisque ce dernier affirme, quant à lui, que « deux réalités qui n'ont aucun rapport ne peuvent se rapprocher utilement », que ce rapport doit être à la fois « lointain et juste ». Breton insiste bien moins sur la justesse des rapports que sur leur arbitraire, garant de l'aspect insconscient de la création. « Les deux termes de l'image ne sont pas déduits l'un de l'autre par l'esprit en vue*

de l'étincelle à produire », *la raison « se borne » à les enregistrer*, *à les*
« subir » avant de s'apercevoir « qu'elles flattent sa raison, *augmentent*
d'autant sa connaissance ». Ainsi, ***l'arbitraire devint source de révélation****, et*
permet, *comme le souhaitait Breton*, *de « découvrir les moyens de mettre en*
application [le] mot d'ordre de Rimbaud ».

Il en va des images surréalistes comme de ces images de l'opium que
l'homme n'évoque plus, mais qui « s'offrent à lui, spontanément, despo-
tiquement. Il ne peut pas les congédier ; car la volonté n'a plus de force
et ne gouverne plus les facultés [1] ». Reste à savoir si l'on a jamais « évoqué » les images. Si l'on s'en tient, comme je le fais, à la définition de
Reverdy, il ne semble pas possible de rapprocher volontairement ce qu'il
appelle « deux réalités distantes ». Le rapprochement se fait ou ne se fait
pas, voilà tout. Je nie, pour ma part, de la façon la plus formelle, que
chez Reverdy des images telles que :

Dans le ruisseau il y a une chanson qui coule

ou :

Le jour s'est déplié comme une nappe blanche

ou :

Le monde rentre dans un sac.

offrent le moindre degré de préméditation. Il est faux, selon moi, de prétendre que « l'esprit a saisi les rapports » des deux réalités en présence.
Il n'a, pour commencer, rien saisi consciemment. C'est du rapprochement
en quelque sorte fortuit des deux termes qu'a jailli une lumière particulière, *lumière de l'image*, à laquelle nous nous montrons infiniment sensibles. La valeur de l'image dépend de la beauté de l'étincelle obtenue ; elle
est, par conséquent, fonction de la différence de potentiel entre les deux
conducteurs. Lorsque cette différence existe à peine comme dans la comparaison, l'étincelle ne se produit pas. Or, il n'est pas, à mon sens, au
pouvoir de l'homme de concerter le rapprochement de deux réalités si distantes. Le principe d'association des idées, tel qu'il nous apparaît, s'y
oppose. Ou bien faudrait-il en revenir à un art elliptique, que Reverdy
condamne comme moi. Force est donc bien d'admettre que les deux termes de l'image ne sont pas déduits l'un de l'autre par l'esprit en vue de
l'étincelle à produire, qu'ils sont les produits simultanés de l'activité que
j'appelle surréaliste, la raison se bornant à constater, et à apprécier le phénomène lumineux.

---

1. Baudelaire [*N.d.A.*].

1. Cf. l'image chez Jules Renard [*N.d.A.*].

Et de même que la longueur de l'étincelle gagne à ce que celle-ci se produise à travers des gaz raréfiés, l'atmosphère surréaliste créée par l'écriture mécanique, que j'ai tenu à mettre à la portée de tous, se prête particulièrement à la production des plus belles images. On peut même dire que les images apparaissent, dans cette course vertigineuse, comme les seuls guidons de l'esprit. L'esprit se convainc peu à peu de la réalité suprême de ces images. Se bornant d'abord à les subir, il s'aperçoit bientôt qu'elles flattent sa raison, augmentent d'autant sa connaissance. Il prend conscience des étendues illimitées où se manifestent ses désirs, où le pour et le contre se réduisent sans cesse, où son obscurité ne le trahit pas. Il va, porté par ces images qui le ravissent, qui lui laissent à peine le temps de souffler sur le feu de ses doigts. C'est la plus belle des nuits, *la nuit des éclairs :* le jour auprès d'elle, est la nuit.

Les types innombrables d'images surréalistes appelleraient une classification que, pour aujourd'hui, je ne me propose pas de tenter. Les grouper selon leurs affinités particulières m'entraînerait trop loin ; je veux tenir compte, essentiellement, de leur commune vertu. Pour moi, la plus forte est celle qui présente le degré d'arbitraire le plus élevé, je ne le cache pas ; celle qu'on met le plus longtemps à traduire en langage pratique, soit qu'elle recèle une dose énorme de contradiction apparente, soit que l'un de ses termes en soit curieusement dérobé, soit que s'annonçant sensationnelle, elle ait l'air de se dénouer faiblement (qu'elle ferme brusquement l'angle de son compas), soit qu'elle tire d'elle-même une justification *formelle* dérisoire, soit qu'elle soit d'ordre hallucinatoire, soit qu'elle prête très naturellement à l'abstrait, le masque du concret, ou inversement, soit qu'elle implique la négation de quelque propriété physique élémentaire, soit qu'elle déchaîne le rire.

André BRETON, *Manifeste du surréalisme*, 1924,
© J.J. Pauvert ; Gallimard, coll. « Idées », pp. 50-53.

Notions clés : *Image— Inspiration.*

• L'image poétique jaillit spontanément de l'inconscient, de façon fortuite, sans « le moindre degré de préméditation ».
• Sa valeur est proportionnelle à son « degré d'arbitraire ».

➤ Pierre REVERDY, *Nord-Sud* : « Une image n'est pas forte parce qu'elle est *brutale* ou *fantastique* — mais parce que l'association des idées est lointaine et juste. »

Chapitre 20

Lire le poème

Si l'analyse romanesque a, ces dernières décennies, fortement évolué, on constate également un changement certain dans les méthodes d'approche du texte poétique. Sous l'influence de la linguistique et du structuralisme notamment, s'est établie une nouvelle manière de lire le poème.

Valéry apparaît, ici encore, comme un précurseur. En insistant sur le **rôle du lecteur**, sur l'**autonomie du texte élaboré**, il a permis d'envisager la lecture d'un poème comme la résultante de leur interaction. « L'amateur de poèmes », conscient de la nature spécifique du texte poétique, « donne [son] souffle et les machines de [sa] voix » à cet « être nécessaire » où se joue une « loi qui fut préparée » **(77. Valéry)**.

Daniel Delas, par une question apparemment banale, « qu'est-ce que cela veut dire ? », souligne un certain nombre de points fondamentaux. **Le texte poétique est polysémique**, « il n'y a pas qu'un sens [...] dont serait dépositaire agréé l'auteur ou son représentant patenté », mais « du sens » qui « se cristallise à partir de certaines configurations du texte ». La réception et l'analyse de ces configurations amènent la mise en place de directions de lecture qui « n'épuisent jamais le texte » et peuvent être complétées par des points de vue autres, historiques, sociologiques ou psychanalytiques. « **Un poème peut [donc] toujours être relu, mieux, il est fait pour cela** » **(78. Delas)**.

Michael Riffaterre analyse le processus de lecture du texte poétique. Il distingue deux « phases de la lecture », la première, « heuristique* », consiste à lire le poème « du début à la fin » afin d'en découvrir le sens ; la deuxième, « herméneutique* », sert à former une seconde interprétation en analysant les éléments par « un décodage structural » dans lequel « le lecteur se souvient de ce qu'il vient de lire et modifie la compréhension qu'il en a eue en fonction de ce qu'il est en train de décoder ». Cette seconde lecture l'amène à percevoir que « des éléments du discours successifs et distincts, d'abord notés comme simples agrammaticalités sont en fait des équivalents, [...] les variants d'une même matrice structurale ». « Le texte est donc une variation ou une modulation d'une seule structure [...] et cette relation continue à une seule structure constitue la signifiance » **(79. Riffaterre)**.

77. Paul Valéry
Album de vers anciens (1929)

Album de vers anciens (1929) reprend, en leur donnant une forme nouvelle, certains poèmes publiés par Valéry dans diverses revues symbolistes au cours de la décennie précédente. Dans « L'amateur de poèmes », il analyse la spécificité du rapport qui s'établit entre le lecteur et le texte poétique. Il oppose la pensée à la parole poétique, caractérisée par son absolue nécessité (voir le texte 69). Le langage poétique, « écriture fatale », oriente le lecteur vers un décodage préétabli par le fonctionnement textuel lui-même.

Un décodage préétabli

SI je regarde tout à coup ma véritable pensée, je ne me console pas de devoir subir cette parole intérieure sans personne et sans origine ; ces figures éphémères ; et cette infinité d'entreprises interrompues par leur propre facilité, qui se transforment l'une dans l'autre, sans que rien ne change avec elles. Incohérente sans le paraître, nulle instantanément comme elle est spontanée, la pensée, par sa nature, manque de style.

MAIS je n'ai pas tous les jours la puissance de proposer à mon attention quelques êtres nécessaires, ni de feindre les obstacles spirituels qui formeraient une apparence de commencement, de plénitude et de fin, au lieu de mon insupportable fuite.

UN poème est une durée, pendant laquelle, lecteur, je respire une loi qui fut préparée ; je donne mon souffle et les machines de ma voix ; ou seulement leur pouvoir, qui se concilie avec le silence.

JE m'abandonne à l'adorable allure : lire, vivre où mènent les mots. Leur apparition est écrite. Leurs sonorités concertées. Leur ébranlement se compose, d'après une méditation antérieure, et ils se précipiteront en groupes magnifiques ou purs, dans la résonance. Même mes étonnements sont assurés : ils sont cachés d'avance, et font partie du nombre.

MU par l'écriture fatale, et si le mètre toujours futur enchaîne sans retour ma mémoire, je ressens chaque parole dans toute sa force, pour l'avoir indéfiniment attendue. Cette mesure qui me transporte et que je colore, me garde du vrai et du faux. Ni le doute ne me divise, ni la raison ne me travaille. Nul hasard, mais une chance extraordinaire se fortifie. Je trouve sans effort le langage de ce bonheur ; et je pense par artifice, une pensée toute certaine, merveilleusement prévoyante, — aux lacunes calculées, sans ténèbres involontaires, dont le mouvement me commande et la quantité me comble : une pensée singulièrement achevée.

Paul VALÉRY, *Album de vers anciens*,
© éd. Gallimard, 1929, coll. « Poésie », p. 38.

> **Notions clés :** *Langage poétique — Lecture du poème — Plaisir.*
>
> • Le poème, « pensée merveilleusement prévoyante » est organisé en vue d'amener le lecteur à un décodage préétabli par le fonctionnement textuel lui-même.
> • Le texte impose à la lecture un rythme, des mots, des sonorités concertées auxquels le lecteur prête sa voix.

78. Daniel Delas
Lectures des Amis inconnus (1980)

Dans un ouvrage intitulé *Linguistique et poétique*, Daniel Delas et Jacques Filliolet définissent le texte poétique comme « une unité auto-fonctionnante » : « il n'a pas de référent* (ce qui n'implique nullement qu'il soit coupé de la réalité extérieure) ». Le discours poétique est un langage de connotation* : « soumis aux lois de la langue naturelle, il constitue lui-même un nouveau langage dans la mesure où il crée des objets et établit entre eux des relations » (Larousse, 1973, pp. 56-57). Son décodage se fait en deux temps :
— l'analyse des divers plans du texte (syntaxique, sémantique, sonore et prosodique) ;
— la mise en relation de ces plans, qui réunit ces « unités étudiées séparément » et met au jour les rapports que « la connotation entretient avec la dénotation ».
Delas applique cette méthode à l'étude du texte de Supervielle, *Les Amis inconnus*. Il récuse la lecture linéaire du texte qui « ne s'impose pas pour un poème » puisque celui-ci est « un tout, une totalité en fonctionnement ». Il faudra donc **décrypter les « mises en relation qui parcourent le texte en tous sens ».**

Lecteur/auteur

Le texte poétique n'est pas réductible à l'émergence d'un seul sens. Sa **polysémie** *s'explique par un certain nombre de facteurs que Daniel Delas met en évidence dans les pages précédentes.*

Le langage poétique emprunte ses termes au langage ordinaire qui a recours au contexte pour en définir les acceptions. Or le texte poétique dont le contexte n'explicite pas une relation univoque est sémantiquement ambigu.

Il recourt à la figure de façon à briser les automatismes d'écriture, à « ouvrir sur une autre représentation des choses ».

Il accorde un **rôle privilégié au signifiant*** *selon « la loi du langage poétique [...] l'appel des mots par les mots ».*

Comment le texte poétique produit-il cette polysémie ?

« Qu'est-ce que cela veut dire ? »

Sur ce problème du sens du poème, il importe d'avoir quelques idées simples.

Et d'abord qu'il n'y a pas qu'*un* sens, *le* sens dont serait dépositaire agréé l'auteur ou son représentant patenté, le professeur ou le spécialiste. L'auteur a écrit un texte mais ce texte ne lui appartient plus ; en lisant son texte, je me substitue à lui, pour refaire un cheminement qui a intrinsèquement autant de valeur — même s'il n'est pas aussi difficile à faire que celui de l'homme qui le premier a frayé une trace. Il n'y a de sens ni au bout du texte, ni derrière le texte, ni a priori, en fonction de considérations historiques.

Il y a *du* sens qui se cristallise à partir de certaines configurations du texte, incontournables et, chaque fois, spécifiques. Ces configurations (telle figure, tel dispositif spatial, tel type de symétrie, de reprise, tel procédé de déconstruction d'un stéréotype), inscrites dans la matérialité du texte, sont aussi présentes qu'une maison ou un lac ou un arbre dans un paysage ; le texte, comme le paysage, se construit à partir et autour d'elles. En un mot, elles sont significatives et structurent le processus sémantique en déclenchant des *effets de sens*. C'est de leur réception et de leur mise en relation que s'instaurent des directions de lecture, convergentes (texte clos) ou divergentes (œuvre ouverte) ; ces directions de lecture n'épuisent jamais le texte, sur lequel d'autres points de vue (historique, sociologique, psychanalytique, etc.) sont possibles. Un poème peut toujours être relu, mieux il est fait pour cela, pour recommencer et pour être recommencé.

Pour reprendre un mot célèbre, ça veut dire ce que ça dit, « littéralement et dans tous les sens » (Rimbaud). Ce n'est pas une question d'intention, mais de structure et de nature.

[...] ce qui distingue le poétique du non-poétique, c'est l'acceptation du pouvoir du signifiant de dire à lui seul ; dans cette mesure, tous les jeux (symétries-dissymétries-reprises-transformations d'un motif) « veulent dire » quelque chose. C'est pourquoi aussi le début et la fin d'un poème sont, par nécessité, des lieux où s'inscrit fortement la signification, l'un étant en quelque sorte nécessairement programmatique, l'autre étant non moins nécessairement reprise et sommation. Ce n'est pas une question d'intention de l'auteur : l'auteur, le premier, a travaillé le matériau verbal pour dire quelque chose que l'usage ordinaire du langage ne lui aurait pas permis de dire. Mais ensuite le texte n'est plus à lui et c'est moi lecteur qui suis l'auteur ; j'ai désormais toute liberté pour re-produire ce travail, à condition bien entendu de respecter la lettre du texte autant sinon plus que son esprit supposé.

Daniel DELAS, « Lire la poésie / Lire Supervielle »,
in *Lectures des* Amis inconnus,
© éd. Belin, 1980, coll. « Dia », pp. 24 et 29.

Notions clés : *Langage poétique — Lecture du poème — Polysémie.*

• Le langage poétique produit, par les configurations mêmes du texte, la polysémie*
du poème.
• Celle-ci implique une méthode herméneutique* qui prenne en compte les « mises
en relation qui parcourent le texte en tous sens » et qui ait conscience de sa propre
relativité.

79. Michael Riffaterre
Sémiotique de la poésie (1978)

Renonçant à une approche stylistique et linguistique, qui ne donne accès qu'aux « structures de surface du discours poétique », Michael Riffaterre définit le texte poétique
comme « la transformation [d'une] matrice », phrase « minimale et littérale » en « une
périphrase plus étendue, complexe et non littérale ». Le poème est donc variation sur
un motif, « transformation d'un mot ou d'une phrase en texte ». La forme est perçue
comme « un détour autour de ce qu'il signifie », son contenu étant le « contenu ori-
ginel avant le détour, avant la transformation ». Mais avant d'atteindre à cette *signifiance*, « **le lecteur doit passer par la mimésis*** ».

Lecture heuristique, lecture herméneutique

La première phase de la lecture est heuristique*, *elle saisit le* sens *du poème :
« en suivant le déploiement syntagmatique* » du texte, le lecteur exerce sa
compétence linguistique et perçoit l'aspect référentiel* du langage : il « passe
par la mimésis » puisque, « dans cette phrase, les mots semblent bien tout
d'abord établir des relations avec les choses ».*

La seconde phase est herméneutique*, *elle élabore la* signifiance du
poème : une seconde* lecture rétroactive *permet « un décodage structural »
fondé sur la mise en rapport d'éléments textuels qui, au cours de la première
lecture, avaient pu lui paraître dissociés ou autonomes. La fin du poème est
ainsi le lieu où se noue le maximum d'effets de sens puisqu'elle permet une
lecture rétroactive totale.*

Si nous voulons comprendre la sémiotique de la poésie, il convient de distinguer soigneusement *deux niveaux* (ou *phases*) *de la lecture*, puisque,
avant d'en arriver à la signifiance, le lecteur doit passer par la mimésis.
Le décodage du poème commence par une première phase qui consiste
à lire le texte du début à la fin, la page de haut en bas, en suivant le déploiement syntagmatique. C'est à l'occasion de cette première lecture,
heuristique*, que la première interprétation prend place, puisque c'est
durant cette lecture que le *sens* est saisi. Le lecteur contribue au procès

par sa compétence linguistique et celle-ci inclut l'hypothèse selon laquelle la langue est référentielle — dans cette phase, les mots semblent bien tout d'abord établir des relations avec les choses. Cette compétence linguistique inclut également l'aptitude du lecteur à percevoir des incompatibilités entre les mots ; ainsi peut-il identifier les tropes et les figures, c'est-à-dire reconnaître qu'un mot (ou un groupe de mots) n'est pas pris dans son sens littéral et qu'il lui revient, et à lui seul, de réaliser un transfert sémantique pour qu'une signification apparaisse — il peut, par exemple, lire ce mot (ou ce syntagme) comme une métaphore ou une métonymie. De même, ce que le lecteur perçoit (ou plus exactement produit) comme ironie ou humour tient à un déchiffrage double ou bilinéaire d'un texte unique et unilinéaire. Mais c'est l'agrammaticalité du texte qui rend cet apport du lecteur nécessaire. Autrement dit, sa compétence linguistique lui permet de percevoir les agrammatricalités, mais il y a plus ; il ne lui est pas loisible de les ignorer, puisque c'est précisément sur cette perception que le texte possède un contrôle absolu. [...]

La seconde phase est celle de la *lecture rétroactive* ; lors de celle-ci se forme une seconde interprétation que l'on peut définir comme la lecture *herméneutique**. Au fur et à mesure de son avancée au fil du texte, le lecteur se souvient de ce qu'il vient de lire et modifie la compréhension qu'il en a eue en fonction de ce qu'il est en train de décoder. Tout au long de sa lecture, il réexamine et révise, par comparaison avec ce qui précède. En fait, il pratique un décodage structural : sa lecture du texte l'amène à reconnaître, à force de comparer, ou simplement parce qu'il a maintenant les moyens de les assembler, que les éléments du discours successifs et distincts, d'abord notés comme de simples agrammaticalités, sont en fait équivalents puisqu'ils apparaissent comme les variants de la même matrice structurale. *Le texte est donc une variation ou une modulation d'une seule structure — thématique, symbolique, qu'importe — et cette relation continue à une seule structure constitue la signifiance.* L'effet maximal de la lecture rétroactive, l'apogée de sa fonction de générateur de la signifiance, intervient bien entendu à la fin du poème ; la poéticité est donc une fonction co-extensive au texte, liée à une réalisation limitée du discours et enfermée dans les limites assignées par l'incipit *et* la clausule (qu'en rétrospective nous percevons comme apparentés). D'où cette différence capitale : alors que les unités de sens peuvent être des mots, des syntagmes ou des phrases, *c'est le texte entier qui constitue l'unité de signifiance.* Afin d'en arriver à la signifiance, le lecteur doit s'astreindre à passer l'obstacle de la mimésis : en fait, cette épreuve joue un rôle essentiel dans le changement qui affecte sa façon de penser. En acceptant la mimésis, le lecteur introduit la grammaire comme base de référence et, sur cet arrière-plan, les agrammaticalités se découvrent comme autant d'écueils à surmonter, susceptibles, le cas échéant, d'être comprises à un autre niveau.

Je ne saurais assez insister sur le fait que ces mêmes obstacles qui menacent le sens, lorsqu'ils sont envisagés hors contexte lors de la première phase de lecture, se révèlent être le fil indicateur de la sémiosis, la clé de la signifiance dans le système situé hiérarchiquement plus haut, là où le lecteur les perçoit comme faisant partie intégrante d'un réseau complexe.

Michael RIFFATERRE, *Sémiotique de la poésie*, 1978,
© éd. du Seuil, 1983, pp. 15 à 18.

Notions clés : *Langage poétique — Lecture du poème — Plaisir.*

• La lecture du poème passe par une étape heuristique suivie d'une phase herméneutique.
• Celle-ci opère par un décodage structural qui met en rapport des éléments apparemment dissociés du texte qui sont, en fait, des variants de la même matrice structurale.
• La signifiance du texte est constituée par le rapport des éléments à cette structure.

➤ Georges JEAN, *La Poésie* : « Le plaisir poétique n'est pas un plaisir facile »...

Fonction de la poésie

La figure du poète a pris de nombreux et, parfois, antagoniques visages : poète mage, poète combattant, poète épris de beauté pure, isolé dans le monde de sa création... Autant de façons de concevoir la fonction poétique et la mission qui s'y attache.

La poésie « n'a pas la Vérité pour objet, elle n'a qu'Elle-même », affirme Baudelaire qui voit dans les finalités morales ou didactiques une diminution de la force poétique. Son unique fonction est « l'aspiration humaine vers une beauté supérieure » dont elle peut indiquer la voie et qui n'amoindrit en rien son impact proprement poétique **(80. Baudelaire)**.

Dans sa lettre dite « du Voyant », Rimbaud affirme ce que doit être le rôle du poète. « Voleur de feu », « il est chargé de l'humanité », il doit trouver une langue nouvelle qui permette d'exprimer « la qualité d'inconnu s'éveillant en son temps dans l'âme universelle » ; ainsi conçue, sa poésie fera de lui « un multiplicateur de progrès ». Impliqués dans l'histoire de l'humanité, « les poètes sont citoyens », ils doivent élaborer une poésie qui « ne rythmera plus l'action » mais qui « sera en avant » **(81. Rimbaud)**.

Définissant le rôle de la poésie au cours de son allocution au Banquet Nobel en 1960, Saint-John Perse affirme qu'elle est « mode de vie et de vie intégrale », qu'elle est « une part irréductible de l'homme ». Elle ne se limite pas à son aspect esthétique, elle n'est pas non plus une simple « fête musicale », « elle est action, elle est passion, elle est puissance ». « Libre de toute idéologie », elle s'affirme comme le moyen, pour l'homme, de rompre l'inertie car « poète est celui-là qui rompt pour nous l'accoutumance » **(82. Saint-John Perse)**.

« La poésie est dans la vie », « la poésie est un combat », elle n'est pas « langage poétisé », « mots trop jolis », mais « nudités crues » car elle est partie prenante de tout ce qui constitue la vie de l'homme : « les mots disent le monde et les mots disent l'homme » **(83. Éluard)**.

80. Charles Baudelaire
Notes nouvelles sur Edgar Poe (1857)

L'œuvre poétique de Baudelaire se double d'une entreprise critique dans laquelle il s'interroge sur les moyens et la spécificité de l'art et élabore **une esthétique de la modernité**, lieu où s'exprime « le transitoire, le fugitif, le contingent, la moitié de l'art, dont l'autre côté est l'éternel et l'immuable ». Dans cette perspective, la beauté est définie d'une façon radicalement neuve, comme une synthèse permettant de « tirer l'éternel du transitoire ». Il a consacré des études à Delacroix, Ingres, Vernet, Gautier, Hugo, Banville, Leconte de Lisle et surtout à Edgar Poe dont il a le premier traduit les *Histoires extraordinaires*.

Créer une beauté supérieure

*Baudelaire affirme ici **l'autonomie et la suprématie de la poésie** par rapport à d'autres domaines de l'activité humaine : définie comme « l'aspiration humaine vers une beauté supérieure », elle est étrangère, dans son principe et dans son inspiration, et à la morale (domaine du « Devoir ») et à la science (domaine de « l'Intellect pur »).*

*Elle n'est pas pour autant un discours autarcique, dans la mesure où le langage poétique oriente l'homme vers la perception du Beau, vers **une transcendance** que sa nature humaine imparfaite ne lui permet plus de contempler autrement qu'au moyen de l'émotion esthétique. La poésie retrouve alors **une fonction morale indirecte**, elle peut ennoblir les mœurs à condition de ne pas poursuivre expressément ce but : par l'intermédiaire du sens esthétique, la négativité du vice est ressenti « comme outrage à l'harmonie, comme dissonance », « toute infraction à la morale » devenant « une espèce de faute contre le rythme et la prosodie universels ».*

Je ne veux pas dire que la poésie n'ennoblisse pas les mœurs, — qu'on me comprenne bien, — que son résultat final ne soit pas d'élever l'homme au-dessus du niveau des intérêts vulgaires ; ce serait évidemment une absurdité. Je dis que si le poète a poursuivi un but moral, il a diminué sa force poétique ; et il n'est pas imprudent de parier que son œuvre sera mauvaise. La poésie ne peut pas, sous peine de mort ou de défaillance, s'assimiler à la science ou à la morale ; elle n'a pas la Vérité pour objet, elle n'a qu'Elle-même. Les modes de démonstration de vérité sont autres et sont ailleurs. La Vérité n'a rien à faire avec les chansons. Tout ce qui fait le charme, la grâce, l'irrésistible d'une chanson enlèverait à la Vérité son autorité et son pouvoir. Froide, calme, impassible, l'humeur démonstrative repousse les diamants et les fleurs de la muse ; elle est donc absolument l'inverse de l'humeur poétique.

L'Intellect pur vise à la Vérité, le Goût nous montre la Beauté, et le Sens moral nous enseigne le Devoir. Il est vrai que le sens du milieu a d'intimes connexions avec les deux extrêmes, et il n'est séparé du Sens moral que par une si légère différence qu'Aristote n'a pas hésité à ranger parmi les vertus quelques-unes de ses délicates opérations. Aussi, ce qui exaspère surtout l'homme de goût dans le spectacle du vice, c'est sa difformité, sa disproportion. Le vice porte atteinte au juste et au vrai, révolte l'intellect et la conscience ; mais, comme outrage à l'harmonie, comme dissonance, il blessera plus particulièrement certains esprits poétiques ; et je ne crois pas qu'il soit scandalisant de considérer toute infraction à la morale, au beau moral, comme une espèce de faute contre le rythme et la prosodie universels.

C'est cet admirable, cet immortel instinct du Beau qui nous fait considérer la terre et ses spectacles comme un aperçu, comme une correspondance du Ciel. La soif insatiable de tout ce qui est au-delà, et que révèle la vie, est la preuve la plus vivante de notre immortalité. C'est à la fois par la poésie et *à travers* la poésie, par et *à travers* la musique que l'âme entrevoit les splendeurs situées derrière le tombeau ; et quand un poème exquis amène les larmes au bord des yeux, ces larmes ne sont pas la preuve d'un excès de jouissance, elles sont bien plutôt le témoignage d'une mélancolie irritée, d'une postulation des nerfs, d'une nature exilée dans l'imparfait et qui voudrait s'emparer immédiatement, sur cette terre même, d'un paradis révélé.

Ainsi le principe de la poésie est, strictement et simplement, l'aspiration humaine vers une beauté supérieure, et la manifestation de ce principe est dans un enthousiasme, une excitation de l'âme, — enthousiasme tout à fait indépendant de la passion qui est l'ivresse du cœur, et de la vérité qui est la pâture de la raison. Car la passion est *naturelle*, trop naturelle pour ne pas introduire un ton blessant, discordant, dans le domaine de la beauté pure, trop familière et trop violente pour ne pas scandaliser les purs Désirs, les gracieuses Mélancolies et les nobles Désespoirs qui habitent les régions surnaturelles de la poésie.

Charles BAUDELAIRE, *Notes nouvelles sur Edgar Poe*,
in *Œuvres complètes*, t. II
éd. Gallimard, « La Pléiade », pp. 333-334.

Notions clés : *Engagement — Fonction de la poésie — Morale — Science.*

• La poésie ne saurait avoir de finalités didactiques ou morales directes sous peine de n'être plus poésie.
• Elle a néanmoins une fonction spirituelle : elle élève l'homme en l'orientant, par la perception du Beau, vers une transcendance que sa nature imparfaite ne lui permet pas d'atteindre autrement.

> ➤ Francis PONGE, *Méthode* : « Selon moi la fonction de la poésie, c'est de nour-
> rir l'esprit de l'homme en l'abouchant au cosmos. Il suffit d'abaisser notre pré-
> tention à dominer la nature et d'élever notre prétention à en faire physiquement
> partie, pour que la réconciliation ait lieu. »

81. Arthur Rimbaud
Lettre à Paul Demeny (15 mai 1871)

Après avoir précisé sa méthode de Voyance, Rimbaud s'attache à définir le rôle de
la poésie et celui du poète. Cette tentative est à inscrire dans une perspective poétique
— la définition même de la démarche rimbaldienne et de ses finalités — mais également comme réponse à une interrogation de type historique au moment où, comme
il le rappelle dans sa lettre à Georges Izambard datée du 13 mai, « tant de travailleurs
meurent encore tandis que je vous écris », allusion directe aux événements de la Commune. Si Rimbaud, qui reproche à son professeur de « regagner le râtelier universitaire », refuse de devenir un travailleur et un fonctionnaire de la poésie, c'est qu'il
lui assigne une finalité supérieure.

« Voleur de feu »

*Le poète, pareil à Prométhée dérobant l'étincelle sacrée aux Dieux pour la
donner aux hommes, « est voleur de feu » ; ainsi, comme le héros mythologique, il leur apporte un affranchissement et une dignité supérieure. Cette
étincelle dérobée, image de tout ce que le poète découvrira lorsqu'il aura atteint
« l'inconnu » par la Voyance, se concrétisera par un langage poétique radicalement nouveau puisque, Rimbaud l'affirme, « **les inventions d'inconnu
réclament des formes nouvelles** ». La fonction du poète consiste alors à « trouver une langue », pour formuler « ce qu'il rapporte de là-bas ». Cette langue
nouvelle, sera synesthésique ; elle « résum[era] tout, parfums, sons, couleurs », elle sera « de la pensée accrochant la pensée et tirant ».*

　　*Le poète a donc un **rôle métaphysique** dynamique, essentiel pour les autres
hommes. En définissant, par sa poésie, « la quantité d'inconnu s'éveillant
dans l'âme universelle », il est « **un multiplicateur de progrès** ». Rimbaud
reprend ici, de toute évidence, les thèses de certains écrivains comme Lamartine ou Hugo, quant au **rôle social** du poète. La poésie ouvrira ainsi la voie
à une **démarche de rédemption métaphysique et sociale de l'être humain**.*

Donc le poète est vraiment voleur de feu.

　　Il est chargé de l'humanité, des *animaux* même ; il devra faire sentir,
palper, écouter ses inventions ; si ce qu'il rapporte *de là-bas* a forme, il
donne forme ; si c'est informe, il donne de l'informe. Trouver une langue ;

— Du reste, toute parole étant idée, le temps d'un langage universel viendra ! Il faut être académicien, — plus mort qu'un fossile, — pour parfaire un dictionnaire, de quelque langue que ce soit. Des faibles se mettraient *à penser* sur la première lettre de l'alphabet, qui pourraient vite ruer dans la folie ! —

Cette langue sera de l'âme pour l'âme, résumant tout, parfums, sons, couleurs, de la pensée accrochant la pensée et tirant. Le poète définirait la quantité d'inconnu s'éveillant en son temps dans l'âme universelle : il donnerait plus — que la formule de sa pensée, que la notation *de sa marche* au Progrès. Énormité devenant norme, absorbée par tous, il serait vraiment *un multiplicateur de progrès !*

Cet avenir sera matérialiste, vous le voyez. — Toujours pleins du *Nombre* et de l'*Harmonie*, ces poèmes seront faits pour rester. — Au fond, ce serait encore un peu la Poésie grecque.

L'art éternel aurait ses fonctions ; comme les poètes sont citoyens. La Poésie ne rythmera plus l'action ; elle *sera en avant*.

Ces poètes seront ! Quand sera brisé l'infini servage de la femme, quand elle vivra pour elle et par elle, l'homme, — jusqu'ici abominable, — lui ayant donné son renvoi, elle sera poète, elle aussi ! La femme trouvera de l'inconnu ! Ses mondes d'idées différeront-ils des nôtres ? — Elle trouvera des choses étranges, insondables, repoussantes, délicieuses ; nous les prendrons, nous les comprendrons.

En attendant, demandons aux *poètes* du *nouveau*, — idées et formes. Tous les habiles croiraient bientôt avoir satisfait à cette demande. — Ce n'est pas cela !

Arthur RIMBAUD, Lettre à Paul Demeny, 15 mai 1871.

Notions clés : *Fonction du poète — Forme.*

• Le poète a une triple fonction :
— « Voleur de feu », il doit trouver des formes poétiques nouvelles pour rendre compte de ses « inventions d'inconnu ».
— « Multiplicateur de progrès », il a un rôle social, sa poésie « sera en avant » dans la marche au progrès de l'âme universelle.
— Définissant « la quantité d'inconnu [...] s'éveillant dans l'âme humaine », il a un rôle métaphysique.

82. Saint-John Perse
« Allocution au banquet Nobel » (1960)

Alexis Saint-Léger Léger naît en 1877 à la Guadeloupe. Le souvenir indéfectible de cette enfance émerveillée par la luxuriance de la nature est la matrice poétique des vers laudatifs et lyriques de *Pour fêter une enfance* et *Éloges*. Sa poésie s'oriente ensuite vers l'expression du mythe dans un récit poétique épique, *Anabase*. *Exil*, *Amers*, conserve le ton caractéristique de la poésie persienne, une poésie cosmique, inventaire fasciné des richesses du monde mais aussi de la richesse onomastique d'une langue qui devient proprement incantatoire. L'œuvre a semblé hermétique (Proust parle dans *Sodome et Gomorrhe*, « des poèmes admirables mais obscurs de Saint-Léger Léger »), mais reste l'une des plus personnelles de la poésie contemporaine.

C'est au cours du banquet suivant la remise du Prix Nobel que Perse prononce ce discours, commentaire sur la nature et la fonction de la poésie, qui s'épanouit en formules fulgurantes. Il amorce sa réflexion par une interrogation sur les rapports qu'entretiennent la poésie et la science : le poète et le savant ne doivent plus être considérés comme « des frères ennemis » car « l'interrogation est la même qu'ils tiennent sur un même abîme », « seuls leurs modes d'interrogation diffèrent ».

Rompre l'accoutumance

*La poésie est « **mode de connaissance** ». Avec ses moyens spécifiques (« pensée analogique », « image médiatrice », expression « exigeante »), elle atteint une « surréalité » interdite à la science et pousse la réflexion métaphysique plus loin que la philosophie.*

*Elle est plus encore un « **mode de vie — et de vie intégrale** ». Aspiration éternelle et irréductible de l'homme, besoin de sacré, quête d'une transcendance qu'expriment également les religions, la poésie devient le relais, le **refuge de la spiritualité** dans un monde de plus en plus soumis au matériel. Ainsi, par « la grâce poétique, l'étincelle du divin vit à jamais dans le silex humain ». La poésie est « fière de l'homme en marche sous son fardeau d'humanité », gage d'« un humanisme nouveau ». Sa **dimension ontologique** est essentielle puisqu'elle « tient liaison avec la permanence et l'unité de l'Être » dont elle explore « la nuit ».*

La portée de son entreprise, qui « intéresse la pleine intégration de l'homme », interdit qu'on fasse d'elle un objet « purement esthétique » ou une simple « fête musicale ». Si elle « s'allie la beauté », elle ne la prend pas pour fin mais, « refusant de dissocier l'art de la vie », « elle est action, elle est passion, elle est puissance ». Bien qu'inscrite dans le monde, elle est « libre de toute idéologie » et, transcendante à l'Histoire, elle l'éclaire et lui donne sens. Ferment contre « l'inertie menaçante », elle fait du poète « celui-là qui rompt pour nous l'accoutumance ».

Par la pensée analogique et symbolique, par l'illumination lointaine de l'image médiatrice, et par le jeu de ses correspondances, sur mille chaînes de réactions et d'associations étrangères, par la grâce enfin d'un langage où se transmet le mouvement même de l'Être, le poète s'investit d'une sur-réalité qui ne peut être celle de la science. Est-il chez l'homme plus saisissante dialectique et qui de l'homme engage plus ? Lorsque les philosophes eux-mêmes désertent le seuil métaphysique, il advient au poète de relever là le métaphysicien ; et c'est la poésie alors, non la philosophie, qui se révèle la vraie « fille de l'étonnement », selon l'expression du philosophe antique à qui elle fut le plus suspecte [1].

Mais plus que mode de connaissance, la poésie est d'abord mode de vie — et de vie intégrale. Le poète existait dans l'homme des cavernes, il existera dans l'homme des âges atomiques : parce qu'il est part irréductible de l'homme. De l'exigence poétique, exigence spirituelle, sont nées les religions elles-mêmes, et par la grâce poétique, l'étincelle du divin vit à jamais dans le silex humain. Quand les mythologies s'effondrent, c'est dans la poésie que trouve refuge le divin ; peut-être même son relais. Et jusque dans l'ordre social et l'immédiat humain, quand les Porteuses de pain de l'antique cortège cèdent le pas aux Porteuses de flambeaux, c'est à l'imagination poétique que s'allume encore la haute passion des peuples en quête de clarté.

Fierté de l'homme en marche sous sa charge d'éternité ! Fierté de l'homme en marche sous son fardeau d'humanité, quand pour lui s'ouvre un humanisme nouveau, d'universalité réelle et d'intégralité psychique... Fidèle à son office, qui est l'approfondissement même du mystère de l'homme, la poésie moderne s'engage dans une entreprise dont la poursuite intéresse la pleine intégration de l'homme. Il n'est rien de pythique dans une telle poésie. Rien non plus de purement esthétique. Elle n'est point art d'embaumeur ni de décorateur. Elle n'élève point des perles de culture, ne trafique point de simulacres ni d'emblèmes, et d'aucune fête musicale elle ne saurait se contenter. Elle s'allie, dans ses voies, la beauté, suprême alliance, mais n'en fait point sa fin ni sa seule pâture. Se refusant à dissocier l'art de la vie, ni de l'amour la connaissance, elle est action, elle est passion, elle est puissance, et novation toujours qui déplace les bornes. L'amour est son foyer, l'insoumission sa loi, et son lieu est partout, dans l'anticipation. Elle ne se veut jamais absence ni refus.

---

1. Dans le *Théétète* (155d), Platon fait dire à Socrate : « C'est la vraie marque d'un philosophe que le sentiment d'étonnement que tu éprouves. La philosophie, en effet, n'a pas d'autre origine » (traduction d'E. Chambry, GF-Flammarion, p. 80). Sur l'hostilité de ce « philosophe antique » à la poésie, voir le texte 72.

Elle n'attend rien pourtant des avantages du siècle. Attachée à son propre destin, et libre de toute idéologie, elle se connaît égale à la vie même, qui n'a d'elle-même à justifier. Et c'est d'une même étreinte, comme une seule grande strophe vivante, qu'elle embrasse au présent tout le passé et l'avenir, l'humain avec le surhumain, et tout l'espace planétaire avec l'espace universel. L'obscurité qu'on lui reproche ne tient pas à sa nature propre, qui est d'éclairer, mais à la nuit même qu'elle explore, et qu'elle se doit d'explorer : celle de l'âme elle-même et du mystère où baigne l'être humain. Son expression toujours s'est interdit l'obscur, et cette expression n'est pas moins exigeante que celle de la science.

Ainsi, par son adhésion totale à ce qui est, le poète tient pour nous liaison avec la permanence et l'unité de l'Être. Et sa leçon est d'optimisme. Une même loi d'harmonie régit pour lui le monde entier des choses. Rien n'y peut advenir qui par nature excède la mesure de l'homme. Les pires bouleversements de l'histoire ne sont que rythmes saisonniers dans un plus vaste cycle d'enchaînements et de renouvellements. Et les Furies qui traversent la scène, torche haute, n'éclairent qu'un instant du très long thème en cours. Les civilisations mûrissantes ne meurent point des affres d'un automne, elles ne font que muer. L'inertie seule est menançante. Poète est celui-là qui rompt pour nous l'accoutumance.

SAINT-JOHN PERSE, « Allocution au banquet Nobel », 10 novembre 1960, in *Œuvres complètes*, © éd. Gallimard, 1972, « La Pléiade », pp. 444-446.

Notion clé : *Fonction de la poésie.*

• La poésie est mode de connaissance, « mode de vie intégrale » ; elle a une valeur ontologique et métaphysique. Elle n'est pas réductible à sa valeur esthétique.
• Action, elle fait du poète celui qui rompt l'accoutumance à l'inertie menaçante.

---

83. Paul Éluard
Les Sentiers et les routes de la poésie (1952)

Deux axes essentiels structurent la poésie d'Éluard : l'amour et l'engagement.

La poésie de l'évidence amoureuse, mais aussi de la douleur d'aimer, construite autour de trois figures féminines, Gala, Nush et Dominique, s'exprime dans des recueils comme *Capitale de la douleur*, *L'Amour*, *La Poésie* ou *Le Phénix*.

L'engagement du poète est à la fois esthétique, littéraire et politique. Aux côtés d'Aragon et Breton, il est de toutes les manifestations dadaïstes puis surréalistes et vit avec acuité les conflits idéologiques et politiques qui agitent le groupe, engagé dans le combat révolutionnaire mais opposé à la subordination de l'art au politique : en 1932, Éluard rompt avec Aragon, accusé de soumission devant Moscou, mais s'oriente dès 1938 vers une poésie engagée au moment de la guerre d'Espagne (rupture de Breton). Dès lors sa conscience politique devient inséparable de sa conscience poétique. Il participe activement à la Résistance, fait de sa poésie une arme de combat, avec *Poésie et Vérité*. Cette expérience sera concentrée dans *Au rendez-vous allemand*, en 1944. Après la mort de Nush qui bouleverse sa vie (*Le temps déborde*, 1947), Éluard dépasse sa douleur par une **poésie fraternelle**, passant « de l'horizon d'un homme à l'horizon de tous » comme l'attestent les *Poèmes politiques* (1948). La rencontre avec Dominique oriente de nouveau sa poésie vers le lyrisme amoureux dans *Le Phénix*, en 1951.

L'extrait qui suit est tiré d'une causerie radiodiffusée en 1949, « La poésie est contagieuse ».

La poésie est fraternité

*Elle doit ouvrir son espace à tous, aussi bien au monde de la « boue » qu'à celui « des parquets cirés ». Il n'y a ni domaine ni objet intrinsèquement poétiques. « La poésie est dans la vie » et doit donc rendre compte de tout ce qui fait la vie, sans exclusive ni préjugés esthétiques. Elle est **partie intégrante de la vie des mots** et partage leur pouvoir.*

Mais le drame, où est-il ? sinon chez les poètes qui disent « nous », chez ceux qui luttent, qui se mêlent à leurs semblables, même et surtout s'ils sont amoureux, courageux. La poésie est un combat.

Les véritables poètes n'ont jamais cru que la poésie leur appartînt en propre. Sur les lèvres des hommes, la parole n'a jamais tari ; les mots, les chants, les cris se succèdent sans fin, se croisent, se heurtent, se confondent. L'impulsion de la fonction langage a été portée jusqu'à l'exagération, jusqu'à l'exubérance, jusqu'à l'incohérence. Les mots disent le monde et les mots disent l'homme, ce que l'homme voit et ressent, ce qui existe, ce qui a existé, l'antiquité du temps et le passé et le futur de l'âge et du moment, la volonté, l'involontaire, la crainte et le désir de ce qui n'existe pas, de ce qui va exister. Les mots détruisent, les mots prédisent, enchaînés ou sans suite, rien ne sert de les nier. Ils participent tous à l'élaboration de la vérité. Les objets, les faits, les idées qu'ils décrivent peuvent s'éteindre faute de vigueur, on est sûr qu'ils seront aussitôt remplacés par d'autres qu'ils auront accidentellement suscités et qui, eux, accompliront leur entière évolution.

Il nous faut peu de mots pour exprimer l'essentiel, il nous faut tous les mots pour le rendre réel. Contradictions, difficultés contribuent à la marche de notre univers. Les hommes ont dévoré un dictionnaire et ce qu'ils nomment existe. L'innommable, la fin de tout ne commence qu'aux frontières de la mort impensable. [...]

Peu importe celui qui parle et peu importe même ce qu'il dit. Le langage est commun à tous les hommes et ce ne sont pas les différences de langues, si nuisibles qu'elles nous apparaissent, qui risquent de compromettre gravement l'unité humaine, mais bien plutôt cet interdit toujours formulé contre la faculté de parole. Passent pour fous ceux qui enseigneront qu'il y a mille façons de voir un objet, de le décrire, mille façons de dire son amour et sa joie et sa peine, mille façons de s'entendre sans briser un rameau de l'arbre de la vie. Fous, inutiles, maudits, ceux qui décèlent, interprètent, traduisent l'humble voix qui se plaint ou qui chante dans la foule, sans savoir qu'elle est sublime. Hélas non, la poésie personnelle n'a pas encore fait son temps. Mais, au moins, nous avons bien compris que rien encore n'a pu rompre le mince fil de la poésie impersonnelle. Nous avons, sans douter un instant de cette vérité qui triomphera, compris que tant de choses peuvent être « tout un poème ». Cette expression ironique, péjorative, des poètes et des peintres de bonne foi lui ont rendu son sens littéral. Ils ont utilisé des éléments involontaires, objectifs, tout ce qui gît sous l'apparente imperméabilité de la vie courante et dans les plus innocentes productions de l'homme. « Tout un poème », ce n'est plus seulement un objet biscornu ou l'excentricité d'une élégante à bout de souffle, mais ce qu'il est donné au poète de simuler, de reproduire, d'inventer, s'il croit que du monde qui lui est imposé naîtra l'univers qu'il rêve. Rien de rare, rien de divin dans son travail banal. Le poète, à l'affût, tout comme un autre, des obscures nouvelles du monde et de l'invraisemblable problème d'herbes, de cailloux, de saletés, de splendeurs, qui s'étend sous ses pas, nous rendra les délices du langage le plus pur aussi bien celui de l'homme de la rue ou du sage, que celui de la femme, de l'enfant ou du fou. Si l'on voulait, il n'y aurait que des merveilles.

Paul ÉLUARD, *Les Sentiers et les routes de la poésie*,
© éd. Gallimard, 1952, « La Pléiade » II, pp. 528-530.

Notions clés : *Engagement — Langage poétique.*

• La poésie est fraternité, elle n'a ni préjugés ni exclusives esthétiques mais dit le monde et l'homme.
• Le langage poétique n'est pas « poétisé », il doit « s'accommoder des vérités crues ».

Septième partie

Le théâtre

Davantage que le roman et même que la poésie, le théâtre a souffert de la tradition scolaire : limité à quelques textes étudiés en classe pour leur valeur littéraire et comme représentants — modèles — d'une période qui marquait l'accomplissement de notre littérature nationale, le théâtre était largement amputé de sa dimension spectaculaire, réduite à quelques illustrations dans les « petits classiques ». Le renouvellement conjoint de la critique et de la mise en scène a permis, à partir des années 1960, de nouvelles *interprétations* de ces œuvres canoniques et une meilleure compréhension de la communication théâtrale. Celle-ci réunit plusieurs éléments : le texte de théâtre — aux caractéristiques bien particulières —, les praticiens — notamment le metteur en scène — et le public, la fonction attribuée au théâtre dépendant largement des relations que l'on établit entre eux.

La communication théâtrale (chapitre 22) se caractérise d'abord par la densité et la diversité des signes transmis au cours de la représentation, véritable système polyphonique. De **la mise en scène** (chapitre 23), on exige souvent une fidélité impossible : le voudrait-elle, la représentation ne pourrait transmettre exactement les mêmes signes que le texte, qui, d'ailleurs, ne parvient au spectateur et aux praticiens qu'encombré des interprétations antérieures. L'existence d'un destinataire collectif conduit à analyser **la relation entre théâtre et public** (chapitre 24), largement déterminée par les choix du metteur en scène, et à définir les **fonctions du théâtre** (chapitre 25).

La communication théâtrale

Le théâtre, art total, n'utilise pas le seul langage comme vecteur des effets produits sur le destinataire. Il met en jeu, non seulement un texte, mais également des conditions de réalisation spécifiques : concrétisé le temps d'une mise en scène, d'une vie momentanée, particulière et constamment renouvelée, il est, de plus, médiatisé par le comédien qui, avec son physique, son jeu, incarne le personnage et lui donne vie. Ainsi, il ne dépend pas uniquement des effets voulus par l'auteur, mais également des données supplémentaires que la réalisation scénique lui aura apportées.

Le théâtre est donc « une machine cybernétique », faisant intervenir simultanément, mais à des rythmes différents, des informations multiples à travers le texte, le décor, les costumes, les éclairages, les jeux de scène... Le spectateur, l'espace d'une représentation, est confronté à une véritable « polyphonie informationnelle » qui constitue l'essence même de la théâtralité, cette « épaisseur de signes et de sensations qui s'édifie sur la scène à partir de l'argument écrit » (**84. Barthes**).

Le texte théâtral est donc marqué, dans sa facture même, par ses conditions de réalisation. Comme le souligne encore Barthes, « la théâtralité doit être présente dès le premier germe écrit d'une œuvre, elle est une donnée de création et non de réalisation ». La prise en compte de cette spécificité, sa définition, apparaissent, dès lors, comme les données fondamentales de toute analyse du texte théâtral.

« Langage représenté », « langage surpris », « langage total » (**85. Larthomas**), extrêmement dépendant de ses conditions d'énonciation, il fonctionne selon le principe d'une « double énonciation ».

Par son incomplétude même, il permet la représentation et oblige le metteur en scène à prendre parti (**86. Ubersfeld**).

84. Roland Barthes
Essais critiques (1964)

En 1963, la revue *Tel quel*, interrogeant Barthes sur les « problèmes de la signification » au théâtre, rappelle qu'il a entrepris « une recherche systématique inspirée de
la linguistique structurale*, recherche [qu'il a] appelée, après Saussure et avec d'autres,
sémiologie* ». Dans sa réponse, recueillie ensuite dans les *Essais critiques*, Barthes
tente de définir le « statut sémantique » du théâtre.

Une « polyphonie informationnelle »

*Le théâtre — et c'est ce qui constitue sa spécificité —, est le lieu où s'opère
la transmission de messages multiples, différents par nature, simultanés mais
transmis selon des rythmes spécifiques. Le spectateur est donc confronté à « une
polyphonie informationnelle », c'est-à-dire à la combinaison de plusieurs canaux
d'informations qui lui parviennent simultanément, formant cette « épaisseur
de signe » qui constitue l'essence même de la théâtralité, par opposition à la
« monodie littéraire » qui, elle, n'utilise que le code de la langue écrite. « Toute
représentation est donc un acte sémantique extrêmement dense ».*

*Barthes pose ensuite un certain nombre de questions qui anticipent sur
les analyses de critiques comme Pierre Larthomas ou Anne Ubersfeld dans
la décennie suivante : « Comment est formé le signifiant* théâtral ? », ces
signifiants hétérogènes « concourent-ils à un sens unique ? »*

Qu'est-ce que le théâtre ? Une espèce de machine cybernétique [1]. Au
repos, cette machine est cachée derrière un rideau. Mais dès qu'on la découvre, elle se met à envoyer à votre adresse un certain nombre de messages.
Ces messages ont ceci de particulier, qu'ils sont simultanés et cependant
de rythme différent ; en tel point du spectacle, vous recevez *en même temps*
six ou sept informations (venues du décor, du costume, de l'éclairage, de
la place des acteurs, de leurs gestes, de leur mimique, de leur parole), mais
certaines de ces informations *tiennent* (c'est le cas du décor), pendant que
d'autres *tournent* (la parole, les gestes) ; on a donc affaire à une véritable
polyphonie informationnelle, et c'est cela, la théâtralité : *une épaisseur
de signes* (je parle ici par rapport à la monodie [2] littéraire, et en laissant
de côté le problème du cinéma). Quels rapports ces signes disposés en
contre-point (c'est-à-dire à la fois épais et étendus, simultanés et succes-

---

1. « Cybernétique » désigne ici la faculté du jeu théâtral de communiquer et de réguler plusieurs
informations en même temps.

2. « Monodie » : la monodie désigne un chant à une seule voix, sans accompagnement. Barthes
l'oppose ainsi à la polyphonie théâtrale.

sifs), quels rapports ces signes ont-ils entre eux ? Ils n'ont pas même signifiants (par définition) ; mais ont-ils tojours même signifié ? *Concourent-
ils* à un sens unique ? Quel est le rapport qui les unit à travers un temps
souvent fort long à ce sens final, qui est, si l'on peut dire, un sens rétros-
pectif, puisqu'il n'est pas dans la dernière réplique et n'est cependant clair
que la pièce une fois finie ? D'autre part, comment est formé le signifiant
théâtral ? Quels sont ses modèles ? Nous le savons, le signe linguistique
n'est pas « analogique » (le mot « bœuf » ne ressemble pas à un bœuf),
il est formé par référence à un code digital [1], mais les autres signifiants,
disons pour simplifier, les signifiants visuels, qui règnent en maîtres sur
la scène ? Toute représentation est un acte sémantique extrêmement dense :
rapport du code et du jeu (c'est-à-dire de la langue et de la parole), nature
(analogique, symbolique, conventionnelle ?) du signe théâtral, variations
signifiantes de ce signe, contraintes d'enchaînement, dénotation et connotation du message, tous ces problèmes fondamentaux de la sémiologie
sont présents dans le théâtre ; on peut même dire que le théâtre constitue
un objet sémiologique privilégié puisque son système est apparemment original (polyphonique) par rapport à celui de la langue (qui est linéaire).

Roland BARTHES, *Essais critiques*,
© éd. du Scuil, 1964, pp. 258-259.

Notions clés : *Sémiologie — Signe — Spectacle théâtral.*

• Le spectateur est confronté, au théâtre, à une « polyphonie informationnelle ».
• Cette « épaisseur de signes » constitue l'essence de la théâtralité.

85. Pierre Larthomas
Le Langage dramatique (1972)

Partant, dans sa préface, de la remarque selon laquelle, « toutes les grandes œuvres dramatiques ont au moins une qualité commune qui est ce que l'on pourrait appeler leur
efficacité », constatant qu'« elles agissent sur le spectateur », qu'« elles passent la rampe »,
Larthomas est amené à définir ainsi son postulat et son projet : « Il faut bien qu'il y
ait dans toutes ces œuvres [...] malgré leur diversité des éléments communs qui assurent
à leur style son efficacité. Ce sont ces éléments que l'on peut essayer de définir ».

Sa démarche, stylistique, volontairement non historique, ne prend pas en compte
les critères de distinction traditionnels entre tragédie et comédie, mais repose, au
contraire, sur une « définition du langage dramatique assez large pour qu'elle puisse

1. « Digital » s'oppose ici à « analogique ». Barthes s'interroge sur le rapport qui, dans le signe
théâtral, unit le signifiant au signifié : est-il arbitraire et conventionnel, comme dans le signe
linguistique, ou bien est-il analogique ?

s'appliquer aux styles de toutes les œuvres de toutes les époques ». Il s'agit de cerner **la spécificité du langage théâtral**, « langage en représentation », « langage total », en l'opposant, notamment, au langage spontané.

Un « langage total »

Langage surpris, avons-nous dit du langage dramatique ; il eût été plus exact de dire, *langage comme surpris*. Mis à part les rares exemples que l'on peut donner où un personnage apostrophe le public, tout se passe comme si le spectateur surprenait une série de dialogues, de la même façon apparemment que nous pouvons surprendre et écouter des propos échangés sans qu'on s'aperçoive de notre présence. Mais justement, *tout se passe comme si...* et en réalité, ce langage comme surpris, est, si nous osons employer cette expression, un langage *représenté* ; qui n'a rien de spontané, cela va sans dire ; qui ne cherche pas seulement à provoquer une réaction des interlocuteurs ; qui n'est pas simplement inséré dans la vie ; qui ne s'inscrit pas simplement dans le temps que vivent ceux qui l'utilisent ; mais un langage *en représentation*, ce qui suffit à le différencier absolument du langage, même si apparemment, comme il arrive souvent, les propos échangés ne se distinguent en rien des propos quotidiens.

Ce qui implique, au-delà des similitudes trompeuses, des différences fondamentales. Du fait qu'il est représenté, le langage dramatique est un langage *total* : non seulement les éléments proprement verbaux prennent un relief extraordinaire, mais encore tout ce qui les accompagne, gestes, contexte, action, situation, etc., ont plus d'importance que dans la vie où très souvent, préoccupés avant tout de comprendre et d'être compris, nous ne témoignons d'intérêt qu'aux seules paroles et à leur seule signification. Contentons-nous de rappeler la parole si profonde d'Ionesco : « Tout est langage au théâtre... Tout n'est que langage... [1] » La belle œuvre dramatique établit entre ces différents éléments un équilibre fragile et précieux tout à la fois, constitue à partir d'eux un ensemble complexe qui varie à chaque seconde mais, et le fait est essentiel, où le texte, disons plutôt les éléments verbaux, restent, dans l'ensemble, fondamentaux. Si tout au théâtre est langage, une œuvre dramatique est avant tout *parole*.

Et si maintenant nous nous demandons quelle est la fonction de ce langage particulier déjà si différent de nos propos quotidiens, nous découvrons un autre caractère, à nos yeux essentiel. Ce langage représenté, parce que représenté a une fonction double, ce qui suffit à le différencier radicalement du langage ordinaire, en dépit, là encore, de similitudes trompeuses. La réplique la plus banale est destinée à la fois au personnage auquel

---

1. *Notes et Contre-notes*, p. 116 [*N.d.A*].

elle s'adresse et au public. L'auteur la crée à la fois pour les personnages (comme si successivement il était l'un d'eux et s'adressait à chacun d'eux) et pour ces gens curieusement assemblés et qui écoutent ; et définir la nature et la qualité d'une réplique ou d'un dialogue, c'est définir avant tout le rapport qui s'établit entre deux effets : l'effet sur l'interlocuteur (comme dans la vie) et l'effet sur ce juge (au sens très large du terme) qu'est le public. [...]

Un autre caractère enfin a retenu longuement, trop longuement peut-être, notre attention. Dans l'élaboration de l'œuvre, l'écrit précède le dit et le langage dramatique procède des deux, sans se confondre ni avec l'un ni avec l'autre. Nous croyons l'avoir montré et nous nous sommes efforcé, tout au long de ces pages, de préciser cette singularité. Ce qui nous amenait tout d'abord à marquer, plus qu'on ne l'avait fait jusqu'ici, les différences entre l'écrit et le dit, au-delà de toutes les ressemblances. Il est bien vrai que parler et écrire, c'est « manier les signes que nous fournit la langue », mais c'est les manier, dans l'un et l'autre cas, de manières différentes, puisque les conditions mêmes d'élaboration et de réception du message sont, elles aussi, différentes, voire souvent opposées. D'où vient l'originalité du langage dramatique qui, dans une certaine mesure, concilie les contraires : très proche de la parole, imitant même ses imperfections qui prennent alors une valeur esthétique ; mais aussi très éloigné d'elle, plus enchaîné, plus rythmé, plus soucieux d'effets. Très proche parfois de la langue écrite, sans jamais pourtant se confondre avec elle, perdant, s'il le faut, toutes ses qualités dramatiques. « C'est Giraudoux qui m'a appris », déclare Jean Anouilh, « qu'on pouvait avoir au théâtre une langue poétique et artificielle qui demeure plus vraie que la conversation sténographique. [1] » On ne saurait mieux dire. Mais qu'on y prenne garde : langue poétique ne veut pas dire ici langue de la poésie et langue artificielle ne veut pas dire langue savamment écrite. La poésie trouve en elle-même sa propre fin ; au théâtre comme dans la vie le langage ne trouve jamais en lui-même sa propre fin.

Pierre LARTHOMAS, Le Langage dramatique,
© éd. Armand Colin, 1972, pp. 436-438.

Notion clé : *Double articulation — Langage théâtral.*

• Le langage théâtral semble spontané et surpris alors qu'il est représenté, fait pour être joué.
• La parole théâtrale fonctionne selon le principe de la double articulation.

---

2. Cité par Pol Vandromme, *Jean Anouilh, un auteur et ses personnages*, Paris, éd. de La Table ronde, p. 41 [*N.d.A.*].

86. Anne Ubersfeld
Le Théâtre (1980)

Auteur de *Lire le théâtre* (1977) et de *L'École du spectateur* (1981), professeur de théâtrologie à l'université de Paris III, Anne Ubersfeld précise, dans la préface du premier ouvrage, son propos et sa méthode : il s'agit de **définir la spécificité du texte théâtral à partir d'une démarche sémiotique***, visant à « établir le ou les systèmes de signes textuels qui peuvent permettre au metteur en scène, aux comédiens, de construire un système signifiant où le spectateur concret trouve sa place ». Elle propose ainsi une analyse qui intègre aussi bien le texte théâtral en tant que texte, que sa représentation scénique, qui s'interroge sur leurs rapports, sur le rôle du metteur en scène et sur celui du spectateur.

La double énonciation

En s'appuyant sur la distinction linguistique entre énoncé* *(parole non située) et* énonciation* *(parole située à l'intérieur d'un processus de communication), Anne Ubersfeld montre que* **le dialogue de théâtre n'a de signification que dans un « contexte énonciatif ».** *La réplique célèbre : « Le pauvre homme ! » (*Le Tartuffe, I, 4) *ne prend sens que pour qui connaît ses conditions concrètes d'énonciation. Le discours théâtral, en effet, est composé de deux strates textuelles. Dans le « dialogue », les paroles d'un personnage (produites par le scripteur) s'adressent à un double destinataire, les autres personnages et le public. Les « didascalies* », émises par le scripteur, fournissent des informations au metteur en scène et aux comédiens qui les transmettent ensuite au public sous la forme de signifiants non verbaux : jeux de scène, expressions, tons, éléments du décor (*Lire le théâtre, pp. 248-249).*

On peut figurer ainsi cette **« double situation de communication »** *:*

DISCOURS RAPPORTEUR (I)
didascalies

destinateurs   destinataires
IA : scripteur   ──────────────────────▶   IB : spectateurs
IA' : praticiens

DISCOURS RAPPORTÉ (II)
dialogue
IIA : destinateur ──▶ IIB : destinataire
personnage   personnage
locuteur   récepteur

Selon Umberto Eco, le texte romanesque est une « machine paresseuse » qui présente des « blancs » destinées à mettre en jeu l'activité du lecteur, activité productrice de sens. Ces manques informatifs sont encore plus importants dans le texte théâtral, texte « troué » par nature, qui donne au metteur en scène une indispensable liberté d'interprétation. La communication théâtrale ne se réduit donc pas au seul texte.

L'une des caractéristiques les plus étonnantes du texte théâtral, la moins visible mais peut-être la plus importante, c'est son caractère incomplet. Les autres textes de fiction doivent, dans une certaine mesure, combler l'imagination du lecteur : la mansarde de Lucien de Rubempré, le jardin enchanté de *La Faute de l'abbé Mouret*, le champ de bataille de *Guerre et paix* sont des lieux sur lesquels le lecteur reçoit assez de renseignements pour se les figurer à loisir, même si ces figurations sont individuellement assez différentes. De même, les personnages sont décrits assez fidèlement pour que le lecteur puisse vivre imaginairement avec eux. Ce travail de détermination irait contre les possibilités de la scène : il faut que la représentation puisse avoir lieu n'importe où et que n'importe qui puisse jouer le personnage.

Un exemple frappant, le début du *Misanthrope*, qui ne souffle mot des rapports entre les personnages, ni entre les personnages et les lieux. Comment ces personnages arrivent-ils ? En courant, au pas ? Lequel va devant ? Ou sont-ils déjà là, debout, assis ? Le texte n'en dit rien. Rien non plus sur l'âge des personnages. Est-ce le même ? Y en a-t-il un qui paraisse l'aîné ? Lequel ? Autant d'éléments sur lesquels le texte reste résolument muet. Ce sera le travail du metteur en scène de donner les réponses. Réponses absolument nécessaires : il faut bien que les personnages se présentent de telle ou telle façon. En outre, ni l'aspect ni la présentation ne sont neutres : le rapport Alceste-Philinte et, par là, le sens même du personnage d'Alceste et de toute la pièce seront fixés dans le premier instant. Quelles que soient les modifications ultérieures apportées à ces premières images, elles devront s'inscrire en différence par rapport à elles. Ainsi dans la mise en scène de Jean-Pierre Vincent (Théâtre national de Strasbourg, 1977), Alceste est assis dans une sorte de certitude boudeuse, côté cour, et Philinte, debout auprès de lui, a l'air de s'excuser comme un jeune garçon pris en faute. Tout le développement ultérieur est déterminé par ce départ ; or il est une pure création du metteur en scène : l'incomplétude du texte oblige le metteur en scène à prendre un parti. [...]

La communication théâtrale est d'une autre nature que la communication littéraire, avec quelques caractéristiques remarquables : tout d'abord, l'émetteur est double, la responsabilité du message partagée entre l'auteur et le praticien (metteur en scène, scénographe, comédien) ; en deuxième lieu, le récepteur n'est jamais isolé comme le lecteur, le spectateur de télévision ou même de cinéma : il forme un corps où les regards de chacun réagissent sur les regards de tous. De plus, il est illusoire de penser que la réception est sans effet sur le message. Le public réagit : applaudissements, silences, toux ou actions physiques presque imperceptibles. Enfin, le public vient ou ne vient pas, il sanctionne, renvoyant une réponse qui est aussi économique, donc vitale ; il apporte l'acquiescement ou la modification subtile, il apporte aussi l'argent.

Anne UBERSFELD, « Le texte dramatique » in *Le Théâtre*
sous la direction de D. Couty et A. Rey,
© éd. Bordas, 1980, pp. 93-94.

Notions clés : *Dialogue — Didascalies — Énoncé/Énonciation — Langage théâtral — Personnage de théâtre — Spectacle théâtral.*

• Composé de deux strates textuelles, le dialogue et les didascalies, le texte théâtral est régi par une double énonciation.
• Son « incomplétude » est la condition même de la représentation.
• Celle-ci, nécessairement collective, sanctionne immédiatement la réussite ou l'échec.

➤ DIDEROT, *Le Fils naturel*, «Épilogue » : « Une pièce est moins faite pour être lue que pour être représentée. »

Théâtre et mise en scène

Écrit pour être dit, pour être joué, le texte théâtral vit par sa réalisation scénique. Celle-ci se réfère aux didascalies*, véritables indications que le scripteur donne au metteur en scène. Mais on sait que le texte théâtral lui offre une marge de liberté qui lui permet de concrétiser sa lecture, son interprétation du texte. De là, globalement, deux tendances opposées : la mise en scène peut privilégier le texte littéraire ou en faire seulement « un des éléments de la représentation » (**87. Ubersfeld**).

La représentation théâtrale doit-elle être fidèle à « l'esprit de l'œuvre » ? Celui-ci, selon un metteur en scène contemporain, n'est jamais que « l'opinion majoritaire » sur le texte, voire « les idéologies qui l'encrassent », aussi la mise en scène doit-elle parvenir à combiner « l'absolu de la littéralité » et « la relativité de l'interprétation » (**88. Mesguich**).

Constatant que, dans le théâtre occidental, la mise en scène laisse à l'arrière-plan « tout ce qui n'obéit pas à l'expression par la parole, par les mots », Antonin Artaud propose un théâtre qui s'adresserait « d'abord aux sens au lieu de s'adresser d'abord à l'esprit » (**89. Artaud**).

87. Anne Ubersfeld
Lire le théâtre (1977)

Le texte théâtral, par « ses fissures », contraint le metteur en scène à faire des choix interprétatifs. Dans la communication théâtrale, « l'émetteur est double » (voir le texte 86), deux systèmes signifiants sont mis en relation, l'ensemble des signes représentés et l'ensemble des signes textuels. Selon Anne Ubersfeld, le refus de cette nécessaire distinction « détermin[e] **des attitudes réductrices** en face du fait théâtral ».

Sacralisation ou refus du texte ?

La première attitude possible est l'attitude classique « intellectuelle » ou pseudo-intellectuelle : elle privilégie le texte et ne voit dans la représentation que l'expression et la traduction du texte littéraire. La tâche du metteur en scène serait donc de « traduire dans une autre langue » un texte auquel son premier devoir serait de rester « fidèle ». Attitude qui suppose une idée de base, celle de *l'équivalence sémantique* entre le texte écrit et sa représentation. [...] Or, cette équivalence risque fort d'être une illusion : l'ensemble des signes visuels, auditifs, musicaux, créés par le metteur en scène, le décorateur, les musiciens, les acteurs constitue un sens (ou une pluralité de sens) au-delà de l'ensemble textuel. Et réciproquement dans l'infinité des structures virtuelles et réelles du message (poétique) du texte littéraire, beaucoup disparaissent ou ne peuvent être perçues, effacées qu'elles sont par le système même de la représentation. Bien plus, même si par impossible la représentation « disait » tout le texte, le spectateur, lui, n'entendrait pas tout le texte ; une bonne part des informations est gommée ; l'art du metteur en scène et du comédien réside pour une bonne part dans le choix de ce qu'il *ne faut pas faire entendre*. On ne peut donc parler d'équivalence sémantique : si T est l'ensemble des signes textuels, et P celui des signes représentés, ces deux ensembles ont une intersection mobile pour chaque représentation :

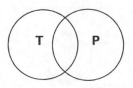

Selon le mode d'écriture et de représentation, la coïncidence des deux ensembles sera plus ou moins étroite ; et c'est un moyen intéressant de distinguer entre les différents types de rapports texte-représentation. L'attitude qui consiste à privilégier le texte littéraire comme premier s'identifie à l'illusion d'une coïncidence (en fait jamais réalisée) entre l'ensemble des signes du texte et celui des signes représentés. Et cette coïncidence, fût-elle impossible à accomplir, laisserait encore intacte la question de savoir si la représentation ne fonctionne que comme système de signes.

Le danger principal de cette attitude réside certes dans la tentation de figer le texte, de le sacraliser au point de bloquer tout le système de la représentation, et l'imagination des « interprètes » (metteurs en scène et comédiens) ; il réside plus encore dans la tentation (inconsciente) de boucher les fissures du texte, de le lire comme un bloc compact qui ne peut être que *reproduit* à l'aide d'autres outils, interdisant toute *production* d'un objet artistique. Le plus grand danger est de privilégier non *le* texte, mais *une* lecture particulière du texte, historique, codée, idéologiquement déterminée, et que le fétichisme textuel permettrait d'éterniser ; vu les rapports (inconscients mais puissants) qui se nouent entre tel texte de théâtre et ses conditions historiques de représentation, ce privilège accordé au texte conduirait, par une voie étrange, à privilégier les habitudes codées de représentation, autrement dit à interdire toute avance de l'art scénique.

L'autre attitude, beaucoup plus courante dans la pratique moderne ou l'« avant-garde » du théâtre (une avant-garde un peu décolorée ces derniers temps) c'est le refus, parfois radical, du texte : le théâtre est tout entier dans la cérémonie qui se réalise en face ou au milieu des spectateurs. Le texte n'est qu'un des éléments de la représentation, et peut-être le moindre. On aurait alors quelque chose comme :

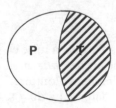

la part de T pouvant être aussi réduite que possible et même tomber à rien. C'est la thèse d'Artaud, non sans doute telle qu'il l'a énoncée, mais telle qu'elle a été trop souvent mal comprise comme refus radical du théâtre à texte.

Anne UBERSFELD, *Lire le Théâtre*,
© Éditions Sociales, 1977, pp. 16-19.

Notions clés : *Mise en scène — Spectacle théâtral.*

• Par nature, la représentation théâtrale n'est jamais l'équivalent sémantique du texte dramatique.
• La mise en scène doit éviter deux attitudes réductrices : sacraliser le texte, ce qui le fige dans une lecture datée et interdit toute interprétation artistique, ou valoriser la représentation, dont le texte n'est plus qu'un élément négligeable.

88. Daniel Mesguich
L'Éternel Éphémère (1991)

Comme Anne Ubersfeld, Daniel Mesguich, praticien du théâtre, part du constat « qu'à la différence des autres écritures, l'écriture dramatique, lettre en souffrance, glacée dans l'encre et sur la page, n'est pas finie ; que ces textes sont incomplets, qu'il leur manque, littéralement, leur destin : le théâtre ». La transmission du texte se fait donc par la mise en scène, qui « donn[e] à lire les blancs imprimés, les lettres invisibles » et qui est aussi nécessaire au texte que les voyelles le sont aux consonnes dans le langage.

C'est dans ce cadre qu'il pose le problème de la « fidélité au texte ».

Littéralité et interprétation

Le comédien rejoint le critique en soulignant que le metteur en scène doit dépasser les lectures autrefois vivantes mais que l'évolution sociale, idéologique ou littéraire rend obsolètes, pour découvrir dans l'œuvre ce qui est ouvert sur « les fluidités infinies des sens ». Publiée, l'œuvre est désormais offerte aux lectures relatives et multiples qui la concrétisent sur scène.

« Esprit de l'œuvre »
La vieille querelle faite à l'art de la mise en scène comme art de la lecture, à l'art du théâtre comme art de l'*interprétation*, ne repose en fait que sur une confusion plus ou moins volontaire.

Ceux qui se font les défenseurs du « texte » contre les « lectures abusives » (mais pour eux toute lecture est abusive) des metteurs en scène, se font en fait les défenseurs, non de *la lettre* du texte (cette querelle serait sans objet puisque la lettre, elle, reste) mais de ce qu'ils nomment aussi eux-mêmes très souvent, l'« esprit » de l'œuvre.

Mais qu'est-ce, à la fin, que cet « esprit de l'œuvre » dont on nous rebat les oreilles, si ce n'est la seule *opinion majoritaire*, si ce n'est, non pas « le texte », mais les idéologies qui l'encrassent : pensées qui ont été vivantes jadis, et actives sans doute, mais qui, aujourd'hui mortes, encombrent de leurs dépouilles les ouvertures de la lettre, empêchent de leur rigidité les fluidités infinies du sens ?

La lettre, *en soi*, ne pense pas, elle est accueil de pensées ; elle ne renferme pas d'« esprit », mais — s'il faut continuer d'employer ce mot — elle lui est ouverte, elle l'attend *chaque fois*.

Et le « vouloir dire » *conscient* de l'auteur — toutes les pratiques interprétatives, du Talmud à la psychanalyse, nous le rappellent — ne change rien à l'affaire : ce que pense l'individu Claudel de *Partage de midi*, œuvre désormais publiée, publique, donnée, n'est jamais que l'opinion d'un de ses lecteurs. Il peut être intéressant de savoir ce que Wagner dit du *Ring*, mais ce qu'il en dit ne peut en aucun cas faire effet de loi sur l'interprétation de cette œuvre.

Il s'agit, au théâtre, de donner la lettre dans toute sa matérialité, sa minéralité, son éloignement, il s'agit de faire entendre, oui, *l'inhumanité* de la lettre, l'écriture, la crissure encore du stylet sur la pierre — et puis, *dans le même temps*, un commentaire, humain, provisoire, dans toute son oralité, sa chaleur, sa proximité.

Il s'agit de donner l'absolu de la littéralité, la sécheresse de la consonne — et puis la relativité de l'interprétation, la soif de la voyelle.

Daniel MESGUICH, *L'Éternel Éphémère,*
© éd. du Seuil, 1991, pp. 75-76.

Notions clés : *Langage théâtral — Mise en scène.*

• Le metteur en scène doit chercher à traduire ce qui, dans le texte même, est ouvert sur une pluralité de sens.
• Sa mise en scène doit combiner la « littéralité » du texte et la relativité de l'interprétation.

89. Antonin Artaud
Le Théâtre et son double (1938)

On sait qu'Artaud a dénoncé le culte des chefs-d'œuvre, coupable de transformer la culture en un « inconcevable Panthéon » coupé de la vie (voir le texte 37). Cette fétichisation de l'art conduit l'Occident à réduire le théâtre au livre, alors que « le dialogue — chose écrite et parlée — n'appartient pas spécifiquement à la scène ».

Le théâtre doit s'adresser aux sens

Antonin Artaud s'interroge sur l'assimilation du théâtre à la seule forme dia-
loguée. Voulant libérer le théâtre de « cet assujettissement à la parole », il
oppose le dialogue à la scène, « lieu physique et concret » qui appelle un lan-
gage lui-même physique et concret, indépendant de la parole, tourné vers la
satisfaction des sens et non plus seulement de l'esprit. Ce langage concret peut
intégrer tout ce qui est apte à se manifester sur scène : formes, bruits, gestes.

Anne Ubersfeld a noté que ces thèses ont été bien souvent comprises
comme le « refus radical du théâtre à texte » (texte 87). Or, Artaud dit expli-
citement que « ce langage fait pour les sens » doit d'abord les satisfaire et
« développer ensuite toutes ses conséquences intellectuelles ».

Dans ses réalisations scéniques, Artaud n'a pu imposer de son vivant
« cette utopie d'un théâtre à l'état brut, affranchi de toute forme contrai-
gnante, qui mêle l'expérience immédiate du spectacteur et la vie, l'aventure
de l'acteur et l'aventure individuelle, et fait du créateur un thaumaturge ou
un gourou » [1]*. Ses écrits ont toutefois inspiré de nombreux hommes de théâ-*
tre dans les années 1960.

[...] comment se fait-il que le théâtre Occidental ne voie pas le théâtre sous
un autre aspect que celui du théâtre dialogué ?

Le dialogue — chose écrite et parlée — n'appartient pas spécifiquement à la scène, il appartient au livre ; et la preuve, c'est que l'on réserve
dans les manuels d'histoire littéraire une place au théâtre considéré comme
une branche accessoire de l'histoire du langage articulé.

Je dis que la scène est un lieu physique et concret qui demande qu'on
le remplisse, et qu'on lui fasse parler son langage concret.

Je dis que ce langage concret, destiné aux sens et indépendant de la
parole, doit satisfaire d'abord les sens, qu'il y a une poésie pour les sens
comme il y en a une pour le langage, et que ce langage physique et concret
auquel je fait allusion n'est vraiment théâtral que dans la mesure où les
pensées qu'il exprime échappent au langage articulé. [...]

Le plus urgent me paraît être de déterminer en quoi consiste ce langage physique, ce langage matériel et solide par lequel le théâtre peut se
différencier de la parole.

Il consiste dans tout ce qui occupe la scène, dans tout ce qui peut se
manifester et s'exprimer matériellement sur une scène, et qui s'adresse
d'abord aux sens au lieu de s'adresser d'abord à l'esprit comme le lan-

---

1. Daniel Couty et Jean-Pierre Ryngaert, *Le Théâtre*, Paris, Bordas, 1980, p. 76.

gage de la parole. (Je sais bien que les mots eux aussi ont des possibilités de sonorisation, des façons diverses de se projeter dans l'espace, que l'on appelle les *intonations*. Et il y aurait d'ailleurs beaucoup à dire sur la valeur concrète de l'intonation au théâtre, sur cette faculté qu'ont les mots de créer eux aussi une musique suivant la façon dont ils sont prononcés, indépendamment de leur sens concret, et qui peut même aller contre ce sens, — de créer sous le langage un courant souterrain d'impressions, de correspondances, d'analogies ; mais cette façon théâtrale de considérer le langage est déjà *un côté* du langage accessoire pour l'auteur dramatique, et dont, surtout actuellement, il ne tient plus du tout compte dans l'établissement de ses pièces. Donc passons.)

Ce langage fait pour les sens doit au préalable s'occuper de les satisfaire. Cela ne l'empêche pas de développer ensuite toutes ses conséquences intellectuelles sur tous les plans possibles et dans toutes les directions. Et cela permet la substitution à la poésie du langage, d'une poésie dans l'espace qui se résoudra justement dans le domaine de ce qui n'appartient pas strictement aux mots.

Antonin ARTAUD, *Le Théâtre et son double*,
© éd. Gallimard, 1938, pp. 53 à 55.

Notions clés : *Mise en scène — Spectacle théâtral.*

• Le théâtre occidental restreint la théâtralité au texte.
• Il faut inventer un langage théâtral indépendant du dialogue, concret, physique, fondant une poésie dans l'espace.

Théâtre et public

Le texte théâtral trouve son plein sens au moment de sa représentation, dans la réception de son destinataire, le public. La communication théâtrale comporte de nombreuses particularités dont la plus importante semble être ce jeu qui veut que le spectateur, tout en ayant affaire à des éléments du réel (les acteurs, le décor), « indiscutablement existants », les marque du signe de l'irréalité, en nie l'insertion dans le réel. « L'illusion théâtrale » favorise la catharsis* du spectateur, le libère par le mécanisme de la « dénégation* », elle permet donc le « réveil des fantasmes » mais aussi « le réveil de la conscience » **(90. Ubersfeld)**.

La réception théâtrale ne se limite pas uniquement au moment présent du message émis. Elle met en jeu un ensemble de signes qui, pour être déchiffrés, requièrent de la part du spectateur, non seulement un travail d'analyse, mais encore un travail de réminiscence, de comparaison, mettant en jeu une mémoire, « transmission capitalisée » qui, par référence à d'autres œuvres, à d'autres mises en scène, permet la compréhension du spectacle présent. Soulignant qu'« on n'entre pas au théâtre sans un apprentissage », Daniel Mesguich s'insurge contre « ceux qui se font analphabètes du théâtre, ceux qui se veulent sans mémoire » et qui oublient que « lire c'est toujours faire de la littérature comparée » **(91. Mesguich)**.

La représentation théâtrale, acte de communication complexe, combine ainsi le discours du scripteur, celui du metteur en scène, la médiation du comédien et le « travail » du spectateur qui, par une véritable analyse sémiotique*, doit déchiffrer et maîtriser l'ensemble des signes complexes qui lui sont offerts. Vecteur de plaisir, ce travail interprétatif révèle que « c'est le spectateur qui est en définitive le maître du sens : mais le sens ne lui est jamais donné, il est toujours à construire » **(92. Ubersfeld)**.

Le spectateur est donc impliqué dans la représentation théâtrale mais cette implication prend des formes tout à fait différentes selon les modalités et les présupposés de la mise en scène. Contre le « théâtre récréatif » qui implique émotionnellement le spectateur dans l'action, Brecht crée le « théâtre épique » qui l'implique intellectuellement pour l'amener jusqu'à la prise de conscience **(93. Brecht)**.

90. Anne Ubersfeld
Lire le théâtre (1977)

« L'illusion théâtrale » est, selon Anne Ubersfeld, une expression convenue et trompeuse qu'elle s'attache à déconstruire ici en analysant le processus complexe de communication qui s'instaure avec le public lors d'une représentation. Sa réflexion sur la fonction cathartique du théâtre s'appuie sur la notion freudienne de *dénégation**.

« Il n'y a pas d'illusion théâtrale »

La caractéristique de la communication théâtrale, c'est que le récepteur considère le message comme non-réel ou plus exactement comme non-vrai. Or si la chose va de soi, ou peut aller de soi dans le cas d'un récit ou d'un conte (verbal ou scriptural) où le récit est expressément dénoté comme imaginaire, dans le cas du théâtre la situation est différente : ce qui figure dans le lieu scénique c'est un *réel concret*, des objets et des personnes dont l'existence concrète n'est jamais mise en doute. Or s'ils sont indiscutablement existants (pris dans le tissu du réel), ils se trouvent en même temps niés, marqués du signe moins. Une chaise sur la scène n'est pas une chaise dans le monde : le spectateur ne peut ni s'y asseoir, ni la déplacer ; elle est interdite, elle n'a pas *d'existence pour lui*. Tout ce qui se passe sur la scène (si peu déterminé et clôturé que soit le lieu scénique) est frappé d'irréalité. [...]

Pour Freud, le rêveur sait qu'il rêve même quand il ne le croit pas, ou ne veut pas le croire. De même le théâtre a le statut du rêve : une construction imaginaire dont le spectateur sait qu'elle est radicalement séparée de la sphère de l'existence quotidienne. Tout se passe comme s'il y avait pour le spectateur une double zone, un double espace (nous retrouverons ce problème à propos de l'espace au théâtre) : l'un qui est celui de la vie quotidienne et qui obéit aux lois habituelles de son existence, à la logique qui préside à sa pratique sociale, l'autre qui est le lieu d'une pratique sociale différente et où les lois et les codes qui le régissent, tout en continuant à avoir cours, ne le régissent plus, lui, en tant qu'individu pris dans la pratique socio-économique qui est la sienne ; il n'est plus « dans le coup » (ou sous le coup ?). Il peut se permettre de voir fonctionner les lois qui le régissent sans y être soumis, puisqu'elles sont expressément niées dans leur réalité contraignante. Ainsi, se justifie la présence, toujours actuelle au théâtre, de la *mimésis** c'est-à-dire de l'*imitation* des êtres et de leurs actions, en même temps que les lois qui les régissent paraissent dans un imaginaire retrait. Telle est la *catharsis** : de même que le rêve accomplit d'une certaine façon les désirs du dormeur, par la construction du fantasme, de même la construction d'un réel concret qui est en même temps l'objet d'un jugement qui en nie l'insertion dans la réalité, libère le spectateur, qui voit s'accomplir ou s'exorciser ses craintes et ses désirs, sans qu'il en soit victime, mais non sans sa participation. On voit que ce fonctionnement de la dénégation* trouve sa place aussi bien dans le théâtre-cérémonie, lié à un rituel de la fête, que dans le théâtre dit de l'illusion.

[...] Allons plus loin : il n'y a pas d'*illusion théâtrale*. Le théâtre de l'illusion est un accomplissement pervers de la dénégation : il s'agit de pousser si loin la ressemblance avec la « réalité » de l'univers socio-économique du spectateur, que ce soit l'ensemble de cet univers qui bascule dans la dénégation ; l'illusion se reverse sur la réalité elle-même, ou plus précisément, le spectateur devant une réalité qui tente de mimer parfaitement ce monde, avec la plus grande *vraisemblance*, se trouve contraint à la passivité. [...]

Nous touchons ici au paradoxe brechtien : c'est au point de l'identification maximale du spectateur avec le spectacle que la distance entre le spectateur et le spectacle est la plus grande, entraînant par contrecoup la « distance » la plus grande entre le spectateur et sa propre action dans le monde. C'est le point où le théâtre si l'on peut dire désarme les hommes devant leur propre destin. Nous disons *distance* : inutile de rappeler qu'il ne s'agit pas de la « Verfremdung » brechtienne (distanciation*).

Anne UBERSFELD, *Lire le théâtre*,
© Éditions Sociales, 1977, pp. 46 à 49.

Notions clés : *Catharsis — Mimésis — Plaisir.*

• La mimésis théâtrale va de pair avec une dénégation du réel et de ses lois.
• La catharsis permet au spectateur de se libérer de ses passions en les vivant sur le mode imaginaire.

➤ Anne UBERSFELD, *Lire le théâtre* : « Le théâtre ne produit pas seulement chez le spectateur le réveil des fantasmes, mais aussi parfois le réveil de la conscience — y compris de la conscience politique —, l'un peut-être n'allant pas sans l'autre [...] par l'association du plaisir et de la réflexion. ».

---

91. Daniel Mesguich
L'Éternel Éphémère (1991)

« Le praticien doit fabriquer les *médiations* entre le récepteur d'hier et le récepteur d'aujourd'hui. Travail parfaitement original et créateur, qui n'est pas simplement celui de la mise en scène des classiques, [...] travail de ''réécriture'', de fabrication d'un discours pour lequel à l'émetteur premier (le scripteur) s'ajoute un émetteur second »

(Anne Ubersfeld, « Le texte dramatique », p. 104). C'est ce travail que Daniel Mesguich entend définir ici, sur un ton quelque peu polémique qui signale la prise de position d'un praticien du théâtre réagissant contre des attitudes ou des conceptions qui lui semblent contestables.

Contre « les analphabètes du théâtre »

Daniel Mesguich part du constat selon lequel le théâtre, « art de la répétition », est signes. Ces signes appellent, de la part du spectateur, un déchiffrement qui met en jeu une « mémoire », c'est-à-dire une culture théâtrale, faite de connaissances, de réminiscences, en fonction desquelles il déchiffre l'ensemble de la représentation à laquelle il assiste. La « lecture » d'une mise en scène, comme la lecture d'un roman, est donc faite de comparaisons, de rapprochements. « L'école du spectateur » implique « un apprentissage », la mise en œuvre d'une sorte d'intertextualité*, nécessitant un effort, au rebours de ces spectateurs qui demandent au metteur en scène un théâtre « immédiat », à « lire sans travail ». Cette « paresse intellectuelle » du public, mais aussi de certains metteurs en scène, que fustige Daniel Mesguich, aboutit à des formes théâtrales qui ne sont pas « immédiates » mais simplement appauvries.

À propos de la paresse intellectuelle et sentimentale de certains publics
    ... On n'entre pas au théâtre sans un apprentissage, sans une transmission qui s'est capitalisée, que l'on a gardée et fait fructifier : une mémoire.
    Parfois, l'on rencontre un spectateur qui dit à peu près, et souvent de manière arrogante : « Vous faites un théâtre élitaire, inaccessible... » (Ce qui signifie : « Nous voulons un théâtre immédiat, que nous puissions lire sans travail... ») Mais combien de fois ne sommes-nous pas en droit de renvoyer cette arrogance : le théâtre, art de la répétition, essentiellement ne peut pas ne pas être signes, et tout signe est toujours déjà soustendu de mémoire, sous peine d'être absolument illisible, de ne plus rien signifier.
    Ceux qui se font analphabètes du théâtre, ceux qui se veulent sans mémoire — parfois confortés par les déclarations mêmes de certains hommes de théâtre qui prétendent retrouver je ne sais quelle virginité, je ne sais quelle pureté devant l'œuvre, ou devant, c'est encore plus cocasse, l'esprit de l'œuvre —, ceux-là, donc, voient et entendent eux aussi le spectacle, mais ils n'ont ni vu ni entendu le même spectacle que celui qui l'a confronté avec sa propre mémoire, que celui qui a travaillé. Cependant, du moins en France, au théâtre, il n'y a pas d'analphabètes, il n'y a que des paresseux, des lecteurs qui oublient — qui font semblant d'oublier — que lire c'est toujours faire de la « littérature comparée », toujours se souvenir, toujours rapprocher, toujours choisir...

> *La littéralité n'existe jamais. Ce théâtre « immédiat », « littéral »,
> ou « naturel », si souvent réclamé, est, essentiellement, n'en déplaise à
> ceux-là même qui le réclament, un théâtre « intellectuel » lui aussi, tout
> aussi « interprété », tout aussi « médiat » que celui qu'ils refusent : sim-
> plement, il l'est pauvrement...*
>
> Daniel MESGUICH, L'Éternel Éphémère,
© éd. du Seuil, 1991, pp. 125-126.

Notions clés : *Intertextualité — Mise en scène — Public.*

• La représentation théâtrale exige du spectateur une culture, la connaissance d'une
intertextualité sans laquelle il ne peut la déchiffrer et jouir du plaisir qu'elle procure.

➤ Antoine VITEZ, *Le Théâtre des idées* : « L'art du théâtre est une affaire de
traduction : la difficulté du modèle, son opacité, provoque le traducteur à l'invention dans sa propre langue, l'acteur dans son corps et sa voix. Et la traduction
proprement dite des œuvres théâtrales donne un exemple de la misère par la proli-
fération des pratiques paresseuses d'adaptation, destinées à satisfaire on ne sait
quel goût du public. »

92. Anne Ubersfeld
Le Théâtre (1980)

Des critiques contemporains, Umberto Eco, Wolfgang Iser ou Hans Robert Jauss,
ont mis en valeur, à propos du roman, le rôle déterminant du lecteur par lequel le
texte romanesque prend sens. Le même mouvement se dessine au sein de la critique
théâtrale. Ainsi Anne Ubersfeld souligne le rôle fondamental du spectateur dans la
perception et « la maîtrise des signes » que transmet la représentation théâtrale.

Le spectateur est le maître du sens

Le spectacle n'appartient pas au praticien, il appartient au spectateur :
c'est lui, le lecteur des signes et, à la limite, leur constructeur. Au travail
du comédien répond comme sa réplique obligée celui du spectateur : percevoir globalement les signes. Mais aussi jouer avec tel signe et le suivre :
une parole, une lumière. Trajet inverse : suivre un signe, mais aussi l'inscrire dans un tableau que l'œil recompose avant de le défaire.

L'implication du spectateur, le travail heureux qu'il est contraint
d'opérer donnent au théâtre parmi les spectacles sa fonction autonome
et irremplaçable. C'est par une sorte de coup de force contre nature que
le théâtre bourgeois du XIXe siècle (et encore du XXe, hélas !) condamnait
le spectateur à une langueur digestive, à une artificielle passivité.

Le théâtre n'apporte pas au spectateur, comme le cinéma, une image toute construite (c'est le récepteur qui va la focaliser et la cadrer) ni une image abstraite, mais un être à la fois présent et absent ; et de cette présence-absence, il va bien falloir qu'il s'arrange. À chaque instant la perception du spectateur *oscille*, et c'est ce va-et-vient du présent à l'absent, du maintenant au passé, du réel à la figure, du jeu à la fiction qui constitue à la fois le travail psychique et le plaisir du théâtre. Va-et-vient qui n'est pas sans rappeler le jeu de la bobine de célèbre mémoire freudienne.

On n'apporte pas au spectateur la « figure » d'objets et d'êtres réels, mais ces objets mêmes, souvent détournés : il faut qu'il leur donne un sens. Et si la métaphore est le plaisir de la condensation, elle est aussi le travail de la synthèse : au-delà de l'oscillation perceptive, il y a la construction de cette synthèse. Le spectateur parcourt à son gré la route qui va de l'une à l'autre ; il n'y a pas deux perceptions des signes identiques d'un individu à l'autre, ni pour le même individu à deux moments de la durée. Le travail du spectateur, comme tout travail artistique, est à la fois aléatoire et créateur de « nouveau ».

C'est en ce sens que le théâtre est pour le spectateur exercice de *maîtrise*. Dans deux directions différentes et conjointes que nous avons appelées l'exorcisme et l'exercice. Exorciser l'absence, le malheur, la mort, la question non résolue. Expérimenter dans un champ fictif des solutions imaginaires, utopiques ou possibles. Explorer par le modèle réduit le champ des possibles. Exorciser le non-figurable, désamorcer les interdits, en soulevant imaginairement le poids de leurs contraintes [...] Expérimenter les possibilités du discours, explorer le champ du langage, interroger la maîtrise et la non-maîtrise de la parole. Parole du maître, parole de l'opprimé.

L'école du spectateur est la maîtrise des signes, et s'ils agissent sur lui inconsciemment, il peut aussi les interroger, leur demander raison, s'en faire le maître. Une sémiologie*, même élémentaire, permet au lecteur-spectateur de comprendre d'abord que les formes portent sens, qu'elles sont formes-sens, au-delà du récit et à travers lui. Mais qu'elles ne portent pas sens toutes seules et par elles-mêmes : elles sont prises dans un *texte* (texte-écriture, texte-représentation) qui leur donne leur signifiance. Qu'un signe ne signifie rien tout seul, qu'il ne puisse être lisible que pris dans le tissu de l'écriture textuelle-scénique, qu'à la limite on ne puisse même saisir un signe isolé, mais seulement des combinaisons de signes, c'est-à-dire des « pratiques sémiotiques », c'est la leçon de toute prudente sémiologie théâtrale.

C'est le spectateur qui est en définitive le maître du sens : mais le sens ne lui est jamais donné, il est toujours à construire, toujours en avant de lui, en projet.

Anne UBERSFELD, « Le texte dramatique » in *Le Théâtre*,
sous la direction de D. Couty et A. Rey,
© éd. Bordas, 1980, p. 106.

93. Bertolt Brecht
Écrits sur le théâtre (1963)

Publiés à Francfort en 1957, et traduits en français en 1963, les *Écrits sur le théâtre* regroupent un certain nombre d'articles, de préfaces et d'entretiens qui permettent de préciser les conceptions théâtrales de Brecht.

Pour Brecht, « le "théâtre" est une reproduction vivante et qui vise à divertir d'événements rapportés ou inventés où des hommes se trouvent face à face ». Mais, se réclamant de « **la dialectique matérialiste** », il n'envisage de reproduire le monde que pour permettre sa transformation, ce qui implique que les images fournies permettent au public de conserver sa liberté et son esprit critique. Ce « **théâtre didactique** » tient les spectateurs à distance par des « effets V » (de l'allemand *Verfremdung*) : c'est la fameuse *distanciation* brechtienne, qui s'opère notamment par l'utilisation de pancartes pendant le spectacle (il s'agit de « *littérariser* » *le théâtre*) et par un jeu interdisant toute identification entre comédiens, personnages et spectateurs. Ces effets d'« éloignement » cherchent à rendre insolite la scène représentée : « dès qu'une chose "va de soi" ne renonce-t-on pas tout simplement à tout effort de réflexion ? » Le spectateur peut alors remettre en question les valeurs et les données qu'il considérait comme intangibles.

L'opposition entre la forme nouvelle que constitue le « théâtre didactique » et le « théâtre récréatif », pratiqué jusque-là, a été schématisée par Brecht lui-même dans le tableau ci-dessous, qui définit les rapports entre spectateur et spectacle dans le cadre d'une conception marxiste de l'homme (« l'être social détermine la pensée »).

« Théâtre récréatif ou théâtre didactique »

Le théâtre récréatif est « *dramatique* » *c'est-à-dire fondé sur la présentation d'une crise due au conflit des forces en présence, conflit qui se résout par le retour à un ordre présenté comme positif. Il suppose la* **participation émotionnelle du spectateur,** *attendant le dénouement, et reconnaissant dans ce qui lui est montré des sentiments ou des valeurs prétendument éternels. Cette participation, fondée sur l'implication et la reconnaissance, confine paradoxalement le spectateur dans une* **passivité intellectuelle** *qui le fait « se contenter d'entrer dans les personnages, de s'abandonner à des réactions affectives, sans éprouver son esprit critique ».*

Le théâtre didactique est « *épique* », *terme que Brecht emprunte à Aristote qui opposait la forme dramatique du récit, représentée à la scène, et sa forme épique, de type narratif. Selon Brecht, le théâtre peut devenir épique* *car des « conquêtes techniques [l']ont mis en mesure d'incorporer à ses spectacles des éléments narratifs », sous forme, par exemple, de tableaux, panneaux ou diapositives : « la scène commence à raconter » et « le narrateur ne disparaît plus avec le quatrième mur ». Le théâtre épique entend donc exercer une « **action pédagogique** », il tient en éveil l'esprit critique du spectateur et « l'oblige à des décisions » dans le domaine des rapports sociaux.*

Le théâtre moderne est le théâtre épique. Le tableau ci-dessous indique quelques-uns des déplacements d'accent par lesquels on passe du théâtre dramatique au théâtre épique [1].

La forme dramatique du théâtre	La forme épique du théâtre
est action,	est narration,
implique le spectateur dans l'action,	fait du spectateur un observateur, mais
épuise son activité intellectuelle,	éveille son activité intellectuelle,
lui est occasion de sentiments.	l'oblige à des décisions.
Expérience vécue.	Vision du monde.
Le spectateur est plongé dans quelque chose.	Le spectateur est placé devant quelque chose.
Suggestion.	Argumentation.
Les sentiments sont conservés tels quels.	Les sentiments sont poussés jusqu'à la prise de conscience.
Le spectateur est à l'intérieur, il participe.	Le spectateur est placé devant, il étudie.
L'homme est supposé connu.	L'homme est l'objet de l'enquête.
L'homme immuable.	L'homme qui se transforme et transforme.
Intérêt passionné pour le dénouement.	Intérêt passionné pour le déroulement.
Une scène pour la suivante.	Chaque scène pour soi.
Croissance organique.	Montage.
Déroulement linéaire.	Déroulement sinueux.
Évolution continue.	Bonds.
L'homme comme donnée fixe.	L'homme comme processus.
La pensée détermine l'être.	L'être social détermine la pensée.
Sentiment.	Raison.

Bertolt BRECHT, « Théâtre récréatif ou théâtre didactique », 1936, in *Écrits sur le théâtre*, 1957, © éd. de l'Arche, 1963, pp. 40-41.

Notions clés : *Distanciation — Fonction du théâtre.*

• Fondé sur la *distanciation*, le « théâtre épique » fait du spectateur un observateur critique.
• Il exerce ainsi une fonction pédagogique et remet en cause les rapports sociaux.

---

1. Ce tableau ne souligne pas des oppositions absolues, mais simplement des déplacements d'accent. C'est ainsi qu'à l'intérieur d'une représentation destinée à informer le public, on peut faire appel soit à la suggestion affective, soit à la persuasion purement rationnelle. *[N. d. A.]*

Fonctions du théâtre

Le théâtre, lieu privilégié d'une parole adressée à un destinataire collectif, a vu, très tôt, se poser la question de sa fonction et le problème de sa légitimation.

« Tribune », « chaire » (**94. Hugo**), il est souvent investi d'une mission didactique et sociale (**95. Brecht**). Pour Ionesco, au contraire, « tout théâtre d'idéologie risque de n'être que théâtre de patronage ». L'œuvre théâtrale n'est pas pour autant dépourvue de toute fonction : le théâtre, par la spécificité même de ses effets et de ses procédés, doit « pousser tout au paroxysme » de façon à permettre au spectateur de « s'arracher au quotidien », afin de le réintégrer muni d'« une virginité nouvelle de l'esprit » (**96. Ionesco**).

Selon certains critiques, cette fonction morale ou politique n'aurait pas lieu d'être, la fonction cathartique de l'œuvre théâtrale suffisant à la justifier. Le théâtre est le lieu d'une « purgation » des passions qui permet à l'homme, à l'instar de la cure psychanalytique, de se libérer, par le spectacle d'actions non contenues dans les limites des règles morales ou sociales, de tout ce qui, dans la vie réelle, entrave sa liberté d'agir (**97. Touchard**).

Qu'il soit didactique ou cathartique, le théâtre n'a-t-il pas avant tout pour fonction de « divertir les hommes » ? Il est fondamental qu'il « ait toute liberté de rester quelque chose de superflu » et, s'il doit « exercer sur la société une influence », s'il doit avoir « un rôle pratique », ce doit être par le biais du jeu (**98. Brecht**).

94. Victor Hugo
Préface à *Lucrèce Borgia* (1833)

Hugo a défini ses théories théâtrales dans de nombreux textes préfaciels : préfaces de *Cromwell*, de *Marie Tudor*, de *Lucrèce Borgia* ou bien encore dans *William Shakespeare*. Le renouvellement apporté par le drame romantique n'est pas seulement esthétique, il concerne également les finalités assignées à l'œuvre théâtrale.

« Le théâtre est une chaire »

*« Le théâtre est une tribune » qui permet de **transmettre une parole, des prises de position** : « il parle fort, il parle haut ». Il a donc une « mission nationale, une mission sociale, une mission humaine », il doit éduquer le peuple. L'esthétique du drame romantique, permettant la coexistence de registres opposés, de thèmes et de situations contrastés, peut **amener le spectateur à prendre conscience de sa situation existentielle**, de ses contradictions ontologiques ou de la misère sociale. L'art n'implique pas, de fait, ce contenu didactique et moral mais le théâtre ne doit pas se contenter de « remplir seulement les conditions de l'art », il doit faire « circuler partout une pensée morale et compatissante », sans souci des normes habituelles du beau, du bien, du laid ou du mal. À travers lui, « le poète a charge d'âmes ».*

Le théâtre, on ne saurait trop le répéter, a de nos jours une importance immense, et qui tend à s'accroître sans cesse avec la civilisation même. Le théâtre est une tribune. Le théâtre est une chaire. Le théâtre parle fort et parle haut. [...]

L'auteur de ce drame sait combien c'est une grande et sérieuse chose que le théâtre. Il sait que le drame, sans sortir des limites impartiales de l'art, a une mission nationale, une mission sociale, une mission humaine. Quand il voit chaque soir ce peuple si intelligent et si avancé qui a fait de Paris la cité centrale du progrès s'entasser en foule devant un rideau que sa pensée, à lui chétif poète, va soulever le moment d'après, il sent combien il est peu de chose, lui, devant tant d'attente et de curiosité ; il sent que si son talent n'est rien, il faut que sa probité soit tout ; il s'interroge avec sévérité et recueillement sur la portée philosophique de son œuvre ; car il se sait responsable, et il ne veut pas que cette foule puisse lui demander compte un jour de ce qu'il lui aura enseigné. Le poète aussi a charge d'âmes. Il ne faut pas que la multitude sorte du théâtre sans emporter avec elle quelque moralité austère et profonde. Aussi espère-t-il bien, Dieu aidant, ne développer jamais sur la scène (du moins tant que dureront les temps sérieux où nous sommes) que des choses pleines de leçons et de conseils. Il fera toujours apparaître volontiers le cercueil dans la salle du banquet, la prière des morts à travers les refrains de l'orgie, la cagoule à côté du masque. Il laissera quelquefois le carnaval débraillé chanter à tue-tête sur l'avant-scène ; mais il lui criera du fond du théâtre : *Memento quia pulvis es* [1]. Il sait bien que l'art seul, l'art pur, l'art proprement dit, n'exige pas tout cela du poète ; mais il pense qu'au théâtre surtout il ne suffit pas de remplir seulement les conditions de l'art. Et quant aux plaies et aux misères de l'humanité, toutes les fois qu'il les étalera dans le drame, il tâchera de jeter sur ce que ces nudités-là auraient de trop odieux le voile d'une idée consolante et grave. Il ne mettra pas Marion de Lorme sur la scène sans purifier la courtisane avec un peu d'amour ; il donnera à Triboulet le difforme un cœur de père ; il donnera à Lucrèce la monstrueuse des entrailles de mère. Et de cette façon, sa conscience se reposera du moins tranquille et sereine sur son œuvre. Le drame qu'il rêve et qu'il tente de réaliser pourra toucher à tout sans se souiller à rien. Faites circuler dans tout une pensée morale et compatissante, et il n'y a plus rien de difforme ni de repoussant. À la chose la plus hideuse mêlez une idée religieuse, elle deviendra sainte et pure. Attachez Dieu au gibet, vous avez la croix.   11 février 1833.

Victor HUGO, Préface à Lucrèce Borgia (1833).

Notions clés : *Engagement — Fonctions du théâtre — Morale.*

- Le théâtre est une tribune.
- Il a une mission humaine, sociale et politique.

---

95. Bertolt Brecht
Écrits sur le théâtre (1963)

Brecht fait du « théâtre épique » un théâtre didactique qui doit éveiller et stimuler l'intelligence du spectateur (voir le texte 93). Le dramaturge pose alors le problème du contenu de l'œuvre théâtrale : sur quoi fonder la rigueur de cette analyse du monde, de l'homme et de la société qu'il entend transmettre aux spectateurs ?

Théâtre et connaissance

La mission didactique du théâtre exige du dramaturge une connaissance précise, une maîtrise des domaines d'investigation qui sont les siens. Face à la

---

1. « Souviens-toi que tu es poussière. »

complexité de l'univers dont il a à rendre compte, qu'il cherche à appréhender et à éclairer, le dramaturge doit « mobiliser tous les moyens possibles d'en saisir le sens profond ». **Le théâtre a donc partie liée avec des secteurs de la connaissance** *comme l'histoire, la psychologie, la sociologie. Mais ce savoir demande à être transformé, « assimilé » par les moyens propres à l'art théâtral de façon à « se présenter comme littérature ». Si le théâtre, par le biais de ces connaissances scientifiques peut « pénétrer au cœur des choses », « rendre le monde maniable », il n'en est pas pour autant rébarbatif, « son rôle est précisément d'autoriser le plaisir littéraire » (voir le texte 98). Pour Brecht,* **le théâtre épique n'était pas moralisateur** *dans la mesure où « les considérations morales n'apparaissaient qu'au second plan ».*

Le théâtre et la science

La science a-t-elle quelque chose à voir avec l'art ? [...]

Je pense que les grands événements très complexes qui se déroulent dans le monde ne peuvent être vraiment compris si l'on ne mobilise pas tous les moyens possibles d'en saisir le sens profond.

Le théâtre peut avoir à représenter des événements qui pèsent sur le destin des peuples, ou de grandes passions, l'instinct dc puissance par exemple, aujourd'hui considéré comme l'une de ces grandes passions. Qu'un auteur capable de « sentir » cet instinct veuille mettre en scène un homme aspirant au pouvoir, comment connaîtra-t-il le mécanisme extrêmement compliqué dans lequel il faut s'engager aujourd'hui pour une telle conquête ? S'agit-il d'un homme politique, comment fonctionne la politique ? d'un homme d'affaires, comment fonctionnent les affaires ? [...]

Autre branche de la connaissance qui importe à l'auteur dramatique : la psychologie. On pense que l'écrivain, sinon l'homme du commun, devrait être en mesure de découvrir, sans avoir fait d'études particulières, les mobiles qui amènent un homme à commettre un crime ; qu'il devrait, « en partant de soi », pouvoir donner une image de l'état psychique d'un meurtrier. On croit qu'il suffit alors de jeter un regard au fond de soi (et il y a aussi l'imagination...). Pour toutes sortes de raisons, je ne peux plus me laisser aller à ce doux mirage, ni espérer me tirer d'affaire à si bon compte. Il ne m'est plus possible de découvrir en moi tous les mobiles dont l'existence est établie chez certains hommes (les rapports scientifiques et les comptes rendus des journaux en font foi). Pas plus qu'un juge ordinaire au moment du verdict, je ne peux me faire à moi seul une image suffisamment précise de l'état psychique d'un meurtrier. Les connaissances que me fournit la psychologie moderne, de la psychanalyse au behaviourisme*, m'aident à juger d'une autre manière, surtout si je tiens compte des conclusions auxquelles est parvenue la sociologie, sans oublier l'économie et l'histoire. On dira : cela devient bien compliqué. Il me faut répondre : c'est compliqué. Et peut-être admettra-t-on avec moi que tout un amas d'œuvres littéraires sont plus que primaires, mais non sans se demander, le front soucieux : une soirée théâtrale telle que vous la laissez entrevoir n'est-elle pas quelque chose d'effrayant ? Ma réponse est : non.

Vaste ou limité, le savoir que contiennent les œuvres littéraires devra avoir été assimilé et se présenter comme littérature. Son rôle est précisément d'autoriser le plaisir littéraire. D'ailleurs, même s'il est vrai que ce plaisir-là se distingue du plaisir que donne la science, il n'en reste pas moins qu'un certain penchant à pénétrer au cœur des choses et le désir de rendre le monde maniable sont aujourd'hui indispensables à la jouissance des œuvres littéraires d'une époque qui est justement celle des grandes découvertes et des grandes inventions. [...]

Le théâtre épique a dû, lui aussi, faire face aux attaques de nombreux ennemis qui le trouvaient trop moralisateur. Mais on avait beau dire, dans le théâtre épique les considérations morales n'apparaissent qu'au second plan. Son propos, c'était moins la morale que l'étude. Pourtant c'est vrai, après l'étude vint la pilule : la morale de l'histoire.

Bertolt BRECHT, *Écrits sur le théâtre*, 1957,
© éd. de l'Arche, 1963, pp. 114 à 118.

Notions clés : *Plaisir — Psychologie — Science.*

• La fonction didactique du théâtre implique qu'il ait des liens avec certains domaines de la connaissance afin de fonder rigoureusement son analyse du réel.
• Ce savoir n'est pas restitué comme tel mais transformé par le jeu théâtral de façon à ne pas provoquer l'ennui du spectateur.

96. Eugène Ionesco
Notes et Contre-notes (1962)

« Il me semble parfois que je me suis mis à écrire du théâtre parce que je le détestais » : très tôt en effet, Ionesco a « pris conscience des ficelles, des grosses ficelles du théâtre » qui situent ce genre dans « cette zone intermédiaire qui n'est ni tout à fait l'art, auquel la pensée discursive ne peut servir que d'aliment, ni tout à fait le plan supérieur de la pensée ». Cette spécificité du langage dramatique le rend inapte, selon lui, aux raffinements de la poésie, de l'analyse et surtout de la pensée.

Contre le « théâtre d'idéologie »

Ionesco, s'opposant à Brecht, refuse le « théâtre d'idéologie » au nom de la nature même du langage théâtral dans lequel « les nuances des textes de litté-

rature s'éclipsent ». Simplificateur à l'extrême, « le théâtre n'est pas le langage des idées ». C'est pourquoi Ionesco, bannissant idéologie et psychologie, renchérit sur ce qui constitue la spécificité du langage théâtral.

Mais c'est justement sous cette forme que le théâtre peut exercer une fonction idéologique ou spirituelle. Une esthétique théâtrale de l'outrance et du paroxysme, marquée par le « grossissement des effets » jusqu'à la farce, le recours à « la charge parodique extrême », la désarticulation du langage, restitue au public cette « étrangeté du monde » qu'il ne perçoit plus. Un tel théâtre, capable de « réaliser une sorte de dislocation du réel », conduit l'homme à « une nouvelle prise de conscience, purifiée, de la réalité existentielle ».

Le théâtre peut paraître un genre littéraire inférieur, un genre mineur. Il fait toujours un peu gros. C'est un art à effets, sans doute. Il ne peut s'en dispenser et c'est ce qu'on lui reproche. Les effets ne peuvent être que gros. On a l'impression que les choses s'y alourdissent. Les nuances des textes de littérature s'éclipsent. Un théâtre de subtilités littéraires s'épuise vite. Les demi-teintes s'obscurcissent ou disparaissent dans une clarté trop grande. Pas de pénombre, pas de raffinement possible. Les démonstrations, les pièces à thèse sont grossières, tout y est approximatif. Le théâtre n'est pas le langage des idées. Quand il veut se faire le véhicule des idéologies, il ne peut être que leur vulgarisateur. Il les simplifie dangereusement. Il les rend primaires, les rabaisse. Il devient « naïf », mais dans le mauvais sens. Tout théâtre d'idéologie risque de n'être que théâtre de patronage. [...]

Si donc la valeur du théâtre était dans le grossissement des effets, il fallait les grossir davantage encore, les souligner, les accentuer au maximum. Pousser le théâtre au-delà de cette zone intermédiaire qui n'est ni théâtre, ni littérature, c'est le restituer à son cadre propre, à ses limites naturelles. Il fallait non pas cacher les ficelles, mais les rendre plus visibles encore, délibérément évidentes, aller à fond dans le grotesque, la caricature, au-delà de la pâle ironie des spirituelles comédies de salon. Pas de comédies de salon, mais la farce, la charge parodique extrême. Humour, oui, mais avec les moyens du burlesque. Un comique dur, sans finesse, excessif. Pas de comédies dramatiques, non plus. Mais revenir à l'insoutenable. Pousser tout au paroxysme, là où sont les sources du tragique. Faire un théâtre de violence : violemment comique, violemment dramatique.

Éviter la psychologie ou plutôt lui donner une dimension métaphysique. Le théâtre est dans l'exagération extrême des sentiments, exagération qui disloque la plate réalité quotidienne. Dislocation aussi, désarticulation du langage.

Si d'autre part les comédiens me gênaient parce qu'ils me paraissaient trop peu naturels, c'est peut-être parce qu'eux aussi étaient ou voulaient être trop naturels : en renonçant à l'être, ils le redeviendront peut-être d'une autre manière. Il faut qu'ils n'aient pas peur de ne pas être naturels.

Pour s'arracher au quotidien, à l'habitude, à la paresse mentale qui nous cache l'étrangeté du monde, il faut recevoir comme un véritable coup de matraque. Sans une virginité nouvelle de l'esprit, sans une nouvelle prise de conscience, purifiée, de la réalité existentielle, il n'y a pas de théâtre, il n'y a pas d'art non plus ; il faut réaliser une sorte de dislocation du réel, qui doit précéder sa réintégration.

Eugène IONESCO, *Notes et Contre-notes*,
© éd. Gallimard, 1962, coll. « Idées », pp. 59 à 60.

Notions clés : *Engagement — Fonctions du théâtre — Langage théâtral — Psychologie.*

• Le théâtre, art du grossissement, ne peut être un théâtre d'idéologie.
• C'est par une esthétique de l'outrance et du paroxysme qu'il arrache le spectateur à ses habitudes de pensée et provoque sa prise de conscience.

---

97. Pierre-Aimé Touchard
Dionysos, Apologie pour le théâtre (1968)

Pierre-Aimé Touchard envisage le théâtre et ses fonctions dans une **perspective psychologique et psychanalytique** qui l'amène à retrouver les principales caractéristiques de la catharsis* aristotélicienne, purgation des passions par le biais de la pitié et de la crainte provoquées par une représentation mimétique*.

Une « purgation totale »

Le dieu de l'art dramatique est donc avant tout un dieu de dépassement, le dieu de la poésie frénétique, de la libération vertigineuse des sentiments. On n'a voulu longtemps voir en lui que le dieu grossier des plaisirs faciles : mais Eschyle autant qu'Aristophane est son serviteur, comme tous ceux qui ont exprimé avec quelque ferveur et intense sincérité le mystère passionné des exaltations refoulées. Tel apparaît être, en effet, ce que, par un abus du terme, on peut appeler « le but » du théâtre : montrer à l'homme jusqu'à quel point extrême peuvent aller son amour, sa haine, sa colère, sa joie, sa crainte, sa cruauté, lui faire prendre conscience de ses virtualités, de ce qu'il serait en un monde sans entraves où n'interféréraient plus la générosité et l'économie domestique, la colère et la morale, l'amour et le souci de la réputation, la haine et la crainte du gendarme. C'est la vision de cet univers, où l'homme pourrait enfin se révéler à soi-même, que le spectateur demande à l'œuvre dramatique. C'est le besoin conscient ou non de cette vision qui accroche au cœur de l'homme la passion du spectacle. [...]

Les philosophies, les religions, les morales, les politiques ont tour à tour exploité la constatation de ce besoin et essayé de le justifier. Platon condamnait la poésie au nom de la morale qui n'y avait que faire. À la suite d'Aristote, dont ils interprétaient sans doute à tort la théorie de la « purgation », tous les théoriciens du théâtre se sont fourvoyés dans les mêmes obscurs sentiers de la morale, cherchant à justifier le théâtre par son utilité. Toutes les déviations de l'art dramatique sont venues de ce qu'on a tenté ainsi de l'asservir à une mission humaine, de le légitimer, comme s'il était un mal en soi, en démontrant que ses conséquences peuvent être morales. Mais le théâtre n'est en soi ni un bien ni un mal. Il est le reflet, le miroir, l'expression sensible d'un fait psychologique aussi peu discutable, aussi irréductiblement hostile à se voir affecté d'un signe de moralité que le sont l'instinct de la conservation ou les lois de l'association des idées.

Ce fait psychologique, encore une fois, c'est le besoin propre à l'homme d'éprouver sans cesse les limites extrêmes de sa puissance ou de sa faiblesse, c'est-à-dire de sa puissance encore dans le mal.

Mais ce besoin d'exercer sa puissance n'est que la manifestation dans l'action d'un besoin plus profond encore qui est le besoin de liberté. Si « le plaisir s'ajoute à l'acte comme à la jeunesse sa fleur », ainsi que le disait si joliment Aristote, c'est que l'acte en lui-même est affirmation de liberté, et que la liberté est toujours apparue à l'homme comme l'attribut essentiel de la divinité, c'est-à-dire comme le signe et la condition de l'accomplissement parfait de la personnalité.

Or il est évident que nous sommes tous, sur quelque plan, gênés, « censurés » dans notre liberté d'agir. Et c'est précisément là où nous ne nous sentons point libre d'agir que la représentation de l'acte rêvé (par le roman, la danse, le cinéma ou le théâtre) nous apporte la nécessaire compensation. Mais cette compensation demeure incomplète pour le lecteur de roman ou le spectateur du cinéma. Ces arts envoûtent plus qu'ils ne libèrent : le bovarysme est une évasion, c'est-à-dire une autre forme de maladie, plus qu'une guérison. La « purgation » totale, vivifiante et saine, ne peut être obtenue que par le spectacle « vécu » d'une action accomplie par des hommes vivants, en chair et en os. C'est là le miracle propre à l'art dramatique, auquel ne peut être comparé que le miracle obtenu par les révélations d'une cure psychanalytique. Dans les deux cas, l'homme est révélé à lui-même par le sentiment de la disparition de ce que j'appellerais les « obstacles injustes », c'est-à-dire ceux qui ne viennent pas de la nature de l'individu, mais de ses corruptions accidentelles. Dans les deux cas, l'individu se sent réintégré dans la communauté humaine — définitivement par la psychanalyse, mais au moins momentanément par le spectacle dramatique.

Ce besoin de retrouver sa liberté, même provisoirement, durera autant que durera l'homme, et c'est pourquoi le théâtre est éternel.

Pierre-Aimé TOUCHARD, *Dionysos, Apologie pour le théâtre,*
© éd. du Seuil, 1968, pp. 14 à 17.

Notions clés : *Catharsis — Morale.*

• Le théâtre a une fonction psychologique et psychanalytique : libéré de toute entrave due à la morale ou au réel, il apporte au spectateur une compensation à ce que la vie implique de limites ou d'interdits.

➤ CLAUDEL, *L'Échange* : « L'homme s'ennuie et l'ignorance lui est attachée depuis sa naissance.
Et ne sachant de rien comment cela commence ou finit, c'est pour cela qu'il va au théâtre.
Et il se regarde lui-même, les mains posées aux genoux.
Et il pleure et il rit, et il n'a point envie de s'en aller.»

---

98. Bertolt Brecht
Petit organon pour le théâtre (1963)

Contrairement à l'image univoque qui en est parfois donnée, Brecht considère que le théâtre épique, comme tout théâtre, est **légitimé par le plaisir que le spectateur prend à la représentation.** Comment, dès lors, intégrer la nécessité, si souvent affirmée par Brecht, de transmettre à travers la représentation un contenu didactique qui permette à l'homme de comprendre le monde et de le transformer ?

« Prendre plaisir à instruire »

*Pédagogie et plaisir sont indissociablement combinés dans une pratique qui vise à divertir tout en éclairant, à faire de la « morale » (à prendre ici au sens large de compréhension du monde et de l'homme) une source de plaisir. Paradoxalement, Brecht se réclame ici d'Aristote en affirmant que selon le philosophe grec la **fonction cathartique*** du théâtre, la purgation par la terreur et la pitié doit être « organisée [...] très expressément pour donner du plaisir ». Ainsi, le théâtre, en s'émancipant de ses origines religieuses, a gagné l'autonomie du plaisir qu'il donne aux hommes.*

Depuis toujours, l'affaire du théâtre, comme d'ailleurs de tous les autres arts, est de divertir les gens. Cette affaire lui confère toujours sa dignité particulière ; il n'a besoin d'aucune autre justification que l'amusement, mais de celui-ci absolument. En aucune façon on ne pourrait le hisser à un niveau plus élevé si on en faisait, par exemple, une foire à la morale ; il lui faudrait alors plutôt veiller à ne pas être précisément abaissé, ce qui se produirait aussitôt s'il ne rendait réjouissant l'élément moral, et à vrai dire réjouissant pour les sens — ce qui ne peut d'ailleurs que profiter à l'élément moral. Même d'enseigner, on ne devrait pas le lui demander, en tout cas rien de plus utile que la manière d'éprouver la jouissance de se mouvoir, sur le plan physique ou intellectuel. Le théâtre doit, en effet, pouvoir rester quelque chose de tout à fait superflu, ce qui signifie alors, il est vrai, que l'on vit pour le superflu. Rien n'a moins besoin de défenseurs que les réjouissances.

Ainsi, ce que les Anciens font faire, selon Aristote, à leur tragédie, ne peut être qualifié de plus élevé ni de plus bas que de divertir les gens. Quand on dit que le théâtre est issu du cultuel, on dit, sans plus, que c'est en s'en dégageant qu'il est devenu théâtre ; des mystères il n'a certes pas repris la mission cultuelle, mais le plaisir qu'on y prenait, purement et simplement. Et cette catharsis d'Aristote, purification par la crainte et la pitié, ou de la crainte et de la pitié, est une purgation qui n'était pas seulement organisée de manière plaisante, mais très expressément pour donner du plaisir. En réclamant davantage du théâtre ou en lui accordant davantage, on ne fait que viser soi-même trop bas. [...]

Si nous entendons maintenant nous adonner à cette grande passion de produire, à quoi donc devront ressembler nos reproductions de la vie en commun des hommes ? Quelle est, face à la nature et face à la société, l'attitude productive que nous, les enfants d'une ère scientifique, entendons adopter dans notre théâtre pour notre plaisir ?

Cette attitude est une attitude critique. S'agissant d'un fleuve, elle consiste à régulariser le fleuve ; s'agissant d'un arbre fruitier, à greffer l'arbre fruitier ; s'agissant de la locomotion, à construire des véhicules terrestres et aériens ; s'agissant de la société, à chambarder la société. Nos reproductions de la vie en commun des hommes, nous les faisons pour les dompteurs de fleuve, arboriculteurs, constructeurs de véhicules et chambardeurs de sociétés, que nous invitons dans nos théâtres et à qui nous demandons de ne pas oublier, chez nous, leurs joyeux intérêts, afin que nous livrions le monde à leurs cerveaux et à leurs cœurs pour qu'ils le transforment à leur guise. [...]

Mais cela met alors le théâtre plus facilement à même de se rapprocher, aussi près qu'il le peut, des lieux d'enseignement et de diffusion. Car bien que l'on ne puisse l'accabler de n'importe quel matériau didactique qui ne lui permet pas de donner du plaisir, il n'en garde pas moins toute latitude de prendre plaisir à l'enseignement ou à la recherche. Il fait ses reproductions praticables de la société, qui sont en mesure d'influer sur elle, entièrement comme un jeu : aux constructeurs de la société il expose les expériences vécues par la société, celles du passé comme celles du présent, et cela de manière à faire une *jouissance* des sensations, aperçus et impulsions que les plus passionnés, les plus sages et actifs d'entre nous tirent des événements du jour et du siècle. Que les divertissent la sagesse qui naît de la solution des problèmes, la colère en laquelle la compassion pour les opprimés peut utilement se métamorphoser, le respect pour le respect de ce qui est humain, c'est-à-dire de ce qui est amical à l'homme, bref, tout ce dont se délectent ceux qui produisent.

Bertolt BRECHT, *Petit organon pour le théâtre*
© éd. de l'Arche, 1963, pp. 3-4 et 5.

Notions clés : *Catharsis — Morale — Plaisir.*

• Le jeu et la recomposition théâtrale permettent l'osmose du divertissement et du didactique.
• Le théâtre provoque le plaisir par la « jouissance des sentiments et des idées ».

Huitième partie

Fonctions de la littérature

La littérature a régulièrement besoin de défenseurs qui ont à cœur de montrer qu'elle est autre chose que l'« occupation des oisifs ». Après Flaubert, Claude Roy ironise : « Comment peut-on lire des romans ? Moi, Monsieur, je ne lis que des Mémoires. Et moi que des traités scientifiques. Pas de temps à perdre » [1]. Mise en demeure de se justifier et de se distinguer de l'industrie des loisirs (voir le texte 31) — quand elle n'est pas accusée d'exercer une influence néfaste —, la littérature se cherche une légitimité en affirmant sa **fonction morale** : ce fut le cas, notamment, au XVIIᵉ siècle où le théâtre et la littérature se situaient dans une perspective humaniste. À notre époque, et dans des circonstances très différentes, un Soljenitsyne voit dans l'art et la littérature l'unique moyen pour un individu de dépasser son expérience limitée et de s'ouvrir à la diversité des situations humaines (chapitre 26).

Ainsi se trouve posé le problème des rapports entre **littérature et politique** (chapitre 27). Pratiqué par Hugo, partisan de « l'art pour le progrès », et théorisé par Sartre, **l'engagement de l'écrivain** dans son œuvre est ici au centre du débat. Récusé par Robbe-Grillet et Proust au nom de la primauté de la littérature et de l'artiste, il fait l'objet d'une appréciation plus nuancée de Camus et de Calvino, pour lesquels l'écrivain s'exprime au nom de ceux qui subissent l'histoire et « donne une voix à qui n'en a pas ».

La littérature, enfin, est bien sûr dotée d'une **fonction culturelle** (chapitre 28) : moyen de connaissance de soi et ouverture aux autres, une grande œuvre donne aussi à son lecteur le bonheur du dépaysement en lui présentant la façon dont un artiste original a perçu le monde. La littérature remplit une fonction ontologique en affirmant la dignité de l'homme contre « l'inexorable dépendance que lui ressasse la mort » et en renouvelant le fonds mythologique qui donne forme à l'âme humaine.

---

1. *Défense de la littérature*, Paris, Gallimard, 1968, coll. « Idées », p. 110.

Littérature et morale

Comme le déplore Robbe-Grillet dans *Pour un nouveau roman*, souvent « la littérature est rejetée dans la catégorie du frivole », perçue comme un divertissement destiné au plaisir du lecteur ou du spectateur, sans finalité pratique directe. Quand elle échappe à ce reproche, c'est pour affronter celui de gratuité : monde clos, replié sur ses propres valeurs, la littérature n'aurait aucune incidence sur le monde. Ce jugement a été conforté par certains écrivains prônant l'art pour l'art et l'autonomie du domaine artistique. Néanmoins d'autres considèrent la littérature comme le moyen de transmettre un certain nombre de valeurs morales, de les défendre ou de les illustrer.

Exposé aux attaques de censeurs, sincères ou hypocrites, qui lui reprochaient de mettre en scène les désordres et les vices de la passion, le théâtre classique a cherché une légitimité dans les finalités didactiques et morales. L'auteur du *Tartuffe* rappelle, après les auteurs antiques, que la comédie est destinée à « corriger les hommes en les divertissant » (**99a. Molière**). Racine, reprenant les thèses d'Aristote, signale qu'à travers des caractères qui inspirent « la terreur et la pitié », la tragédie doit songer « autant à instruire [les] spectateurs qu'à les divertir » (**99b. Racine**). De la même façon, La Bruyère affirme que le public est la matière même de son ouvrage. Il s'agit, à partir d'une observation précise, d'amener le lecteur à se reconnaître dans ces *Caractères* et donc à se corriger. Selon le moraliste, « on ne doit parler, on ne doit écrire que pour l'instruction » (**100. La Bruyère**).

Bien que l'approche contemporaine de la littérature soit orientée par des perspectives radicalement autres, ce discours trouve toujours des échos. Soljenitsyne conçoit la littérature comme un moyen d'amener l'individu à partager l'expérience d'autrui. Replié sur ses propres valeurs, ne ressentant que ce qui le touche directement, l'homme serait, sans elle, condamné à une véritable solitude, menace pour l'humanité tout entière. Seule la littérature peut permettre de transmettre « d'un homme à l'autre [...] tout le poids d'une très longue et inhabituelle expérience » (**101. Soljenitsyne**).

99. Molière, Racine
Théâtre et morale au XVIIe siècle

Louis XIII et Richelieu ont favorisé le développement d'un théâtre régulier et pleinement reconnu dans la vie sociale, ce que Corneille a célébré dans la dernière scène de *L'Illusion comique* (1636). Malgré tout, le théâtre est longtemps resté un divertissement condamné par l'Église : Molière a dû faire face aux attaques des « dévots » après *L'École des femmes*, *Le Tartuffe* et *Dom Juan*, et, en 1666, Racine s'est opposé au janséniste Nicole qui considérait le « poète de théâtre » comme un « empoisonneur public, non des corps, mais des âmes des fidèles ».

99a. Molière
Premier placet envoyé au roi, sur la comédie du Tartuffe (1664)

La bataille du *Tartuffe*, tout à la fois politique, religieuse et littéraire, a duré cinq ans. Avant même sa représentation, la pièce de Molière a été l'objet d'une tentative d'étouffement et le « parti » dévot, directement visé dans la pièce de 1664 qui présentait vraisemblablement un Tartuffe vêtu du costume des « petits collets », n'a eu de cesse de la faire interdire. Bien que remaniée et adoucie par Molière, la version de 1667, *Panulphe ou l'imposteur*, a été elle aussi censurée. Il a fallu attendre 1669 et l'affermissement définitif du pouvoir de Louis XIV, affirmant son autorité contre les dévots et la « vieille cour », pour que Molière puisse jouer la pièce que nous connaissons.

Après l'interdiction royale de 1664, Molière éprouve la nécessité de se défendre. Il le fait par un premier placet envoyé au Roi, dans lequel il définit ses intentions et la fonction du théâtre.

« Corriger les hommes en les divertissant »

Molière assigne au théâtre **une fonction éminemment didactique et morale**. *Dans la préface de 1669, il précise encore cette idée : « C'est une grande atteinte aux vices que de les exposer à la risée de tout le monde. On souffre aisément des répréhensions ; mais on ne souffre point la raillerie. On veut bien être méchant mais on ne veut point être ridicule ». Mais ces « vices ridicules » sont aussi « les vices [du] siècle » ; la comédie est donc également* **observation critique de la vie sociale** *dont elle fustige les travers.*

SIRE,

Le devoir de la comédie étant de corriger les hommes en les divertissant [1], j'ai cru que, dans l'emploi où je me trouve, je n'avais rien de mieux à faire que d'attaquer par des peintures ridicules les vices de mon siècle ; et comme l'hypocrisie sans doute en est un des plus en usage, des plus incommodes et des plus dangereux, j'avais eu, Sire, la pensée que je ne rendrais pas un petit service à tous les honnêtes gens de votre royaume, si je faisais une comédie qui décriât les hypocrites, et mît en vue, comme il faut, toutes les grimaces étudiées de ces gens de bien à outrance, toutes les friponneries couvertes de ces faux-monnayeurs en dévotion, qui veulent attraper les hommes avec un zèle contrefait et une charité sophistique.

Je l'ai faite, Sire, cette comédie, avec tout le soin, comme je crois, et toutes les circonspections que pouvait demander la délicatesse de la matière ; et pour mieux conserver l'estime et le respect qu'on doit aux vrais dévots, j'en ai distingué le plus que j'ai pu le caractère que j'avais à toucher ; je n'ai point laissé d'équivoque, j'ai ôté ce qui pouvait confondre le bien avec le mal, et ne me suis servi, dans cette peinture, que des couleurs expresses et des traits essentiels qui font reconnaître d'abord un véritable et franc hypocrite.

Cependant, toutes mes précautions ont été inutiles. On a profité, Sire, de la délicatesse de votre âme sur les matières de religion, et l'on a su vous prendre par l'endroit seul que vous êtes prenable, je veux dire par le respect des choses saintes. Les tartuffes, sous main, ont eu l'adresse de trouver grâce auprès de Votre Majesté, et les originaux, enfin, ont fait supprimer la copie, quelque innocente qu'elle fût, et quelque ressemblante qu'on la trouvât.

[...]

MOLIÈRE, « Premier placet envoyé au roi sur la comédie du *Tartuffe* », 1664.

Notions clés : *Comédie — Fonction du théâtre — Morale — Personnage.*

- La comédie doit corriger les mœurs par le biais du rire.
- Le théâtre a donc une finalité didactique et morale.

---

1. Allusion au *ridendo castigare mores* des Latins, dont la *commedia dell'arte*, que Molière admirait, avait fait sa devise.

99b. Racine
Préface de *Phèdre* (1677)

Racine, fidèle aux conceptions de la littérature antique, conçoit la tragédie comme un drame exemplaire qui, inspirant la terreur et la pitié, souligne, à travers le destin d'un héros, les contradictions de la condition humaine. Influencé par l'éducation janséniste qu'il a reçue aux Petites Écoles de Port-Royal, le dramaturge donne une vision pessimiste du monde et de l'homme.

Phèdre représente, aux yeux de nombreux critiques, la perfection même du théâtre racinien. Néanmoins, la pièce fut victime d'une cabale littéraire et mondaine qui tenta, sans y parvenir, de l'étouffer. Racine, dans sa préface, précise ses finalités et les moyens qu'il a utilisés pour mettre en œuvre ce sujet inspiré de l'antiquité. Répondant aux jansénistes (contre lesquels il avait polémiqué en 1666) et peut-être aux dévots, il rappelle qu'il a atténué la culpabilité de l'héroïne de façon à **concilier morale et tragédie**.

Le théâtre est une école de vertu

Voici encore une tragédie dont le sujet est pris d'Euripide. Quoique j'aie suivi une route un peu différente de celle de cet auteur pour la conduite de l'action, je n'ai pas laissé d'enrichir ma pièce de tout ce qui m'a paru plus éclatant dans la sienne. Quand je ne lui devrais que la seule idée du caractère de Phèdre, je pourrais dire que je lui dois ce que j'ai peut-être mis de plus raisonnable sur le théâtre. Je ne suis point étonné que ce caractère ait eu un succès si heureux du temps d'Euripide, et qu'il ait encore si bien réussi dans notre siècle, puisqu'il a toutes les qualités qu'Aristote demande dans le héros de la tragédie, et qui sont propres à exciter la compassion et la terreur. En effet, Phèdre n'est ni tout à fait coupable, ni tout à fait innocente. Elle est engagée, par sa destinée et par la colère des dieux, dans une passion illégitime, dont elle a horreur toute la première. Elle fait tous ses efforts pour la surmonter. Elle aime mieux se laisser mourir que de la déclarer à personne. Et lorsqu'elle est forcée de la découvrir, elle en parle avec une confusion qui fait bien voir que son crime est plutôt une punition des dieux qu'un mouvement de sa volonté.

J'ai même pris soin de la rendre un peu moins odieuse qu'elle n'est dans les tragédies des Anciens, où elle se résout d'elle-même à accuser Hippolyte. J'ai cru que la calomnie avait quelque chose de trop bas et de trop noir pour mettre dans la bouche d'une princesse qui a d'ailleurs des sentiments si nobles et si vertueux. Cette bassesse m'a paru plus convenable à une nourrice qui pouvait avoir des inclinations plus serviles, et qui néanmoins n'entreprend cette fausse accusation que pour sauver la vie et l'honneur de sa maîtresse. Phèdre n'y donne les mains que parce qu'elle est dans une agitation d'esprit qui la met hors d'elle-même, et elle vient un moment après dans le dessein de justifier l'innocence et de déclarer la vérité. [...]. Ainsi j'ai tâché de conserver la vraisemblance de l'histoire, sans rien perdre des ornements de la fable, qui fournit extrêmement à la poésie. Et le bruit de la mort de Thésée, fondé sur ce voyage fabuleux, donne lieu à Phèdre de faire une déclaration d'amour qui devient une des principales causes de son malheur, et qu'elle n'aurait jamais osé faire tant qu'elle aurait cru que son mari était vivant.

Au reste, je n'ose encore assurer que cette pièce soit en effet la meilleure de mes tragédies. Je laisse aux lecteurs et au temps à décider de son véritable prix. Ce que je puis assurer, c'est que je n'en ai point fait où la vertu soit plus mise en jour que dans celle-ci. Les moindres fautes y sont sévèrement punies. La seule pensée du crime y est regardée avec autant d'horreur que le crime même. Les faiblesses de l'amour y passent pour de vraies faiblesses ; les passions n'y sont présentées aux yeux que pour montrer tout le désordre dont elles sont cause ; et le vice y est peint partout avec des couleurs qui en font connaître et haïr la difformité. C'est là proprement le but que tout homme qui travaille pour le public doit se proposer ; et c'est ce que les premiers poètes tragiques avaient en vue sur toute chose. Leur théâtre était une école où la vertu n'était pas moins bien enseignée que dans les écoles des philosophes. Aussi Aristote a bien voulu donner des règles du poème dramatique ; et Socrate, le plus sage des philosophes, ne dédaignait pas de mettre la main aux tragédies d'Euripide. Il serait à souhaiter que nos ouvrages fussent aussi solides et aussi pleins d'utiles instructions que ceux de ces poètes. Ce serait peut-être un moyen de réconcilier la tragédie avec quantité de personnes célèbres par leur piété et par leur doctrine, qui l'ont condamnée dans ces derniers temps, et qui en jugeraient sans doute plus favorablement si les auteurs songeaient autant à instruire leurs spectateurs qu'à les divertir, et s'ils suivaient en cela la véritable intention de la tragédie.

RACINE, Préface de Phèdre, 1677.

Notions clés : *Fonction du théâtre — Morale — Personnage — Tragédie.*

- La finalité de la tragédie est d'instruire moralement le spectateur.
- Instruction morale et divertissement sont indissociables.

100. La Bruyère
Préface des *Caractères* (1694)

Lors de sa première publication en 1688, l'ouvrage de La Bruyère est présenté comme une sorte d'appendice à la traduction des *Caractères* de Théophraste, philosophe grec disciple de Platon et d'Aristote. Dans son *Discours sur Théophraste*, La Bruyère précise ce qu'il doit à son « modèle », en vertu du concept classique de l'imitation des Anciens. Il pose d'abord le postulat qui justifie l'imitation : « les hommes n'ont point changé selon le cœur et les passions ; ils sont encore tels qu'ils étaient alors ». Dès lors, la peinture de Théophraste, « qui fit honte aux Athéniens et qui servit à les corriger » est toujours pertinente.

Son œuvre personnelle « ne tend qu'à **rendre l'homme raisonnable** [...] par des voies simples et communes, et en l'examinant [...] par les âges, les sexes et les conditions, et par les vices, les faibles et le ridicule qui y sont attachés ». Il s'agit de découvrir, dans ses contemporains, « le principe de leur malice et de leurs faiblesses », de prévoir « tout ce qu'ils sont capables de dire ou de faire », de façon à ne plus s'étonner des « mille actions vicieuses ou frivoles dont leur vie est toute remplie ». D'où les portraits moraux et satiriques, la critique des institutions et des préjugés qui, par un style à la fois varié et extrêmement précis, dresse une véritable comédie humaine de la société du XVIIᵉ siècle.

En soulignant dans sa préface **la fonction morale et ontologique** de son œuvre, La Bruyère assigne à la littérature une finalité didactique qui rejoint celle du discours religieux.

« On ne doit parler, on ne doit écrire que pour l'instruction »

Je rends au public ce qu'il m'a prêté ; j'ai emprunté de lui la matière de cet ouvrage : il est juste que, l'ayant achevé avec toute l'attention pour la vérité dont je suis capable, et qu'il mérite de moi, je lui en fasse la restitution. Il peut regarder avec loisir ce portrait que j'ai fait de lui d'après nature, et s'il se connaît quelques-uns des défauts que je touche, s'en corriger. C'est l'unique fin que l'on doit se proposer en écrivant, et le succès aussi que l'on doit moins se promettre [1] ; mais comme les hommes ne se dégoûtent point du vice, il ne faut pas aussi se lasser de leur reprocher : ils seraient peut-être pires, s'ils venaient à manquer de censeurs ou de critiques ; c'est ce qui fait que l'on prêche et que l'on écrit. L'orateur et l'écrivain ne sauraient vaincre la joie qu'ils ont d'être applaudis ; mais ils devraient rougir d'eux-mêmes s'ils n'avaient cherché par leurs discours ou par leurs écrits que des éloges ; outre que l'approbation la plus sûre et la moins équivoque est le changement de mœurs et la réformation de ceux qui les lisent ou qui les écoutent. On ne doit parler, on ne doit écrire que pour l'instruction ; et s'il arrive que l'on plaise, il ne faut pas néanmoins

---

1. Le résultat que l'on doit le moins se promettre d'atteindre, parce que les hommes ne se corrigent pas facilement.

s'en repentir, si cela sert à insinuer et à faire recevoir les vérités qui doivent instruire. Quand donc il s'est glissé dans un livre quelques pensées ou quelques réflexions qui n'ont ni le feu, ni le tour, ni la vivacité des autres, bien qu'elles semblent y être admises pour la variété, pour délasser l'esprit, pour le rendre plus présent et plus attentif à ce qui va suivre, à moins que d'ailleurs elles ne soient sensibles, familières, instructives, accommodées au simple peuple, qu'il n'est pas permis de négliger, le lecteur peut les condamner, et l'auteur les doit proscrire : voilà la règle.

LA BRUYÈRE, préface des *Caractères*, 1694.

Notions clés : *Fonction de la littérature — Morale — Personnage.*

• La critique didactique et morale est la finalité essentielle de la littérature.
• L'écrivain est celui qui, par le biais de son œuvre, permet aux hommes de corriger leurs défauts.

➤ HUET, *Traité de l'origine des romans*, 1670 : « La fin principale des romans […] est l'instruction des lecteurs. Mais comme l'esprit de l'homme est naturellement ennemi des enseignements […] il le faut tromper par l'appât du plaisir et adoucir la sévérité des préceptes par l'agrément des exemples […]. Ainsi, le divertissement du lecteur que le romancier habile semble se proposer pour but, n'est qu'une fin subordonnée à la principale, qui est l'instruction de l'esprit et la correction des mœurs. »

101. Alexandre Soljenitsyne
Discours de Stockholm (1970)

Alexandre Soljenitsyne est né en Russie en 1918. Mathématicien et physicien, il a également fait des études d'histoire, de littérature et de philosophie. Capitaine pendant la Seconde Guerre mondiale, il est arrêté en 1945 pour avoir émis, dans une lettre privée, des doutes sur les compétences stratégiques de Staline. Il est condamné, sans jugement, à huit ans de déportation dans un camp de redressement par le travail puis à la « relégation perpétuelle ». Réhabilité en 1957, il accède à la notoriété avec une nouvelle (autorisée par Khrouchtchev en 1962), *Une journée d'Ivan Denissovitch*, première évocation littéraire des camps staliniens. D'autres œuvres de dénonciation ne peuvent paraître qu'à l'étranger (*Le Pavillon des cancéreux*, 1967 ; *Le Premier Cercle*, prix du meilleur livre étranger en France ; *Août quatorze*, 1971). Sa dénonciation virulente du système dans *L'Archipel du Goulag*, 1973, lui vaut d'être déchu de la nationalité soviétique et expulsé en 1974.

Soljenitsyne a toujours plaidé pour l'abolition de la censure, pour une libéralisation du régime soviétique dont il a subi l'ostracisme pendant de longues années. Après son exil aux États-Unis, il est retourné en Russie en 1994. Prix Nobel de littérature, en 1970, il n'avait pu le recevoir officiellement.

L'expérience des autres

Dans les diverses parties du monde, les hommes appliquent leurs propres références aux événements, et ils les jugent, avec entêtement et confiance, en fonction d'elles, et non selon celles des autres.

S'il n'existe pas tellement d'échelles de valeurs différentes dans le monde, on en dénombre au moins quelques-unes : une pour les événements proches, une pour les événements éloignés, une pour les vieilles sociétés, une autre pour les jeunes. Les peuples malheureux en ont une, les peuples heureux une autre. Les sons discordants et grinçants de ces diverses échelles nous abasourdissent et nous étourdissent, et, sans être toujours douloureux, ils nous empêchent d'entendre les autres dont nous nous tenons éloignés, comme nous le ferions de la démence ou de l'illusion, pour ne juger en toute confiance le monde entier que d'après nos propres valeurs.

Alors, qui coordonnera ces échelles de valeurs ? Et comment ? Qui créera pour l'humanité un seul système d'interprétation, valable pour le bien et le mal, pour ce qui est supportable et pour ce qui ne l'est pas ? Qui fera clairement comprendre à l'humanité ce qui est une souffrance réellement intolérable et ce qui n'est qu'une égratignure superficielle ? Qui orientera la colère des hommes, contre ce qui est le plus terrible, et non plus contre ce qui est le plus proche ? Qui réussira à transposer une telle compréhension au-delà des limites de son expérience personnelle ? Qui réussira à faire comprendre à une créature humaine fanatique et bornée les joies et les peines de ses frères lointains, à lui faire comprendre ce dont il n'a lui-même aucune notion ?

Propagande, contrainte, preuves scientifiques, tout est inutile. Mais il existe heureusement un moyen de le faire dans ce monde : l'art, la littérature.

Les artistes peuvent accomplir ce miracle. Ils peuvent surmonter cette faiblesse caractéristique de l'homme qui n'apprend que sa propre expérience tandis que l'expérience des autres ne le touche pas. L'art transmet d'un homme à l'autre, pendant leur bref séjour sur la Terre, tout le poids d'une très longue et inhabituelle expérience, avec ses fardeaux, ses couleurs, la sève de la vie : il la recrée dans notre chair et nous permet d'en prendre possession, comme si elle était nôtre.

Alexandre SOLJENITSYNE, *Discours de Stockholm*, 1970
in *Les Droits de l'écrivain*, © éd. du Seuil, 1972.

Notions clés : *Fonction de la littérature — Humanisme.*

• Par nature, l'homme, prisonnier de son expérience et de ses valeurs propres, ne peut comprendre l'expérience des peuples lointains.
• Seuls l'art et la littérature lui permettent de connaître la diversité des expériences humaines.

Littérature et politique : la question de l'engagement

La littérature, entreprise didactique visant à réformer la nature humaine, est aussi confrontée aux problèmes du temps, de la société et de l'histoire. Elle ne saurait s'en exclure car, selon Hugo, elle n'est pas destinée à vivre pour sa beauté propre mais pour servir le progrès, la science et la société. « L'utile, loin de circonscrire le sublime, le grandit » **(102. Hugo)**. Dès lors, refuser de prendre parti, de s'inscrire dans le temps et dans ses conflits, est aussi une façon de prendre parti : l'écrivain, « quoi qu'il fasse [est] marqué, compromis », son silence même est une forme d'engagement. « L'écrivain est en situation dans son époque : chaque parole a des retentissements. Chaque silence aussi » **(103. Sartre)**.

Cependant, pour Robbe-Grillet, l'engagement sartrien est une utopie : « dès qu'apparaît le souci de signifier quelque chose (quelque chose d'extérieur à l'art) la littérature commence à reculer, à disparaître ». L'engagement de l'écrivain ne peut être que littéraire, c'est « la pleine conscience des problèmes actuels de son propre langage », et c'est par là qu'il pourra « servir un jour peut-être à quelque chose ». Pour Proust déjà, l'artiste est amené à « servir » la société non pas en élaborant « un art populaire » ou « un art patriotique » mais en « étant artiste, c'est-à-dire [...] à condition [...] de ne pas penser à autre chose qu'à la vérité qui est devant lui », la vérité de son art **(104. Proust)**.

C'est risquer, cependant, de faire de l'art « une réjouissance solitaire » alors qu'il doit s'ouvrir sur les autres, obliger l'artiste à « ne pas s'isoler »,

« à comprendre au lieu de juger ». La littérature doit se mettre au service de ceux qui subissent l'histoire, elle doit « ne pas oublier [leur] silence et le faire retentir par les moyens de l'art ». Ainsi, l'écrivain assumera « les deux charges qui font la grandeur de son métier : le service de la vérité et celui de liberté » **(105. Camus)**.

Quels rapports établir entre la littérature et la politique ? Selon Calvino la littérature ne doit pas se réduire à l'expression de vérités déjà connues, qu'elles concernent la politique ou la nature humaine. Elle « donne une voix à qui n'en a pas », elle impose des « modèles-valeurs qui sont en même temps esthétiques et éthiques ». De surcroît, par sa capacité à réfléchir sur ses propres conditions d'élaboration, elle renvoie la politique à ce qui, en elle, n'est que « construction verbale, mythe, topos* littéraire » **(106. Calvino)**.

102. Victor Hugo
William Shakespeare (1864)

Partant du postulat selon lequel « **toute œuvre est une action** », Victor Hugo définit dans *William Shakespeare* ce que doit être l'action spécifique du théâtre et, au-delà, de toute œuvre littéraire.

« Soyez utiles ! »

Hugo affirme la nécessité, pour le dramaturge, de s'inscrire dans les luttes de son temps qu'elles soient scientifiques, politiques ou intellectuelles. L'œuvre d'art doit concilier le Beau et l'utile, « il s'agit d'être efficaces et bons ». Si l'artiste « cherche la solitude » nécessaire à sa création, il ne cherche pas l'isolement et reste inclus dans la société des hommes auxquels il dévoue son œuvre.

Cette intégration de l'art au réel et à ses problèmes n'est pas pour autant une déperdition. La valeur intrinsèque de l'œuvre ne s'en trouve pas amoindrie.

Ah ! esprits ! soyez utiles, servez à quelque chose. Ne faites pas les dégoûtés quand il s'agit d'être efficaces et bons. L'art pour l'art peut être beau, mais l'art pour le progrès est plus beau encore. Rêver la rêverie est bien, rêver l'utopie est mieux. Ah ! il vous faut du songe ? Eh bien, songez l'homme meilleur. Vous voulez du rêve ? en voici : l'idéal. Le prophète cherche la solitude, mais non l'isolement. Il débrouille et développe les fils de l'humanité noués et roulés en écheveau dans son âme ; il ne les casse pas. Il va dans le désert penser, à qui ? aux multitudes. Ce n'est pas aux forêts qu'il parle, c'est aux villes. Ce n'est pas l'herbe qu'il regarde plier au vent, c'est l'homme ; ce n'est pas contre les lions qu'il rugit, c'est contre les tyrans. Malheur à toi, Achab ! Malheur à toi, Osée ! malheur à vous, rois ! malheur à vous, pharaons ! c'est là le cri du grand solitaire. Puis il pleure.

Sur quoi ? sur cette éternelle captivité de Babylone, subie par Israël jadis, subie par la Pologne, par la Roumanie, par la Hongrie, par Venise, aujourd'hui. Il veille, le penseur bon et sombre ; il épie, il guette, il écoute, il regarde, oreille dans le silence, œil dans la nuit, griffe à demi allongée vers les méchants. Parlez-lui donc de l'art pour l'art, à ce cénobite de l'idéal. Il a son but et il y va, et son but, c'est ceci : le mieux. Il s'y dévoue.

Il ne s'appartient pas, il appartient à son apostolat. Il est chargé de ce soin immense, la mise en marche du genre humain. Le génie n'est pas fait pour le génie, il est fait pour l'homme. Le génie sur la terre, c'est Dieu qui se donne. Chaque fois que paraît un chef-d'œuvre, c'est une distribution de Dieu qui se fait. Le chef-d'œuvre est une variété du miracle. De là, dans toutes les religions et chez tous les peuples, la foi aux hommes divins. On se trompe si l'on croit que nous nions la divinité des christs.

Au point où la question sociale est arrivée, tout doit être action commune. Les forces isolées s'annulent, l'idéal et le réel sont solidaires. L'art doit aider la science. Ces deux roues du progrès doivent tourner ensemble. Ô génération des talents nouveaux, noble groupe d'écrivains et de poètes, légion des jeunes, ô avenir vivant de mon pays ! vos aînés vous aiment et vous saluent. Courage ! dévouons-nous. Dévouons-nous au bien, au vrai, au juste. Cela est bon.

Quelques purs amants de l'art, émus d'une préoccupation qui du reste a sa dignité et sa noblesse, écartent cette formule, *l'art pour le progrès*, le Beau Utile, craignant que l'utile ne déforme le beau. Ils tremblent de voir les bras de la muse se terminer en mains de servante. Selon eux, l'idéal peut gauchir dans trop de contact avec la réalité. Ils sont inquiets pour le sublime s'il descend jusqu'à l'humanité. Ah ! ils se trompent.

L'utile, loin de circonscrire le sublime, le grandit. L'application du sublime aux choses humaines produit des chefs-d'œuvre inattendus. L'utile, considéré en lui-même et comme élément à combiner avec le sublime, est de plusieurs sortes ; il y a de l'utile qui est tendre, et il y a de l'utile qui est indigné. Tendre, il désaltère les malheureux et crée l'épopée sociale ; indigné, il flagelle les mauvais, et crée la satire divine. Moïse passe à Jésus la verge, et, après avoir fait jaillir l'eau du rocher, cette verge auguste, la même, chasse du sanctuaire les vendeurs.

Quoi ! l'art décroîtrait pour s'être élargi ! Non. Un service de plus, c'est une beauté de plus.

Victor HUGO, William Shakespeare, 1864, pp. 208-209.

Notions clés : *Chef-d'œuvre — Engagement.*

• L'œuvre d'art doit s'inscrire dans les problèmes du temps et concourir à la marche au progrès des sociétés.
• Contrairement aux thèses des partisans de l'art pour l'art, « l'utile, loin de circonscrire le sublime, le grandit », l'art peut donc être « art pour le progrès ».

---

103. Jean-Paul Sartre
Présentation des *Temps modernes* (1945)

Partant de la prise de conscience de l'Absurde, Sartre affirme, dans une formule devenue célèbre, que « l'existence précède l'essence ». L'homme doit donc se construire, donner sens à cette donnée vide, son existence, par ses actes. Il la déterminera par la mise en œuvre, parfois angoissante, de sa liberté au travers de son engagement. L'écrivain, comme tout homme, et plus encore que tout homme, est donc amené à faire des choix qui l'engagent, il ne peut plus se tenir hors du monde et de ses problèmes, retiré dans la pure sphère de l'art. Son œuvre est le signe même de son engagement.

Sartre a exprimé cette théorie dans des textes qui ont marqué des générations d'écrivains et d'intellectuels, notamment dans la présentation des *Temps modernes* ou dans *Qu'est-ce que la littérature ?*

La responsabilité de l'écrivain

La position de Sartre en faveur de l'engagement est fondée sur l'analyse de la condition de l'écrivain et de l'œuvre littéraire : puisque « l'écrivain est en situation dans son époque », il doit s'inscrire dans l'histoire et mesurer sa part de responsabilité comme ont pu le faire Voltaire, Zola ou Gide en dénonçant les dénis de justice dont ils avaient été les témoins.

On opposera ce point de vue à celui d'Alain Robbe-Grillet qui a fait figurer l'engagement parmi « ses notions périmées ». « L'engagement, c'est pour l'écrivain, la pleine conscience des problèmes actuels de son propre langage, la conviction de leur extrême importance, la volonté de les résoudre de l'intérieur. C'est là, pour lui, la seule chance de demeurer un artiste et, sans doute aussi, par voie de conséquence obscure et lointaine, de servir un jour peut-être à quelque chose — peut-être même à la révolution » (Pour un nouveau roman, p. 47).

Nous ne voulons pas avoir honte d'écrire et nous n'avons pas envie de parler pour ne rien dire. Le souhaiterions-nous, d'ailleurs, que nous n'y parviendrions pas : personne ne peut y parvenir. Tout écrit possède un sens, même si ce sens est fort loin de celui que l'auteur avait rêvé d'y mettre. Pour nous, en effet, l'écrivain n'est ni Vestale, ni Ariel : il est « dans le coup », quoi qu'il fasse, marqué, compromis, jusque dans sa plus lointaine retraite. Si, à certaines époques, il emploie son art à forger des bibelots d'inanité sonore, cela même est un signe : c'est qu'il y a une crise des lettres et, sans doute, de la société, ou bien c'est que les classes dirigeantes l'ont aiguillé sans qu'il s'en doute vers une activité de luxe, de crainte qu'il ne s'en aille grossir les troupes révolutionnaires. Flaubert, qui a tant pesté contre les bourgeois et qui croyait s'être retiré à l'écart de la machine sociale, qu'est-il pour nous sinon un rentier de talent ? Et son art minutieux ne suppose-t-il pas le confort de Croisset, la sollicitude d'une mère ou d'une nièce, un régime d'ordre, un commerce prospère, des coupons à toucher régulièrement ? Il faut peu d'années pour qu'un livre devienne un fait social qu'on interroge comme une institution ou qu'on fait entrer comme une chose dans les statistiques ; il faut peu de recul pour qu'il se confonde avec l'ameublement d'une époque, avec ses habits, ses chapeaux, ses moyens de transport et son alimentation. L'historien dira de nous :

« Ils mangeaient ceci, ils lisaient cela, ils se vêtaient ainsi. » Les premiers chemins de fer, le choléra, la révolte des canuts, les romans de Balzac, l'essor de l'industrie concourent également à caractériser la Monarchie de Juillet. Tout cela on l'a dit et répété, depuis Hegel : nous voulons en tirer les conclusions pratiques. Puisque l'écrivain n'a aucun moyen de s'évader, nous voulons qu'il embrasse étroitement son époque ; elle est sa chance unique : elle s'est faite pour lui et il est fait pour elle. On regrette l'indifférence de Balzac devant les journées de 48, l'incompréhension apeurée de Flaubert en face de la Commune ; on le regrette pour eux : il y a là quelque chose qu'ils ont manqué pour toujours. Nous ne voulons rien manquer de notre temps : peut-être en est-il de plus beaux, mais c'est le nôtre ; nous n'avons que cette vie à vivre, au milieu de cette guerre, de cette révolution peut-être. Qu'on n'aille pas conclure par là que nous prêchons une sorte de populisme : c'est tout le contraire. Le populisme est un enfant de vieux, le triste rejeton des derniers réalistes ; c'est encore un essai pour tirer son épingle du jeu. Nous sommes convaincus, au contraire, qu'on ne peut pas tirer son épingle du jeu. Serions-nous muets et cois comme des cailloux, notre passivité même serait une action. Celui qui consacrerait sa vie à faire des romans sur les Hittites, son abstention serait par elle-même une prise de position. L'écrivain est en situation dans son époque : chaque parole a des retentissements. Chaque silence aussi. Je tiens Flaubert et Goncourt pour responsables de la répression qui suivit la Commune parce qu'ils n'ont pas écrit une ligne pour l'empêcher. Ce n'était pas leur affaire, dira-t-on. Mais le procès de Calas, était-ce l'affaire de Voltaire ? La condamnation de Dreyfus, était-ce l'affaire de Zola ? L'administration du Congo, était-ce l'affaire de Gide ? Chacun de ces auteurs, en une circonstance particulière de sa vie, a mesuré sa responsabilité d'écrivain.

Jean-Paul SARTRE, Présentation des *Temps modernes*, 1945.

Notion clé : *Engagement*.

• L'écrivain est « en situation dans son époque » ; qu'il le veuille ou non, son œuvre manifeste des choix politiques, il est responsable de ses silences mêmes.
• C'est pourquoi il doit s'engager délibérément dans l'histoire de son temps.

➤ Jean-Paul SARTRE, *Qu'est-ce que la littérature ?* : « La fonction de l'écrivain est de faire en sorte que nul ne puisse ignorer le monde et que nul ne s'en puisse dire innocent ».

104. Marcel Proust
Le Temps retrouvé (posthume, 1927)

L'art constitue une des interrogations les plus constantes de la *Recherche* qui définit l'œuvre comme une élaboration esthétique permettant à l'écrivain de déchiffrer le « livre intérieur de signes inconnus » qu'il porte en lui (voir le texte 7). Bien avant les prises de position de Sartre ou de Robbe-Grillet, en d'autres termes, mais à partir d'un même questionnement, Proust pose le problème de l'engagement de l'œuvre d'art.

Il ne peut y avoir d'art populaire

Selon Proust, élaborer « un art populaire » ou « un art patriotique » est une démarche qui nie l'essence même de l'art.

Un art populaire qui tenterait de se « rendre accessible au peuple en sacrifiant les raffinements de sa forme » ou en ajustant les sujets à ses centres d'intérêt supposés se tromperait et sur sa propre nature et sur celle de son destinataire. On sait que pour Proust une œuvre nouvelle exige du public un effort d'adaptation (voir le texte 33) ; aussi la recherche esthétique n'est-elle pas un luxe réservé à l'aristocratie (d'ailleurs, « les gens du monde [...] sont [...] les véritables illettrés ») mais une nécessité absolue.

*Il ne peut pas y avoir non plus d'« art patriotique » puisque l'écrivain, au moment de sa création, ne doit pas avoir d'autre but que cette création elle-même : en définissant « ces lois, [...] ces expériences, [...] ces découvertes » qui constituent les étapes du processus créatif, il doit exclusivement tenir compte de « la vérité qui est devant lui » et elle seule, à savoir, la nécessité interne de sa propre création. Les œuvres qui ont acquis une **valeur patrimoniale** sont celles que n'inspirait aucun patriotisme de commande.*

L'idée d'un art populaire comme d'un art patriotique, si même elle n'avait pas été dangereuse, me semblait ridicule. S'il s'agissait de le rendre accessible au peuple, en sacrifiant les raffinements de la forme, « bons pour des oisifs [1] », j'avais assez fréquenté de gens du monde pour savoir que ce sont eux les véritables illettrés, et non les ouvriers électriciens. À cet égard, un art populaire par la forme eût été destiné plutôt aux membres du Jockey qu'à ceux de la Confédération générale du Travail ; quant aux sujets, les romans populaires ennuient autant les gens du peuple que les enfants ces livres qui sont écrits pour eux. On cherche à se dépayser en lisant, et les ouvriers sont aussi curieux des princes que les princes des ouvriers. Dès le début de la guerre M. Barrès avait dit que l'artiste (en

---

1. « *Littérature*. Occupation des oisifs » (Flaubert, *Dictionnaire des idées reçues*).

l'espèce Titien) doit avant tout servir la gloire de sa patrie. Mais il ne peut la servir qu'en étant artiste, c'est-à-dire qu'à condition, au moment où il étudie ces lois, institue ces expériences et fait ces découvertes aussi délicates que celles de la science, de ne pas penser à autre chose — fût-ce à la patrie — qu'à la vérité qui est devant lui. N'imitons pas les révolutionnaires qui par « civisme » méprisaient, s'ils ne les détruisaient pas, les œuvres de Watteau et de La Tour, peintres qui honorent davantage la France que tous ceux de la Révolution.

Marcel PROUST, *Le Temps retrouvé*, 1927,
éd. Gallimard, « La Pléiade », t. III, p. 888.

Notions clés : *Engagement — Forme.*

• L'œuvre d'art ne doit avoir d'autre finalité que celle de sa vérité et de sa nécessité internes.
• Vouloir l'adapter à un public ou à une idéologie prédéterminés revient à la dénaturer.

➤ Gustave FLAUBERT, *Lettre à Mme Roger des Genettes* : « L'Art ne doit servir de chaire à aucune doctrine sous peine de déchoir ! On fausse toujours la réalité quand on veut l'amener à une conclusion qui n'appartient qu'à Dieu seul. »

105. Albert Camus
Discours de Stockholm (1957)

Partant également du constat de l'Absurde, Camus fait de l'action le moyen de le dominer et de le dépasser. Dans ses romans comme *La Peste*, dans son essai, *L'Homme révolté*, il démontre la nécessité d'une action qui engage à la fois l'individu et le groupe. Il s'agit de lutter contre tout ce qui asservit l'homme, tant au plan social que politique ou métaphysique. La révolte aboutit ainsi **à la nécessaire solidarité humaine dans laquelle l'écrivain, plus que tout autre, est impliqué.** Dans ce discours prononcé lors de la remise du prix Nobel de la littérature, en 1957, l'écrivain exprime le sens qu'il donne à sa fonction.

« Le service de la vérité et celui de la liberté »

Je ne puis vivre personnellement sans mon art. Mais je n'ai jamais placé cet art au-dessus de tout. S'il m'est nécessaire au contraire, c'est qu'il ne se sépare de personne et me permet de vivre, tel que je suis, au niveau de tous. L'art n'est pas à mes yeux une réjouissance solitaire. Il est un moyen d'émouvoir le plus grand nombre d'hommes en leur offrant une image privilégiée des souffrances et des joies communes. Il oblige donc l'artiste à ne pas s'isoler ; il le soumet à la vérité la plus humble et la plus universelle. Et celui qui, souvent, a choisi son destin d'artiste parce qu'il se sentait différent, apprend bien vite qu'il ne nourrira son art, et sa différence, qu'en avouant sa ressemblance avec tous. L'artiste se forge dans cet aller-retour perpétuel de lui aux autres, à mi-chemin de la beauté dont il ne peut se passer et de la communauté à laquelle il ne peut s'arracher. C'est pourquoi les vrais artistes ne méprisent rien ; ils s'obligent à comprendre au lieu de juger. Et, s'ils ont un parti à prendre en ce monde, ce ne peut être que celui d'une société où, selon le grand mot de Nietzsche, ne régnera plus le juge, mais le créateur, qu'il soit travailleur ou intellectuel.

Le rôle de l'écrivain, du même coup, ne se sépare pas de devoirs difficiles. Par définition, il ne peut se mettre aujourd'hui au service de ceux qui font l'histoire : il est au service de ceux qui la subissent. Ou sinon, le voici seul et privé de son art. Toutes les armées de la tyrannie avec leurs millions d'hommes ne l'enlèveront pas à la solitude, même et surtout s'il consent à prendre leur pas. Mais le silence d'un prisonnier inconnu, abandonné aux humiliations à l'autre bout du monde, suffit à retirer l'écrivain de l'exil, chaque fois, du moins, qu'il parvient, au milieu des privilèges de la liberté, à ne pas oublier ce silence et à le faire retentir par les moyens de l'art.

Aucun de nous n'est assez grand pour une pareille vocation. Mais, dans toutes les circonstances de sa vie, obscur ou provisoirement célèbre, jeté dans les fers de la tyrannie ou libre pour un temps de s'exprimer, l'écrivain peut retrouver le sentiment d'une communauté vivante qui le justifiera, à la seule condition qu'il accepte, autant qu'il peut, les deux charges qui font la grandeur de son métier : le service de la vérité et celui de la liberté. Puisque sa vocation est de réunir le plus grand nombre d'hommes possible, elle ne peut s'accommoder du mensonge et de la servitude qui, là où ils règnent, font proliférer les solitudes. Quelles que soient nos infirmités personnelles, la noblesse de notre métier s'enracinera toujours dans deux engagements difficiles à maintenir : le refus de mentir sur ce que l'on sait et la résistance à l'oppression.

Pendant plus de vingt ans d'une histoire démentielle, perdu sans secours, comme tous les hommes de mon âge, dans les convulsions du temps, j'ai été soutenu ainsi par le sentiment obscur qu'écrire était aujourd'hui un honneur, parce que cet acte obligeait, et obligeait à ne pas écrire seulement. Il m'obligeait particulièrement à porter, tel que j'étais et selon mes forces, avec tous ceux qui vivaient la même histoire, le malheur et l'espérance que nous partagions.

Albert CAMUS, Discours de Stockholm du 10 décembre 1957,
© éd. Gallimard, « La Pléiade ».

Notion clé : *Engagement.*

• L'artiste est engagé dans la communauté humaine ; il dit la condition de l'homme, dans une création artistique qui est vécue comme expérience de solidarité.
• L'artiste est au service de la vérité et de la liberté.

➤ Albert CAMUS, *L'Homme révolté* : « La beauté, sans doute ne fait pas les révolutions. Mais un jour vient où les révolutions ont besoin d'elle. »

106. Italo Calvino
La Machine littérature (1984)

Critique et romancier, Calvino s'interroge sur les rapports entre la littérature et la politique. Il constate que sa génération, celle des années 1950, « a eu pour problème dominant les rapports entre écriture et politique » mais qu'elle n'est pas parvenue à en dénouer le nœud. Selon lui, on ne peut plus se poser le problème dans les mêmes termes, dans la mesure où « l'idée de l'homme comme sujet de l'histoire a vécu » et où, également, « tous les paramètres, toutes les catégories, les antithèses [utilisés] pour définir, classer, projeter le monde sont remis en question ».

Calvino signale, de plus, un paradoxe dans ce que l'on appelle le pouvoir de la littérature : il semble, en effet, « que ce soit là où elle est persécutée que la littérature montre ses vrais pouvoirs, en défiant l'autorité, tandis que, dans notre société permissive, elle a conscience de n'être utilisée que pour créer un contraste agréable au sein de l'inflation verbale ». Néanmoins, « **la littérature est un des instruments de conscience de soi d'une société** » et, en tant que telle, elle a un rôle politique à jouer.

« Des bons et des mauvais usages politiques de la littérature »

En somme, je crois qu'il y a deux façons erronées de considérer une possible utilité politique de la littérature.

La première est de prétendre que la littérature doit illustrer une vérité déjà possédée par la politique, c'est-à-dire de croire que l'ensemble des valeurs de la politique vient avant, et que la littérature doit simplement s'y adapter. Cette opinion implique qu'on conçoit la littérature comme ornementale et superflue, mais aussi qu'on conçoit la politique comme fixée et sûre de soi, conception qui serait désastreuse. Semblable fonction de pédagogie politique ne peut se concevoir qu'au niveau d'une mauvaise littérature et d'une mauvaise politique.

La seconde erreur est de voir dans la littérature un assortiment de sentiments humains éternels, la vérité d'un langage que la politique tend à oublier et qu'il convient donc de lui rappeler de temps à autre. Pareille conception laisse apparemment plus de place à la littérature, mais en réalité pour la confiner dans un piètre rôle : confirmer du déjà connu, tout au plus se livrer à des provocations naïves, élémentaires, avec le plaisir juvénile de la fraîcheur et de la spontanéité. Derrière quoi on trouve l'idée qu'existe un ensemble de valeurs établies que la littérature a le devoir de conserver, l'idée classique et arrêtée que la littérature serait dépositaire d'une vérité une fois pour toutes donnée. Si elle accepte d'assumer ce rôle, la littérature se réduit à une fonction de consolation, de conservation, de régression : fonction certes plus nuisible qu'utile.

Cela veut-il dire que tout usage politique de la littérature soit erroné ? Non, je crois que, s'il y a deux mauvaises façons d'user politiquement de la littérature, il y en a aussi deux bonnes.

La littérature est nécessaire à la politique avant tout lorsqu'elle donne une voix à qui n'en a pas, lorsqu'elle donne un nom à qui n'a pas de nom, et spécialement à ce que le langage politique exclut ou cherche à exclure. J'entends des traits, des situations, des langages qui relèvent tant du monde extérieur que du monde intérieur : toutes les tendances réprimées, et dans les individus et dans la société. La littérature est comme une oreille qui peut entendre plus de choses que la politique ; elle est comme un œil qui peut percevoir au-delà de l'échelle chromatique à laquelle est sensible la politique. [...]

Mais il existe, je crois, un autre type d'influence qui, si elle n'est peut-être pas plus directe, est certainement plus intentionnelle : c'est la capacité qu'a la littérature d'imposer des modèles de langage, de vision, d'imagination, de travail mental, de mise en relation des données : en somme, la création (et, par création, j'entends l'organisation et le choix) de ce type de modèles-valeurs qui sont en même temps esthétiques et éthiques, et essentiels pour tout projet d'action, spécialement politique. [...]

J'ai parlé de deux bons usages politiques de la littérature, mais à présent j'en aperçois un troisième, qui se rattache à la conception que la littérature a d'elle-même. Si autrefois la littérature était vue comme miroir du monde, ou comme l'expression directe de sentiments, aujourd'hui nous ne pouvons plus oublier que les livres sont faits de mots, de signes, de procédés de construction ; nous ne pouvons plus oublier que ce que les livres communiquent reste parfois inconscient à l'auteur même, que ce que les livres disent est parfois différent de ce qu'ils se proposaient de dire : que, dans tout livre, si une part relève de l'auteur, une autre part est œuvre anonyme et collective.

Une prise de conscience comme celle-là ne vaut pas seulement pour la littérature, mais peut être utile pour la politique, pour lui faire découvrir combien large est la part d'elle-même qui n'est que construction ver-

bale, mythe, *topos** littéraire. La politique, comme littérature, doit avant
tout se connaître et se méfier de soi.

Italo CALVINO, *La Machine littérature*,
© éd. du Seuil, 1984, pp. 81-83.

Notions clés : *Mythe — Politique — Psychologie.*

• La littérature, envisagée dans ses rapports à la politique, n'est ni ornementale
ni superflue, elle n'est pas non plus un modèle de valeurs transcendantes et intemporelles.
• Elle est utile à la politique « lorsqu'elle donne une voix à qui n'en a pas »,
lorsqu'elle impose des valeurs « esthétiques et éthiques », et lorsqu'elle tend à la
politique le miroir de sa propre remise en cause.

➤ Italo CALVINO, *La Machine littérature* : « On a donné à l'écrivain la possibilité d'occuper l'espace, vacant, d'un discours politique intelligible. Mais cette tâche
se présente comme une facilité (il est trop facile de lancer des affirmations générales sans aucune responsabilité pratique), alors qu'elle devrait être la plus difficile
qu'un écrivain puisse affronter ».

Littérature et culture

Si la culture est capacité d'auto-réflexion, faculté d'analyse du moi et du monde, la littérature offre à l'homme la possibilité de se l'approprier en lui donnant les moyens de se comprendre, ou tout au moins, de s'interroger. C'est ainsi, selon Proust, que seul le livre permet d'accéder à « la vraie vie, la vie enfin découverte et éclaircie », et que, paradoxalement, « la seule vie [...] réellement vécue, c'est la littérature » **(107. Proust).**

Connaissance et compréhension de soi ne sont pas les seuls apports de l'œuvre littéraire. Celle-ci offre au lecteur la possibilité de dépasser sa propre mesure intellectuelle et spirituelle. Ainsi, Flaubert à la lecture de Shakespeare se sent devenir « plus grand, plus intelligent et plus pur ». Gracq, lecteur de Stendhal, éprouve en « pouss[ant] la porte d'un livre de Bcyle », le plaisir d'« entr[er] en Stendhalie » comme dans « un refuge fait pour les dimanches de la vie » **(108. Flaubert, Gracq).**

La littérature et l'art en général sont pour l'homme une façon de dépasser les limites du réel et de sa propre condition. L'art est donc pour Malraux « un anti-destin », il découvre dans le dialogue des chefs-d'œuvre, à travers le temps et les civilisations, « l'honneur d'être homme », une façon de vaincre la mort **(109. Malraux).**

La littérature apparaît ainsi comme une pensée permanente, liée aux grands mythes de l'humanité par lesquels « l'homme [...] s'arrache à l'animalité », mythes qu'elle vivifie, irrigue, afin qu'ils ne deviennent pas des « mythes morts », des allégories. Elle est ce par quoi l'écrivain « métamorphose l'âme de ses contemporains » **(110. Tournier).**

107. Marcel Proust
Le Temps retrouvé (posthume, 1927)

C'est, au terme de la *Recherche*, l'écriture et ses pouvoirs que découvre le narrateur. La littérature est ce qui donne sens à l'existence, une forme par laquelle le réel devient signifiant. Elle permet une claire conscience de ce que la vie ne livre que fugitivement. Par elle, l'existence « qu'on vit dans les ténèbres » est « ramenée au vrai », est « réalisée dans un livre ». Grâce à la littérature, les lecteurs découvrent donc le réel dans sa complexité mais, aussi, ce qui en eux-mêmes leur échappe, ils deviennent « les propres lecteurs d'eux-mêmes ».

« La seule vie [...] réellement vécue, c'est la littérature »

Proust oppose « la littérature de notations » à « l'art véritable ». La première, cet « art soi-disant "vécu" », se contente d'enregistrer le réel sans en dégager le sens. Elle n'a donc aucune valeur puisque, les choses étant « sans signification par elles-mêmes », elle se contente de « reproduire », elle n'est « qu'un double emploi ennuyeux et vain ».

*La véritable littérature, au contraire, est celle qui permet au lecteur de « retrouver, de ressaisir, de [...] **connaître cette réalité loin de laquelle nous vivons** » parce que nous n'en avons qu'une approche incomplète, gênée par « la connaissance conventionnelle que nous lui substituons ». Ainsi, sans la littérature, nous risquons de mourir sans avoir connu « ce qui est simplement notre vie ».*

*Mais l'art n'est pas seulement compréhension du moi par le moi, il est aussi, par le biais d'« **une vision** », **le style de l'écrivain**, la révélation de l'image subjective que chaque conscience se fait du réel.*

Comment la littérature de notations aurait-elle une valeur quelconque, puisque c'est sous de petites choses comme celles qu'elle note que la réalité est contenue (la grandeur dans le bruit lointain d'un aéroplane, dans la ligne du clocher de Saint-Hilaire, le passé dans la saveur d'une madeleine, etc.) et qu'elles sont sans signification par elles-mêmes si on ne l'en dégage pas ? Peu à peu, conservée par la mémoire, c'est la chaîne de toutes ces expressions inexactes où ne reste rien de ce que nous avons réellement éprouvé, qui constitue pour nous notre pensée, notre vie, la réalité, et c'est ce mensonge-là que ne ferait que reproduire un art soi-disant « vécu », simple comme la vie, sans beauté, double emploi si ennuyeux et si vain de ce que nos yeux voient et de ce que notre intelligence constate qu'on se demande où celui qui s'y livre trouve l'étincelle joyeuse et motrice, capable de le mettre en train et de le faire avancer dans sa besogne. La grandeur de l'art véritable, au contraire, de celui que M. de Norpois eût appelé un jeu de dilettante, c'était de retrouver, de ressaisir, de nous faire connaître cette réalité loin de laquelle nous vivons, de laquelle nous nous écartons de plus en plus au fur et à mesure que prend plus d'épaisseur et d'imperméabilité la connaissance conventionnelle que nous lui substituons, cette réalité que nous risquerions fort de mourir sans avoir connue, et qui est tout simplement notre vie. La vraie vie, la vie enfin découverte et éclaircie, la seule vie par conséquent réellement vécue, c'est la littérature ; cette vie qui, en un sens, habite à chaque instant chez tous les hommes aussi bien que chez l'artiste. Mais ils ne la voient pas, parce qu'ils ne cherchent pas à l'éclaircir. Et ainsi leur passé est encombré d'innombrables clichés qui restent inutiles parce que l'intelligence ne les a pas « développés ». Notre vie, et aussi la vie des autres ; car le style pour l'écrivain, aussi bien que la couleur pour le peintre, est une question non de technique mais de vision. Il est la révélation, qui serait impossible par des moyens directs et conscients, de la différence qualitative qu'il y a dans la façon dont nous apparaît le monde, différence qui, s'il n'y avait pas l'art, resterait le secret éternel de chacun. Par l'art seulement nous pouvons sortir de nous, savoir ce que voit un autre de cet univers qui n'est pas le même que le nôtre, et dont les paysages nous seraient restés aussi inconnus que ceux qu'il peut y avoir dans la lune.

Marcel PROUST, Le Temps retrouvé, 1927,
éd. Gallimard, « La Pléiade », t. III, pp. 894-895.

Notions clés : *Fonction de l'art — Personnalité — Réel — Style.*

• La littérature est le seul moyen, pour le lecteur, de se connaître et de connaître le réel.
• La vision de l'écrivain, incarnée dans son style, permet l'expérience de l'altérité, la compréhension de la subjectivité d'autrui.
• La littérature est donc « la seule vie [...] réellement vécue ».

---

108. Flaubert, Gracq
Écrivains lecteurs

Deux écrivains, deux lecteurs, deux expériences du plaisir du texte... Flaubert, lecteur de Shakespeare, Gracq lecteur de Stendhal découvrent, dans l'expérience créatrice d'autrui, une expérience personnelle où le plaisir de lire se joint à celui d'une métamorphose intérieure provoquée par la lecture.

108a. Flaubert, lecteur de Shakespeare

C'est par la métaphore filée de l'altitude, de la domination visuelle, que Flaubert traduit la sensation intérieure de plaisir, d'agrandissement intellectuel et spirituel que provoque en lui la lecture de Shakespeare. Cette lecture lui ouvre, lorsqu'il est « parvenu au sommet d'une de ses œuvres », une perspective d'espace, de surplomb, image d'un univers recomposé par la vision du dramaturge. « On n'est plus homme, on est œil », regard découvrant avec étonnement « cette fourmilière » dont on a fait partie, ce monde mesquin auquel l'altitude shakespearienne a permis d'échapper.

Quand je lis Shakespeare je deviens plus grand, plus intelligent et plus pur. Parvenu au sommet d'une de ses œuvres, il me semble que je suis sur une haute montagne ; tout disparaît et tout apparaît. On n'est plus homme, on est *œil* ; des horizons nouveaux surgissent, les perspectives se prolongent à l'infini ; on ne pense pas que l'on a vécu aussi dans ces cabanes que l'on distingue à peine, que l'on a bu à tous ces fleuves qui ont l'air plus petits que des ruisseaux, que l'on s'est agité enfin dans cette fourmilière et que l'on en fait partie.

Gustave FLAUBERT, Lettre à Louise Colet, 27 septembre 1846.

108b. Gracq, lecteur de Stendhal

C'est également sur le mode métaphorique que Gracq décrit le plaisir qu'il prend à la lecture des œuvres de Stendhal, créateur d'un univers spécifique, cette « Stendhalie » que Gracq définit par des termes euphoriques traduisant l'atmosphère particulière de ces romans où « la vie coule plus désinvolte et plus fraîche », où règne « le bonheur de vivre », où « même le vrai malheur se transforme en regret souriant ». La Stendhalie est pour le lecteur « une seconde patrie », où « tout est différent » et qui lui permet, l'espace d'une lecture, de s'alléger du poids du monde et d'échapper à sa nécessité.

Si je pousse la porte d'un livre de Beyle, j'entre en Stendhalie, comme je rejoindrais une maison de vacances : le souci tombe des épaules, la nécessité se met en congé, le poids du monde s'allège ; tout est différent : la saveur de l'air, les lignes du paysage, l'appétit, la légèreté de vivre, le salut même, l'abord des gens. Chacun le sait (et peut-être le répète-t-on un peu complaisamment, car c'est tout de même beaucoup dire) tout grand romancier crée un « monde » — Stendhal, lui, fait à la fois plus et moins : il fonde à l'écart pour des vrais lecteurs une seconde patrie, un ermitage suspendu hors du temps, non vraiment situé, non vraiment daté, un refuge fait pour les dimanches de la vie, où l'air est plus sec, plus tonifiant, où la vie coule plus désinvolte et plus fraîche — un Eden des passions en liberté, irrigué par le bonheur de vivre, où rien en définitive ne peut se passer très mal, où l'amour renaît de ses cendres, où même le malheur vrai se transforme en regret souriant.

Julien GRACQ, En lisant, en écrivant, © éd. J. Corti, 1980, pp. 28-29.

Notions clés : *Lecture — Plaisir.*

• L'œuvre littéraire offre au lecteur un univers particulier, une autre vision du monde, vecteurs de plaisir.

109. André Malraux
Les Voix du silence (1951)

Objet constant et privilégié des analyses de Malraux, l'art est compris comme un moyen de dépasser la mort, les limites du réel, dans la mesure où l'artiste, par son travail créateur, concurrence le monde. « Chacun des chefs-d'œuvre est une purification du monde, mais leur leçon commune est celle de leur existence, et la victoire de chaque artiste sur sa servitude rejoint, dans un immense déploiement, celle de l'art sur le destin de l'humanité.

L'art est un anti-destin. »

Les créations artistiques se répondent ainsi d'un siècle à l'autre, d'une esthétique à l'autre, dans un véritable dialogue qui traverse les âges et défie la mort (voir le texte 13).

« Ce long dialogue des métamorphoses et des résurrections »

Ce dialogue entre les artistes qui fait de Rembrandt l'héritier « des dessinateurs des cavernes » permet à Malraux de redéfinir l'humanisme. Celui-ci ne consiste pas à faire mieux que l'animal, comme le suggère Saint-Exupéry rapportant dans Terre des hommes *(1939) le mot de son camarade Guillaumet, qui avait marché cinq jours et quatre nuits dans la Cordillère des Andes après un accident d'avion : « Ce que j'ai fait, je te le jure, jamais aucune bête ne l'aurait fait ». Il consiste à refuser en l'homme l'animalité et la mort par l'exercice de l'art. L'art permet en effet à l'homme de surmonter son « inexorable dépendance » devant la mort. Pour Malraux, « il n'y a pas de mort invulnérable devant un dialogue à peine commencé », celui que l'art instaure entre des esthétiques, des civilisations, des artistes totalement étrangers les uns aux autres, qui se répondent et se font écho. « Ce long dialogue des métamorphoses et des résurrections » constitue l'essence de l'art, cette « force et [cet] honneur d'être homme. »*

Mais l'homme est-il obsédé d'éternité, ou d'échapper à l'inexorable dépendance que lui ressasse la mort ? Survie misérable qui n'a pas le temps de voir s'éteindre les étoiles déjà mortes ! mais non moins misérable néant, si les millénaires accumulés par la glaise ne suffisent pas à étouffer dès le cercueil la voix d'un grand artiste... Il n'y a pas de mort invulnérable devant un dialogue à peine commencé, et la survie ne se mesure pas à sa durée ; elle est celle de la forme que prit la victoire d'un homme sur le destin, et cette forme, l'homme mort, commence sa vie imprévisible. La victoire qui lui donna l'existence, lui donnera une voix que son auteur ignorait en elle. Ces statues plus égyptiennes que les Égyptiens, plus chrétiennes que les chrétiens, plus Michel-Ange que Michel-Ange, — plus humaines que le monde — et qui se voulurent une irréductible vérité, bruissent des mille voix de forêt que leur arracheront les âges. Les corps glorieux ne sont pas ceux du tombeau.

L'humanisme, ce n'est pas dire : « Ce que j'ai fait, aucun animal ne l'aurait fait », c'est dire : « Nous avons refusé ce que voulait en nous la bête, et nous voulons retrouver l'homme partout où nous avons trouvé ce qui l'écrase. » Sans doute, pour un croyant, ce long dialogue des métamorphoses et des résurrections s'unit-il en une voix divine, car l'homme ne devient homme que dans la poursuite de sa part la plus haute ; mais il est beau que l'animal qui sait qu'il doit mourir, arrache à l'ironie des nébuleuses le chant des constellations, et qu'il le lance au hasard des siècles, auxquels il imposera des paroles inconnues. Dans le soir où dessine encore Rembrandt, toutes les Ombres illustrent, et celles des dessinateurs des cavernes, suivent du regard la main hésitante, qui prépare leur nouvelle survie ou leur nouveau sommeil...

Et cette main, dont les millénaires accompagnent le tremblement dans le crépuscule, tremble d'une des formes secrètes, et les plus hautes, de la force et de l'honneur d'être homme.

André MALRAUX, *Les Voix du silence*,
© éd. Gallimard, 1951, pp. 639-640.

Notions clés : *Fonction de l'art — Humanisme — Survie de l'œuvre.*

• L'art est dialogue entre des civilisations et des esthétiques différentes, métamorphoses et résurrections d'une même tentative pour dépasser et vaincre la mort.
• L'art est ce qui affirme la force et l'honneur d'être homme.

110. Michel Tournier, *Le Vent Paraclet* (1977)

Michel Tournier, philosophe, traducteur, écrivain et essayiste, est connu du grand public pour ses romans. C'est *Vendredi ou les Limbes du Pacifique*, publié en 1967, qui lui apporte la notoriété. Construit à partir du mythe de Robinson Crusoé, ce roman, comme la plupart des romans de l'écrivain, *Le Roi des aulnes, Les Météores, Gaspard, Melchior et Balthazar*, inscrit ses personnages au cœur d'une réflexion sur les grands mythes de l'humanité.

Une mythologie vivifiante

Selon Michel Tournier, « l'homme ne s'arrache à l'animalité que grâce à la mythologie ». Cette accumulation de récits lui permet de se connaître, de définir ses sentiments, voire de les éprouver. « L'âme humaine se forme de la mythologie qui est dans l'air ».

Mais un mythe non réactivé se fige en allégorie, figure stérile et immobile, qui n'a plus aucune valeur ontologique. La fonction de la littérature est donc d'« enrichir ou [...] modifier ce bruissement mythologique ». L'écrivain est celui qui crée une « œuvre vivante et proliférante » qui, « devenue mythe actif au cœur de chaque homme, refoule son auteur dans l'anonymat et dans l'oubli ». Tirso de Molina disparaissant derrière Don Juan...

L'homme ne s'arrache à l'animalité que grâce à la mythologie. L'homme n'est qu'un animal mythologique. L'homme ne devient homme, n'acquiert un sexe, un cœur et une imagination d'homme que grâce au bruissement d'histoires, au kaléidoscope d'images qui entourent le petit enfant dès le berceau et l'accompagnent jusqu'au tombeau. La Rochefoucauld se demandait combien d'hommes auraient songé à tomber amoureux s'ils n'avaient jamais entendu parler d'amour. Il faut radicaliser cette boutade et répondre : pas un seul. Pas un seul, car ne jamais entendre parler d'amour, ce serait subir une castration non seulement génitale, mais sentimentale, cérébrale, totale. Denis de Rougemont illustre également cette idée lorsqu'il affirme qu'un berger analphabète qui dit *je t'aime* à sa bergère n'entendrait pas la même chose par ces mots si Platon n'avait pas écrit *Le Banquet*. Oui, l'âme humaine se forme de la mythologie qui est dans l'air. [...]

Dès lors la fonction sociale — on pourrait même dire biologique — des écrivains et de tous les artistes créateurs est facile à définir. Leur ambition vise à enrichir ou au moins à modifier ce « bruissement » mythologique, ce bain d'images dans lequel vivent leurs contemporains et qui est l'oxygène de l'âme. Généralement ils n'y parviennent que par des petites touches insensibles, comme un grand couturier retrouve parfois dans les robes bon marché des grands magasins quelque chose du modèle unique, audacieux, absurde et hors de prix qu'il a créé dans la solitude de son studio un an auparavant. Mais il arrive aussi que l'écrivain frappant un grand coup métamorphose l'âme de ses contemporains et de leur postérité d'une façon foudroyante. Ainsi Jean-Jacques Rousseau *inventant* la beauté des montagnes, considérées depuis des millénaires comme une horrible anticipation de l'Enfer. Avant lui tout le monde s'accordait à les trouver affreuses. Après lui leur beauté paraît évidente. Il a réussi au suprême degré, c'est-à-dire au point de s'effacer lui-même devant sa trouvaille. [...]

Cette fonction de la création littéraire et artistique est d'autant plus importante que les mythes — comme tout ce qui vit — ont besoin d'être irrigués et renouvelés sous peine de mort. Un mythe mort, cela s'appelle une allégorie. La fonction de l'écrivain est d'empêcher les mythes de devenir des allégories. Les sociétés où les écrivains ne peuvent pas exercer librement leur fonction naturelle sont encombrées d'allégories comme d'autant de statues de plâtre. En même temps l'écrivain domestiqué, émasculé, enfermé dans un académisme rassurant, célébré comme une « grande figure » devient lui-même une statue de plâtre qui prend la place de son œuvre insignifiante, alors qu'au contraire l'œuvre vivante et proliférante, devenue mythe actif au cœur de chaque homme, refoule son auteur dans l'anonymat et dans l'oubli.

Michel TOURNIER, *Le Vent Paraclet,*
© éd. Gallimard, 1977,
coll. « Folio », pp. 191-193.

Notions clés : *Fonction de la littérature — Mythe.*

• La mythologie est ce qui forme l'âme humaine et lui donne sa spécificité.
• La littérature a pour fonction de réactiver la mythologie, d'empêcher que les mythes ne perdent leur valeur ontologique.
• L'œuvre littéraire qui devient mythe actif vit aux dépens de son créateur qui disparaît derrière elle.

Lexique

Actant : force agissante contribuant à la dynamique de l'action narrative. L'analyse structurale du récit recourt à cette notion pour échapper à l'illusion suscitée par le *personnage*, souvent considéré comme une *personne* alors qu'il n'est qu'un être de papier. Le modèle actanciel fait intervenir six actants : le sujet, l'objet, le destinateur, le destinataire, l'opposant et l'adjuvant (voir 47. Barthes).

Allitération : répétition à des fins expressives d'un phonème, et plus spécialement d'un phonème consonantique. Jakobson (texte 2), analysant le slogan américain *I like Ike*, appelle « allitération vocalique » la répétition des phonèmes/ay/ (ou [aj] dans la notation de l'alphabet phonétique international). On parle aujourd'hui d'**assonance** pour désigner la répétition de phonèmes vocaliques.

Anaphoriques : termes (pronoms, mais aussi adverbes et adjectifs démonstratifs) qui ne peuvent être compris qu'en référence à un segment du même énoncé, appelé *antécédent* ou *interprétant*.

Behaviourisme : théorie psychologique qui entend étudier scientifiquement le comportement (en américain *behavior*), c'est-à-dire les relations entre les stimulations et les réponses du sujet, sans prendre en compte les états de conscience.

Catharsis : le mot « katharsis » ou purgation, emprunté au vocabulaire médical, est employé métaphoriquement par Aristote dans sa *Poétique* lorsqu'il définit la tragédie comme « l'imitation d'une action noble [...] qui par l'entremise de la pitié et de la crainte accomplit la purgation des émotions de ce genre ». Il désigne la faculté qu'a le théâtre tragique, en provoquant la crainte et la pitié par la représentation mimétique, de « purger », de guérir le spectateur de ses passions mauvaises. Le plaisir paradoxal éprouvé par le spectateur proviendrait du soulagement quasi physique apporté par cette purgation.

Connotation : ensemble de significations secondes (affectives, fluctuantes selon les contextes) que peut recevoir un mot, par opposition à sa **dénotation**, signification, lexicale, fixe. Langage second, la littérature est selon Barthes un langage de connotation (voir le texte 3). De ce fait, elle est travaillée par la polysémie et l'intertextualité*.

Déictique : expression qui fait référence à la situation et au sujet de l'énonciation. *Je, tu, ici, maintenant*, par exemple, sont des déictiques.

Dénégation : dans le vocabulaire psychanalytique, apparition à la conscience et sous le couvert de la négation d'une idée ou d'un sentiment jusque-là refoulé.

Dialogisme : particularité du roman, défini comme phénomène « plurivocal », polyphonique, qui fait entendre plusieurs voix issues de divers langages sociaux (voir 57. Bakhtine).

Didascalie : dans le texte de théâtre, « indications scéniques, noms de lieux, noms de personnes » (A. Ubersfeld, voir le texte 86).

Diégèse : *histoire*, au sens de Genette. « Dans l'usage courant, la diégèse est l'univers spatio-temporel désigné par le récit* » ; « diégétique = "qui se rapporte ou appartient à l'histoire" » (*Figures III*, pp. 71 et 280).

Distanciation : cette notion fondamentale du théâtre « épique » et didactique de Brecht est définie dans l'introduction du texte 93.

Double articulation du langage théâtral : particularité du texte de théâtre qui fait que le discours d'un personnage a deux destinataires : les autres personnages et le public (voir les textes 85 et 86).

Écart esthétique : dans la théorie de la réception*, écart entre l'expérience esthétique du lecteur, constituée à partir des œuvres antérieures, et une œuvre contemporaine, caractérisée par ses innovations formelles (voir 8 et 32. Jauss).

Énoncé : toute suite finie de mots.

Énonciation : acte individuel d'utilisation de la langue, qui produit un énoncé*. Toute énonciation suppose la présence dans l'énoncé d'un destinateur, plus ou moins marquée par des références aux interlocuteurs (*je* et *tu*) et à la situation de l'énonciation (*ici* et *maintenant*) et par l'emploi de termes évaluatifs ou modalisants (qui indiquent un jugement ou la distance que le locuteur prend par rapport à son énoncé).

Focalisation : point de vue narratif*, dans la terminologie de Genette qui distingue :
— la « **focalisation zéro** » : vision sans véritable foyer (d'où son nom), elle suppose un narrateur omniprésent et omniscient qui règne sur l'univers fictionnel comme Dieu sur sa création (Narrateur > Personnage).
— la « **focalisation interne** » : fonctionnant sur une assimilation entre le point de vue du narrateur et celui d'un personnage, elle offre une perspective subjective plus restreinte que la précédente (Narrateur = personnage).
— les « **relais de focalisation interne** » : énoncés qui présentent la perception d'un personnage dans une narration sans focalisation. Cette alternance de la vision limitée du héros et de la vision ominisciente du narrateur est caractéristique de l'écriture de Stendhal (on parle à ce propos de *réalisme subjectif*).
— la « **focalisation externe** » : les personnages sont vus de l'extérieur, le narrateur se bornant à un type de narration behaviouriste* (Narrateur < Personnage).

Herméneutique : science de l'interprétation.

Heuristique : qui concerne la recherche.

Histoire : dans la terminologie de Genette, « succession d'événements, réels ou fictifs », qui constitue « le signifié* ou le contenu narratif » du récit* (*Figures III*, p. 72).

Horizon d'attente : cette notion, élément de la théorie de la réception*, est présentée dans le texte 26. Jauss.

Intertextualité : « Interaction textuelle qui se produit à l'intérieur d'un seul texte ». Selon Julia Kristeva, « tout texte se situe à la jonction de plusieurs textes dont il est à la fois la relecture, l'accentuation, la condensation, le déplacement et la profondeur ».

Langage : capacité spécifique à l'espèce humaine de communiquer au moyen d'une langue*.

Langue : système de signes vocaux propre à une communauté humaine et qui lui permet de communiquer. Le linguiste Saussure la définit, par opposition à la parole*, comme un code social qui s'impose à l'individu.

Linguistique : étude scientifique du langage, à partir de l'ouvrage fondateur du linguiste genevois Ferdinand de Saussure, *Cours de linguistique générale* (1916).

Linguistique structurale : voir le texte 2 (Jakobson). Les concepts de la linguistique structurale, « langue* et parole* », « signifiant* et signifié* », « syntagme* et système » (ou paradigme*), « dénotation* et connotation* » sont présentés dans *Éléments de sémiologie* de Barthes (Seuil, 1964).

Littérarité : « ce qui fait d'un message verbal une œuvre d'art » (voir 2. Jakobson).

Locuteur : sujet parlant, qui produit des énoncés*.

Mimésis : représentation littéraire de la réalité. La valeur **mimétique** d'un texte littéraire est donc sa faculté de renvoyer à une réalité connue du lecteur, qui tend à confondre la fiction et le réel : on parle d'effet de réel, d'illusion réaliste, de fonction référentielle.

Morphème : unité minimale de signification identifiable dans un énoncé : le mot *romans* comprend le morphème lexical *roman* et le morphème grammatical *-s*.

Motif : dans le vocabulaire esthétique, un *motif* désigne un ornement, un dessin ou une phrase musicale qui réapparaît dans l'œuvre (en musique, on parle de *leitmotiv*, par exemple pour la « petite phrase » de Vinteuil dans *La Recherche du temps perdu*).
Dans l'analyse littéraire thématique, le *motif* constitue la catégorie sémantique minimale, par opposition au **topos**, réunion stable de plusieurs motifs, et au **thème**, catégorie la plus abstraite et la plus générale. Ainsi le *thème* de la naissance de l'amour peut s'exprimer dans le roman par le *topos* de la rencontre des héros, dont le regard est un des *motifs*. Au *thème* de la mélancolie romantique, correspondent le *topos* du jeune homme solitaire dans la nature automnale et le *motif* de la feuille morte. *Topos* est aussi employé au sens de lieu commun.

Narration : « acte narratif producteur » du récit* et de l'histoire* (*Figures III*, p. 72).

Narrateur : le narrateur est la « voix » qui produit le récit*, « le créateur mythique de l'univers » romanesque (W. Kayser), à distinguer de la personne réelle de *l'auteur*. « Narrateur et personnages sont essentiellement des "êtres de papier" [...] : *qui parle* (dans le récit) n'est pas *qui écrit* (dans la vie) et *qui écrit* n'est pas *qui est*. » (Barthes).

Narratologie : « théorie du récit* » (voir 38. Genette).

Paradigmatique (Axe) : axe de la sélection, par opposition à l'axe syntagmatique*. Il établit des rapports virtuels entre des unités linguistiques appartenant à un même ensemble et susceptibles de se substituer les unes aux autres. Ce rapport est *in absentia*, la présence de l'une d'elles dans l'énoncé excluant les autres (voir le texte 2).

Parole : du point de vue linguistique, par opposition à la langue*, « qui est sociale dans son essence et indépendante de l'individu », la parole est la « composante individuelle du langage » (Saussure).

Paronomase : figure de rhétorique qui consiste à rapprocher, à des fins expressives, des **paronymes** (mots de consonances et/ou de graphies voisines mais de sens différents).

Phénoménologie : étude philosophique des phénomènes et des structures de la conscience qui les connaît (d'après *Lexis*).

Poétique : « théorie générale des formes littéraires » (Genette, *Figures III*, p. 10).

Point de vue narratif : cette notion narratologique est définie dans le texte 40 (Groupe μ). Voir aussi *focalisation*.

Positivisme : doctrine ou attitude d'esprit qui définit la connaissance sur le modèle des sciences de la nature et ne s'intéresse qu'aux faits établis par l'expérience.

Réalisme socialiste : doctrine élaborée en URSS dans l'entre-deux-guerres et qui prône la représentation fidèle de la société dans la perspective de l'instauration ou de l'édification du socialisme. Brecht précise que « ce slogan permet de dégager d'excellents critères, des critères qui ne sont pas d'ordre esthétique et formel » (*Sur le réalisme*, 1970, p. 169) ; c'est dire que le réalisme socialiste devait (ou aurait dû...) s'accompagner d'un renouvellement des formes et n'impliquait nullement, dans son principe, une fixation sur le modèle hérité du roman balzacien.

Réception (de l'œuvre) : la théorie de la réception, élaborée par l'école de Constance, définit l'œuvre comme englobant le texte et sa réception par les lecteurs. Celle-ci varie selon le code esthétique, l'horizon d'attente social d'un public donné, ce qui explique la pluralité des sens dégagés. « L'interaction de l'auteur et de son public » constitue donc un phénomène essentiel (voir Iser, texte 5, et Jauss, textes 8, 26, 32).

Récit : au sens restreint défini par Genette, « *récit* désigne l'énoncé narratif » (*Figures III*, p. 71), le signifiant* de *l'histoire* (de la diégèse*).

Référent : le référent du signe* linguistique est l'élément de la réalité auquel renvoie ce signe dans un énoncé donné. Le référent du discours littéraire est donc le monde, ou plutôt l'image du monde que se construit le lecteur à partir du texte.

Sémiologie : « science qui étudie la vie des signes au sein de la vie sociale » (Saussure). Barthes a ainsi étudié la mode comme système de signes. *Sémiologie* est aussi employé au sens de *sémiotique*.

Sémiotique : science des signes du langage littéraire.

Signe (linguistique) : le signe linguistique est analysé depuis Saussure comme l'association arbitraire d'un **signifiant** (par exemple l'image acoustique : [ʃa] ou graphique : /chat/) et d'un **signifié** (ici la notion abstraite, virtuelle de chat). Actualisé dans un énoncé donné, ce signe renvoie à un élément de la réalité (le **référent**), c'est-à-dire à un chat bien précis dans la phrase : « Le chat de la voisine s'appelle Gipsy ». Le signe linguistique appartient à un système : il tire sa valeur de son opposition aux autres signes de ce système.

Syntagmatique (Axe) : par opposition à l'axe paradigmatique*, l'axe syntagmatique est celui de la combinaison : il unit des mots selon un rapport *in presentia* dans la linéarité d'un énoncé donné. (Voir le texte 2).

Topos (pluriel : *topoi*) : voir *motif*.

Compléments bibliographiques

(Les ouvrages présentés dans les différentes introductions ne sont pas mentionnés.)

Première partie

AUERBACH Erich, *Mimesis. La Représentation de la réalité dans la littérature occidentale*, trad. fr., Paris, Gallimard, 1968.

BARTHES Roland (et L. Bersani, Ph. Hamon, M. Riffaterre, I. Watt), *Littérature et réalité*, présentation de T. Todorov, Paris, Seuil, 1982, coll. « Points ».

DELAS Daniel, *Roman Jakobson*, Paris, Bertrand-Lacoste, 1993, coll. « Référence ».

DUCHET Claude, *Sociocritique*, Paris, Nathan, 1979.

DUCROT Oswald et TODOROV Tzvetan, *Dictionnaire encyclopédique des sciences du langage*, Paris, Seuil, 1972.

KERBRAT-ORECCHIONI Catherine, *L'Énonciation. De la subjectivité dans le langage*, Paris, Armand Colin, 1980.

KRISTEVA Julia, *Sèméiotikè. Recherches pour une sémanalyse*, Paris, Seuil, 1969.

HAMON Philippe, *Texte et idéologie*, Paris, PUF, 1984.

Troisième partie

BERGEZ Daniel (P. Barbéris, P.-M. de Biasi, M. Marini, G. Valency), *Introduction aux méthodes critiques pour l'analyse littéraire*, Paris, Bordas, 1990.

CHARLES Michel, *Rhétorique de la lecture*, Paris, Seuil, 1972.

DELCROIX Maurice, HALLYN Fernand, *Méthodes du texte. Introduction aux études littéraires*, Louvain, Duculot, 1987.

GLEIZE Joëlle, *Le Double Miroir. Le Livre dans les livres de Stendhal à Proust*, Paris, Hachette, 1992.

JOUVE Vincent, *La Lecture*, Paris, Hachette, 1993.

PICARD Michel, *La Lecture comme jeu. Essai sur la littérature*, Paris, Minuit, 1986.

TADIÉ Jean-Yves, *La Critique littéraire au XXᵉ siècle*, Paris, Belfond, 1987.

TODOROV Tzvetan, « Comment lire ? », *Poétique de la prose*, Paris, Seuil, 1971
— « La lecture comme construction », *Poétique de la prose*, Paris, Seuil, 1980, coll. « Points ».

Quatrième partie

« Le point de vue », *Le Français aujourd'hui* (revue de l'Association française des enseignants de français), n° 98, juin 1992 (avec notamment des contributions d'Anne-Marie Hubat, Henri Meschonnic et Daniel Delas).

GREIMAS Julien Algirdas, *Sémantique structurale*, Paris, Larousse, 1966.

HAMON Philippe, *Le Personnel du roman. Le Système des personnages dans les Rougon-Macquart d'Émile Zola*, Genève, Droz, 1983.

PROPP Vladimir, *Morphologie du conte*, Paris, Seuil, 1970.

TODOROV Tzvetan, *Poétique de la prose*, Paris, Seuil, 1971.

Cinquième partie

ADAM Jean-Michel, *Le Texte narratif*, Paris, Nathan, 1989, réed. 1994.

CHARTIER Roger, *Introduction aux grandes théories du roman*, Paris, Dunod, 1990.

COULET Henri, *Idées sur le roman. Textes critiques sur le roman français. XIIᵉ-XXᵉ siècle*, Paris, Larousse, 1992.

GIRARD René, *Mensonge romantique et vérité romanesque*, Paris, Grasset, 1961.

GOLDENSTEIN Jean-Pierre, *Pour lire le roman*, Louvain, De Bœck-Duculot, 1983.

LEJEUNE Philippe, *Le Pacte autobiographique*, Paris, Seuil, 1975.

LUKACS Georg, *Balzac et le réalisme français*, Paris, Maspéro, 1967.

PATILLON Michel, *Précis d'analyse littéraire. Structures et techniques de la fiction*, Paris, Nathan, 1974, réed. 1989.

REY Pierre-Louis, *Le Roman*, Paris, Hachette, 1992.

Sixième partie

ADAM Jean-Michel, *Pour lire le poème*, Louvain, De Bœck-Duculot, 1986.

BRIOLET Daniel, *Le Langage poétique*, Paris, Nathan, 1984.

COHEN Jean, *Structures du langage poétique*, Paris, Flammarion, 1966, coll. « Champs ». — *Le Haut Langage*, Paris, Flammarion, 1979.

DELAS Daniel et FILLIOLET Jacques, *Linguistique et Poétique*, Paris, Larousse, 1973.

GLEIZE Jean-Marie, *A noir ?? Poésie et Littérarité*, Paris, Seuil, 1992.

GLEIZE Jean-Marie, *Poésie et Figuration*, Paris, Seuil, 1983.

GREIMAS A.J. et al., *Essais de sémiotique poétique*, Paris, Larousse, 1972.

Groupe μ, *Rhétorique générale*, Paris, Seuil, 1982, coll. « Points ».

JAFFRÉ Jean, *Le Vers et le Poème*, Paris, Nathan, 1984.

Septième partie

BROOK Peter, *L'Espace vide*, trad. fr., Paris, Seuil, 1977.

CLAUDEL Paul, *Mes idées sur le théâtre*, Paris, Gallimard.

DIDEROT Denis, *Entretiens avec Dorval* sur *Le Fils naturel* et *Paradoxe du comédien*, in *Œuvres esthétiques*, Paris, Garnier, 1968.

DORT Bernard, *Théâtres,* Paris, Seuil, 1986, coll. « Points ». — *La Représentation émancipée*, Arles, Actes-Sud, 1988.

GIRAUDOUX Jean, *L'Impromptu de Paris*, Paris, Grasset, 1937.

JAUMARON Jacqueline (sous la direction de), *Le Théâtre en France*, Paris, Armand Colin, 1992.

KERBRAT-ORECCHIONI Catherine, « Pour une approche pragmatique du dialogue théâtral », *Pratiques*, n° 41 (« L'Écriture théâtrale »), mars 1984.

MONOD Richard, *Les Textes de théâtre*, Paris, CEDIC, 1977.

KOWZAN Tadeusz, *Sémiologie du théâtre*, Paris, Nathan, 1992.

ROUBINE Jean-Jacques, *Introduction aux grandes théories du théâtre*, Paris, Bordas, 1990.

RYNGAERT Jean-Pierre, *Introduction à l'analyse du théâtre*, Paris, Bordas, 1991.

— *Lire le théâtre contemporain*, Paris, Dunod, 1993.

SALLENAVE Danièle, *Les Épreuves de l'art*, Arles, Actes-Sud, 1988.

SCHÉRER Jacques, *La Dramaturgie classique en France*, Paris, Nizet, 1966.

VILAR Jean, *Le Théâtre, service public*, Paris, Gallimard, 1975.

VITEZ Antoine, *Le Théâtre des idées. Anthologie proposée par Danièle Sallenave et Georges Banu*, Paris, Gallimard, 1991.

Index des notions
et des problèmes littéraires

Les nombres imprimés en gras renvoient aux numéros des textes les plus importants
pour l'étude de la notion concernée

Index des auteurs cités

Les nombres renvoient aux pages.
Les **caractères gras** signalent un **extrait**,
les *italiques* une **citation**,
les autres une simple référence

Table des matières

Chapitre 12 : **Le personnage**

Chapitre 13 : **La description**

Cinquième partie
Le roman

Chapitre 14 : **Le roman en procès**

Chapitre 15 : **Roman et réel : le réalisme en question**

Sixième partie
La poésie

Huitième partie
Fonctions de la littérature

Chapitre 26 : **Littérature et morale**

Chapitre 27 : **Littérature et politique : la question de l'engagement**

Chapitre 28 : **Littérature et culture**

Édition : Christine Grall,
Bertrand Dreyfuss

Nº de Projet : 10030384 (2) 4,5 (OSBT 80) C 2000
Imprimé en France. Septembre 1995 par MAME Imprimeurs à Tours (nº 35239)